U0455613

数字娱乐产业蓝皮书

BLUE BOOK OF
DIGITAL ENTERTAINMENT INDUSTRY

中国虚拟现实产业发展报告（2019）

ANNUAL REPORT ON THE DEVELOPMENT OF CHINA'S VR
INDUSTRY (2019)

主　　编／孙立军
执行主编／刘跃军

社会科学文献出版社
SOCIAL SCIENCES ACADEMIC PRESS (CHINA)

图书在版编目（CIP）数据

中国虚拟现实产业发展报告 . 2019/孙立军主编
. -- 北京：社会科学文献出版社，2019.9
（数字娱乐产业蓝皮书）
ISBN 978 - 7 - 5201 - 5066 - 8

Ⅰ.①中… Ⅱ.①孙… Ⅲ.①虚拟现实 - 产业发展 -
研究报告 - 中国 - 2019 Ⅳ.①F492.3

中国版本图书馆 CIP 数据核字（2019）第 122708 号

数字娱乐产业蓝皮书
中国虚拟现实产业发展报告（2019）

主 编 / 孙立军
执行主编 / 刘跃军

出 版 人 / 谢寿光
责任编辑 / 韩莹莹
文稿编辑 / 高欢欢

出 版 / 社会科学文献出版社 · 人文分社 （010）59367215
地址：北京市北三环中路甲 29 号院华龙大厦 邮编：100029
网址：www. ssap. com. cn
发 行 / 市场营销中心（010）59367081 59367083
印 装 / 天津千鹤文化传播有限公司

规 格 / 开 本：787mm × 1092mm 1/16
印 张：18.25 字 数：298 千字
版 次 / 2019 年 9 月第 1 版 2019 年 9 月第 1 次印刷
书 号 / ISBN 978 - 7 - 5201 - 5066 - 8
定 价 / 138.00 元

本书如有印装质量问题，请与读者服务中心（010 - 59367028）联系

本项目由以下单位支持

北京电影学院未来影像高精尖创新中心
沉浸式交互动漫文化和旅游部重点实验室
北京电影学院中国动画研究院
中国高校虚拟现实产学研联盟
北京电影学院动画学院

《中国虚拟现实产业发展报告（2019）》
编 委 会
（按姓氏笔画排序）

沈旭坤　北京航空航天大学虚拟现实技术与系统国家重点实验室副主任

张兆弓　中央美术学院游戏教研室主任

陈佑松　四川师范大学影视与传媒学院副院长

陈　坤　广州航海学院艺术设计学院副教授

陈京炜　中国传媒大学数字艺术与动画学院副院长

陈瓒蔚　广州美术学院动画系主任

邵　兵　吉林艺术学院数字娱乐系主任

罗　军　北京师范大学中国文化国际传播研究院副院长

罗林江　吉林动画学院副校长

周　昆　浙江大学计算机辅助设计与图形学国家重点实验室主任

周宗凯　四川美术学院影视动画学院副院长

庚钟银　辽宁大学广播影视学院院长

钟　鼎　广州美术学院教师

姜仁峰　河北美术学院动画学院院长

倪　镔　中国美术学院网游系副主任

徐迎庆　清华大学美术学院信息艺术设计系主任

翁冬冬　北京理工大学光电学院光电信息技术与颜色工程研究所研究员

黄心渊　中国传媒大学动画与数字艺术学院院长

黄　勇　北京电影学院动画学院副院长

崔保国　清华大学文创研究院副院长

梁迪宇　广州美术学院教师

程德文　北京理工大学光电学院副教授

廖祥忠　中国传媒大学校长

主要编撰者简介

孙立军　北京电影学院副校长、北京电影学院中国动画研究院院长、教授、博士生导师。1983 年毕业于河北工艺美术学校。1984～1988 年于北京电影学院学习动画专业。1991 年于香港先涛数码公司学习计算机三维动画。1988 年 7 月任教于北京电影学院美术系动画专业。1995～1997 年担任北京京迪计算机图形图像有限公司总经理兼艺术总监。2000～2002 年担任北京电影学院动画学院副院长。2002～2007 年担任北京电影学院动画学院院长。2007～2012 年任北京电影学院党委副书记、北京电影学院纪律检查委员会书记、北京电影学院动画学院院长、北京电影学院动画艺术研究所所长。兼任中国美术家协会动漫艺术委员会主任、中国电影家协会动画电影工作委员会会长。享受国务院政府特殊津贴。一直致力于中国原创动漫、游戏作品的创作与研究，以及行业人才的培养。创作的《小兵张嘎》《兔侠传奇》等多部动画电影获得华表奖、金鸡奖、五个一工程奖、第十二届全国美术作品展览铜奖等多个国内外重要奖项，曾参展"国风——中国当代艺术国际巡展"。

刘跃军　博士，副教授，研究生导师，北京电影学院动画学院游戏设计系主任，兼任电脑动画教研室主任，沉浸式交互动漫文化和旅游部重点实验室执行副主任，中国高校虚拟现实设计联盟秘书长，中国高校游戏设计联盟秘书长，中国大学生游戏设计大赛、虚拟现实设计大赛"金辰奖"秘书长。《中国游戏产业发展报告》执行主编、《中国虚拟现实产业发展报告》执行主编，教育部 ITAT 教育工程游戏专业特聘研究员。中国出版政府奖特聘评委，北京市文化和旅游局、北京市人力资源和社会保障局动漫游戏专业职称评定小组游戏组主任评委。作品《敦煌飞天 VR》获得 2018 世界 VR 产业大会创新金奖。主要研究领域：VR 电影、游戏、影视制作及特效、CG 动画。

序

　　虚拟现实是继移动互联网之后下一代信息产业的核心技术和内容平台，具有重要的战略意义。2016 年，习近平主席在 G20 峰会上指出："建设创新型世界经济，开辟增长源泉。创新是从根本上打开增长之锁的钥匙。以互联网为核心的新一轮科技和产业革命蓄势待发，人工智能、虚拟现实等新技术日新月异，虚拟经济与实体经济的结合将给人们的生产方式和生活方式带来革命性变化。这种变化不会一蹴而就，也不会一帆风顺，需要各国合力推动，在充分放大和加速其正面效应的同时，把可能出现的负面影响降到最低。"同年 11 月，国务院印发《"十三五"国家战略性新兴产业发展规划》。规划中明确："以数字技术和先进理念推动文化创意与创新设计等产业加快发展，促进文化科技深度融合、相关产业相互渗透。到 2020 年，形成文化引领、技术先进、链条完整的数字创意产业发展格局，相关行业产值规模达到 8 万亿元。"其核心内容之一为虚拟现实与相关产业的融合应用。此后，科技部、文化部、教育部、工信部、财政部等多部委陆续出台政策，联合推动虚拟现实产业发展。

　　从 2016 年全球虚拟现实发展的元年到今天，虚拟现实经历了诞生、火爆、降温与平静的过程，虽然退却了表面的躁动，但内在的发展丝毫没有停息。以全球虚拟现实科技为代表的硬件平台持续发展。2018 年，出现了以 HTC Vive Pro 为代表的 PC 端高清晰、高沉浸感虚拟现实头显，以 Oculus Go 为代表的一体式高清晰、高沉浸感移动虚拟现实终端。重量级 MR 产品 Magic Leap One 也于 2018 年 8 月向普通大众开售。微软高水平一体式 AR 终端 Hololens 相关技术持续提升。中国小派科技推出全球首款可量产 8K VR 头显。3 Glasses、大朋等国产 VR 显示终端持续成长。在内容方面，全球化平台的 VR 内容保持持续发展势头，出现了 VR 社交（VR Chat）、节奏光剑（Beat Saber）等重量级应用。VR Chat 装机量超过 400 万台，Utube 视频点击超过 2 亿次。节奏光剑的付费下载量达到近 50 万次，营收超过 5000 万元人民币。另外，出现了《辐射

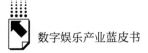

4VR》《地狱之刃：塞娜的献祭 VR》《上古卷轴 5：天际 VR》等史诗级大作。截至 2018 年 8 月，虚拟现实硬件和软件呈现持续稳定发展的态势。

政策的连续出台和产业的持续发展，预示着虚拟现实在未来将拥有巨大空间。不久的将来，随着虚拟现实产业的快速发展，虚拟现实科技、虚拟现实内容、虚拟现实平台、虚拟现实产品等将快速发展。而产业发展的前提是有大量从业人员的支撑，虚拟现实作为一个全新的领域，从硬件到软件、从科技到内容都面临巨大的空缺，因此虚拟现实人才的培养成为当务之急。此外，虚拟现实是未来全球发展的重要领域，把握关键节点尤为重要，如虚拟现实关键技术研发，虚拟现实创新技术突破，虚拟现实与传统技术融合，以及虚拟现实显示技术标准、虚拟现实沉浸式内容体验标准、虚拟现实信息传输标准的认定，等等。希望更多的力量投入其中，合力推动中国虚拟现实产业发展，为中国在下一代信息科技领域打下坚实的基础。

2018.9

目 录

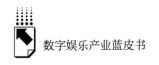

Ⅲ 技 术 篇

Ⅳ 内 容 篇

Ⅴ 教 育 篇

Ⅵ 政 策 篇

Ⅶ 行业应用篇

皮书数据库阅读**使用指南**

总 报 告

General Report

B.1

2018年基于全球语境的
中国虚拟现实产业

2018 年，全球虚拟现实产业持续稳步发展，投资规模持续扩大，产值不断增长。在虚拟现实科技方面，大众的小型化虚拟现实终端从 2012 年初代 Oculus DK 版本一枝独秀，到 2016 年 HTC Vive、Oculus CV1 以及 PlayStation VR 集中亮相。2017～2018 年，在 Facebook、Microsoft、Google、NVIDIA、Qualcomm、Intel、Apple、HTC、Samsung 以及中国华为等的持续推动下，虚拟现实技术快速发展迭代，虚拟现实设备层出不穷。高清晰 PC 主机 HTC Vive Pro，六自由度一体机 Vive Focus，高性价比 Oculus Go，划时代的新产品 Oculus Quest、Hololens 2，以及

---

* 刘跃军，博士、副教授、研究生导师，中国高校虚拟现实产学研联盟秘书长，沉浸式交互动漫文化和旅游部重点实验室执行副主任，北京电影学院动画学院游戏设计系主任，电脑动画教研室主任。

8K 超高分辨率 Star VR、Magic Leap One，国产 Pimax 8K VR 相继面市。华为 8K、3D、5G、VR 全流程技术试验成功，并着手搭建 5G 平台等。全球规模最大的虚拟现实产业大会——世界 VR 大会圆满闭幕，中国从中央到地方推动虚拟现实产业发展的政策陆续出台，并逐步落地实施。诸多方面的良好表现使中国虚拟现实产业保持持续稳步发展的态势。虚拟现实产业整体上呈现终端百花齐放，核心技术和周边服务升级创新，重点技术持续突破，内容应用及相关平台日益成熟的良好发展态势。

关键词： 虚拟现实　终端市场　VR/AR　移动端　5G

一　2018 年全球虚拟现实总体稳步发展，中国持续跟进势头强劲

国际著名信息产业咨询公司 Gartner① 的专门研究机构通过多项指标研究新科技发展趋势。根据图 1 显示的 2017 年全球新兴科技成熟度曲线，可以看出虚拟现实已经度过萌芽和过热期，进入持续稳步发展期。

（一）全球虚拟现实市场规模持续增加

2018 年，全球虚拟现实产业市场规模持续增加。知名国际数据公司 IDC② 预测：2018 年全球增强现实和虚拟现实（AR/VR）市场预计将达到 178 亿美元（约合 1210 亿元人民币），比 2017 年的 91 亿美元增长了约 95%。预

---

① Gartner（高德纳，又译作顾能公司，NYSE：IT and ITB）是全球最权威的 IT 研究与顾问咨询公司。

② IDC，全称 International Data Corporation（国际数据公司），是全球知名的信息技术、电信行业和消费科技市场咨询、顾问和活动服务专业提供商。经常发布市场资讯、预测和资深分析师关于业内热点话题的观点性文章。

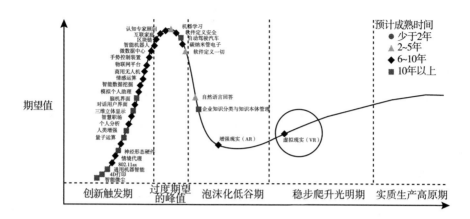

图1 2017年全球新兴科技成熟度曲线（图中圆圈为虚拟现实）

资料来源：Gartner, Hype Cycle for the Digital Work Place, www. gartner. com, 2017。

计在未来五年，全球 AR/VR 产品和服务市场将以类似速度持续增长，未来五年复合年均增长率可能高达98.8%。① 五年后全球市场规模有望超过2000亿美元。

（二）全球虚拟现实终端市场持续扩大，中国增长突出

全球虚拟现实终端市场持续扩大，中国市场销售业绩最为耀眼。IDC 相关研究数据显示：得益于新兴移动端虚拟现实科技的快速发展和价格的日渐平民化，2018～2022 年 VR 和 AR 市场将出现大幅变动，VR 和 AR 的设备出货量将增长约577%，从 2018 年约960 万台增加到2022 年超过6500 万台，如图2 所示。IDC 预测销售将强势上升，原因如下：随着 Oculus Go、Oculus Quest 等中高端 VR 一体机的市场化，它的便携性和合理的价格无疑会促进需求的激增。VR 市场正在逐渐成熟，同时越来越多的内容也开始出现。在行业发展的早期，VR 和 AR 头显需求的增长将主要来自企业和企业级应用的推动。2018 年第一季度 VR 头显需求增长的主要原因，是在 VR 一体机的出货驱动下，中国 VR 市场同比增长 200%，其他重点市场如美国和日本则同比下降。在中国厂商积极参与以及推动下，中国在全球 VR 一体机出货中占比逾 80%。

---

① IDC, *Worldwide Quarterly Augmented and Virtual Reality Headset Tracker*, www. idc. com, 2018.

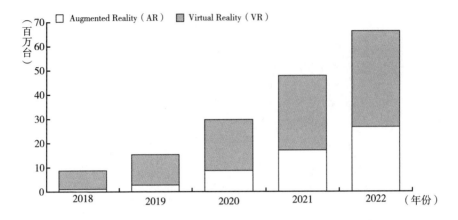

图2 2018~2022年全球AR/VR头显市场销售预测

资料来源：IDC，*Worldwide Quarterly Augmented and Virtual Reality Headset Tracker*，www. idc. com，2018。

在虚拟现实终端的产品类型方面，高性价比的一体机对市场规模扩展的贡献最大，未来成长空间也会逐步扩大。自2018年5月Oculus Go一体机推向市场以来，高性价比的VR一体机走向市场。此后，随着Google Day Dream的一体机推向市场以及Vive Focus的一体机持续进步，未来价格低廉、体验效果优秀的VR一体机将推动VR终端用户的数量持续快速的增长，未来一体机将逐步成为全球AR/VR头显市场的主流。2018年以Oculus Go为代表的一体机市场占有率为14.8%，预计2022年一体机占比将超过33%，成为市场的中坚力量。2019年第一季度超高性价比的Oculus Quest这款革命性一体机的市场化，将使得这一局面更为凸显。

（三）全球虚拟现实产业投资规模持续扩大，美国、中国遥遥领先

虽然自2016年虚拟现实元年的投资高潮以来，"资本寒冬"的论调时有出现，但2017年全球虚拟现实VR/AR投资额创下了近30亿美元的历史新高，比2016年融资额上升12%，与2015年相比增长了近2倍（见图3）。①

---

① 《VR/AR全球投资回顾与2018年展望报告》，www. vrvca. com。

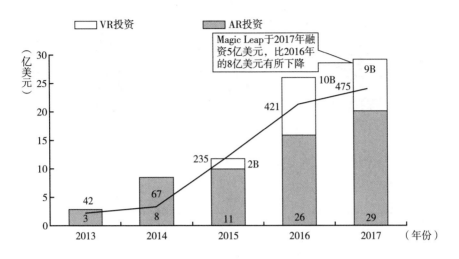

图3 2013～2017年VR/AR全球投资总额

资料来源：VRVCA，《VR/AR全球投资回顾与2018年展望报告》，2018。

2017年，虚拟现实领域最活跃的15个投资机构共投资了约150个项目，这些机构包括ViveX、Presence Capital、The Venture Reality Fund、Tokyo VR Startups、精准资本、ColoplNext等；中国比较活跃的投资机构包括贝塔斯曼亚洲投资基金、松禾资本、鼎翔投资、UCCVR等。

从全球投资区域分布来看，美国是最大的VR/AR投资地，2017年总体投资约占全球的58%，中国则紧随其后是全球第二大投资区域，2017年中国总体投资占全球的19%（见图4）。美国是VR/AR技术的源头，拥有明显的先发优势。产业在2014年由Facebook收购Oculus引爆。Oculus、Microsoft、Google、Valve Software以及Magic Leap等一批公司的开创性工作推动全球虚拟现实产业的发展，美国也自然而然地成为全球最大的投资聚集区。中国紧随其后是全球虚拟现实产业第二大投资区域。

全球虚拟现实投资涉及各细分领域，包括虚拟现实核心技术的硬件系统领域、虚拟现实工具领域、虚拟现实底层技术领域，虚拟现实内容开发的游戏领域、虚拟现实娱乐领域、虚拟现实企业/垂直公司领域，虚拟现实社交应用以及线下体验店和虚拟现实行业媒体领域等（见表1）。

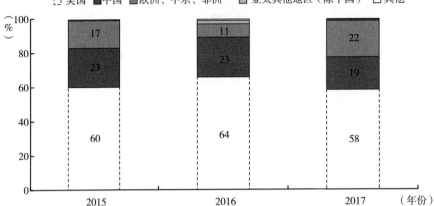

图4　2015～2017年全球不同区域的 VR/AR 投资占比

资料来源：VRVCA，《VR/AR 全球投资回顾与 2018 年展望报告》，2018。

表1　2018 年全球 VR/AR 投资的企业应用细分领域

硬件	·VR/AR头显、组件、周边配件或以硬件为主要产品形态（如芯片、传感器、硬件模组）进行交付的技术公司	娱乐	·除游戏以外的其他娱乐（如360或交互式电影工作室、影片发行商、视频平台等）
工具	·包括内容创建工具、中间件、3D转换、用户界面插件、数据可视化、用户数据跟踪及分析工具、广告投放工具等	企业/垂直公司	·企业服务或解决方案（如VR/AR定制项目、企业协助工具）或垂直行业应用（如医疗、教育等）
底层技术	·跨平台应用的基础技术（例如计算机视觉）、SLAM、流媒体和压缩、ARCloud、眼动追踪等，一般以软件或授权形式交付	其他	·社交应用（如VRChat、Rec、Room） ·线下体验店和解决方案（如VR体验馆、主题公园等） ·行业媒体（如Upload、RoadtoVR等） ·任何不属于上述其他类别的企业
游戏	·创作VR/AR游戏或交互"体验"的工作室，或以VR/AR游戏发行为主业务的公司		

资料来源：VRVCA，《VR/AR 全球投资回顾与 2018 年展望报告》，2018。

（四）中国虚拟现实产业发展势头强劲

在 2018 年 5 月 21 日举行的 2018 世界 VR（虚拟现实）产业大会新闻发布会上，工信部副部长罗文表示，"2017 年我国虚拟现实（VR）产业市场规模达到 160 亿元，同比增长 164%，在关键核心技术和重点应用领域也取得了多项突破。虚拟现实技术被认为是下一代通用技术平台和下一代互联网的入口，是引领全球新一轮产业变革的重要力量，是经济发展的新增长点，目前已经在工业、军事、医疗、航天、教育、娱乐等领域形成较为成熟的应用，将撬动上万亿元的新兴市场"。

中国虚拟现实产业发展势头强劲，在全球虚拟现实领域占有重要地位。突出表现在四个方面：第一是政府推动虚拟现实产业发展的力度最大，政策最优；第二是虚拟现实技术的产业化应用最为活跃；第三是中国成为全球虚拟现实领域跨境投资资金来源的主要国家；第四是中国虚拟现实终端销售、产出及产业化落地的规模最为突出。目前，中国拥有规模最大的虚拟现实线下实体店，其中包括5000多个VR线下游戏店、VR电影院及体验中心（美国少于1000家）。全球超过70%的头显硬件制造来自中国，数据显示仅歌尔一家股份企业对全球一线VR终端的制造输出就超过60%。此外，中国还是全球虚拟现实零部件包括芯片、近眼显示、摄像等最大的采购和装配整合中心。

中国涌现出一大批本土虚拟现实硬件研发生产厂商，在全球虚拟现实终端的性价比优势突出。这些厂商研发的产品包括深圳市虚拟现实技术有限公司的3Glasses，北京小鸟看看科技有限公司的Pico VR，上海乐相科技有限公司的大朋VR，暴风魔镜，小派科技的小派VR Pro、Pimax 8K VR，深圳纳德光学有限公司的酷睿视（GOOVIS）系列，爱奇艺新品奇遇二代4KVR，联想晨星AR、联想Mirage星球大战套装产品，小米与Oculus强强联合开发的小米一体机等。

在虚拟现实核心硬件科技及整合设计方面，中国企业也呈现强劲的发展态势。在VR核心移动芯片方面，中国华为取得重大突破。华为突破了美国高通的垄断，其开发的麒麟980芯片在多个领域超越全球其他产品，未来有望研发出国际顶尖的移动VR核心芯片。在近眼显示方面，中国厂商京东方有望突破三星VR显示屏的垄断，研发出高质量的显示屏。京东方携手奥雷德和Kopin，投资11.5亿元，在云南昆明建立年产量超过100万片的硅基OLED产线，有望快速提升中国VR显示屏综合水平。在虚拟现实的技术整合与产品设计方面，歌尔股份有限公司优势突出。相关数据显示，2016年全球市场上中高端的VR头显，将近70%的产品由歌尔公司制造（主要是代工）。此外，歌尔还与国际联合开发新产品示范样机。比如与移动芯片巨头高通联合研发了基于高通820、835芯片以及845芯片方案的VR一体机示范样机。与美国微型显示面板公司Kopin联合开发新一代虚拟现实（VR）头显参考设计方案Elf，该产品

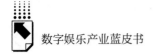

以其前所未有的轻巧、紧凑以及高清晰的特点获得 2018 CES 创新奖。

中国成为全球规模最大的虚拟现实体验馆，虚拟现实游艺设备研发、生产以及落地运营的国家。具有代表性的企业包括广州玖的数码科技有限公司、广州卓远集团有限公司、东莞市富华智能科技有限公司等。目前，中国虚拟现实线下实体体验店超过 5000 家，远远超过其他国家。调查数据显示，线下体验店是大众了解、认识未来消费虚拟现实产品的主要渠道，对于推动虚拟现实产品的大众消费效果显著。2018 年 9 月在南昌举行的世界虚拟现实大会上，三天的时间里，体验 VR 的用户超过 20 万人。这也成为全球虚拟现实对大众传播影响力最大的一次盛会。

随着产业的发展，虚拟现实软件内容的消费会逐步成为主体内容，而当前中国虚拟现实内容的消费习惯正逐步形成一定的规模效应。调查数据显示，2018 年中国虚拟现实行业软件内容领域的收入预计达到行业总收入的 30%，而同时，硬件领域的产值比重逐步降低到 70%（见图 5）。

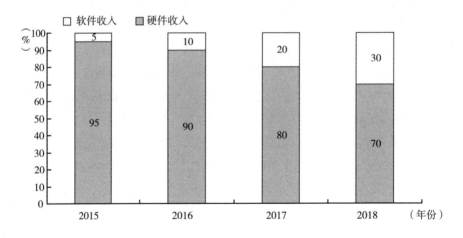

图 5 2015～2018 年中国虚拟现实（VR）市场收入构成及预测

资料来源：中商产业研究院《2018 年中国虚拟现实行业市场现状及发展前景研究报告》，2018。

从 2016 年 VR 产业各细分市场表现来看，收入占比最高的是 VR 头戴设备，其收入占比高达 59.4%，而 VR 体验馆的收入占比达 10.3%。此外，作为 VR 全景视频拍摄设备的 VR 摄像机，其产值排在第三位，为 9.7%（见图 6）。

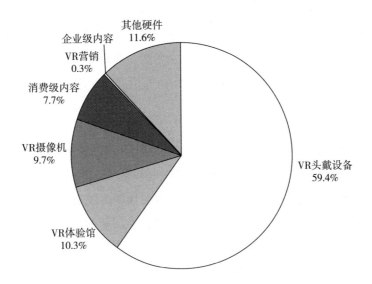

图6 2016年中国虚拟现实（VR）市场各细分市场占比情况

资料来源：中商产业研究院《2018中国虚拟现实行业市场现状及发展前景研究报告》，2018。

以上是对2018年全球虚拟现实产业发展的整体报告，下面将从几个不同的角度对虚拟现实产业发展逐一展开分项报告。

二 虚拟现实硬件技术全球持续发展，中国稳步提升

（一）关于虚拟现实硬件核心技术群——显示、计算、交互

掌握虚拟现实硬件终端的发展，需要认识虚拟现实终端的核心技术，虚拟现实硬件终端的发展本质就是其核心技术群的发展。虚拟现实终端技术的发展涉及三大关键技术群：显示、计算和交互。

1. 显示

VR的显示屏相比电脑显示屏更像眼镜，与人眼距离极近，也称为近眼显示。近眼显示有着不同的技术标准，其关键包括显示分辨率、刷新率、显示密度以及对人的健康程度。目前三星为全球虚拟现实头显的龙头企业，全

球高端主流 VR 终端基本都采用三星 AMOLED 显示屏，目前在很大程度上，三星 AMOLED 显示屏的更新换代速度和显示质量决定了主流 VR 显示的清晰程度。三星 AMOLED 显示屏的价格在一定程度上影响了 VR 终端的价格。中国知名显示屏厂商京东方正在努力建设全新的生产线，致力于缩小该领域与国际差距。

2. 计算

计算，即 VR 虚拟现实即时渲染所需要的图形计算，基于 PC 主机的 VR 头显的计算的决定因素是 GPU 图形显卡，NVidia 是目前全球 PC 主机 GPU 图形显卡领域的龙头企业。NVidia 图形显卡的计算性能决定了 VR 能够承载的 3D 图形内容的复杂程度和 VR 显示即时渲染刷新帧速率。这两点对 VR 体验来讲至关重要，3D 图形内容的复杂程度决定了 VR 显示内容的细节和真实度，即时渲染刷新帧速率则决定了人们在 VR 体验中的舒适度。图形计算的复杂度越高，通过 VR 看到的内容就越细致、越真实、即时渲染刷新帧速率越快，体验就越舒适。行业中的 VR 体验出现头晕等不舒适的情况绝大部分来自即时渲染刷新帧速率低于标准值（每秒 90 帧）。基于移动端的 VR 计算以移动芯片为核心，芯片包含图形计算性能、摄像机信息获取性能、多自由度定位以及移动功耗、散热等移动 VR 终端的重要指标。目前全球移动芯片以美国企业高通为龙头。2018 年 10 月，中国华为推出麒麟 980 芯片使中国自主研发的芯片首次跻身世界一流移动芯片行列，并引领六个关键领域的全球第一。

3. 交互

交互，即人与 VR 软硬件的交互形式与效率。交互形式越丰富，交互效率越高，人们获得的 VR 体验方式就可能越丰富，体验效果就可能越好。VR 交互的终极目标是完全自然交互，即人如同在真实世界一样全方位运用眼、耳、鼻、口、手、脚等，进行全方位交互。目前在虚拟现实领域人机交互的龙头企业有微软、Oculus、Magic Leap、HTC、Sony 等。其中，微软的 Hololens 和 Kinect 具有极为先进的人机交互技术储备。中国目前在虚拟现实人机交互领域尚未有突出的优势。

基于全球虚拟现实技术在 VR 显示技术、图形计算技术以及人机交互技术的持续发展和迭代，虚拟现实显示终端持续发展。下面我们基于对以上虚拟现实核心技术群的认知，结合虚拟现实硬件终端的技术发展历程，进一步了解当前全球虚拟现实硬件科技的发展现状。

（二）2012～2018年全球一线虚拟现实VR硬件终端发展及现状

VR终端主要有两种类型：基于PC主机的VR终端和基于移动平台的VR终端。基于PC主机的VR终端，其VR运算性能主要由PC主机的性能决定，而移动平台VR终端的性能主要由移动设备性能决定。PC主机性能和移动平台性能差距较大。

1. PC主机（包括游戏主机）VR终端发展情况

表2为2012～2018年基于PC主机的VR终端发展情况，显示了2012～2018年全球一线虚拟现实基于PC主机包括游戏主机的高端虚拟现实硬件终端的发展情况。由于基于PC主机的虚拟现实显示终端的计算由PC主机的显示芯片来决定，因此PC主机VR头显并不涉及计算的芯片环节。下文内容将涉及基于移动运算的一体机需要移动计算芯片的支持，并涉及该VR计算芯片的各因素。

表2 2012～2018年基于PC主机（主机端）的VR终端发展情况

	厂家及上市日期	外形	显示	交互及追踪技术	体验	价格
Oculus DK1	2012年9月 Oculus		单眼:640×800,双眼:1280×800	鼠标、键盘、手柄	模糊,纱窗颗粒感强	399美元
Oculus DK2	2014年7月 Oculus		单眼:960×1080,双眼:1920×1080	鼠标、键盘、手柄	颗粒感强,不够清晰	399美元
HTC Vive	2016年4月 HTC		单眼:1080×1200,双眼:2160×1200,刷新率:90Hz,视场角:100度	Room Scale房型空间4×4米体感追踪	清晰,轻微颗粒感	799美元,688元人民币

	厂家及 上市日期	外形	显示	交互及 追踪技术	体验	价格
Oculus Rift CV1	2016 年 3 ~ 8 月 Oculus	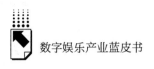	单眼:1080×1200, 双眼:2160×1200, 刷新率:90Hz,视 场角:110 度	小空间体感 追踪、控制 器	清晰,轻微 颗粒感	599 ~ 798 美元
Play Station VR	2016 年 10 月 Sony		单眼:1080×1080, 双眼:1920×1080, 刷新率:120Hz,视 场角:100 度	小空间体感 追踪、控制 器	清晰,轻微 颗粒感	399 美元
Vive Pro	2018 年 4 月 HTC		单眼:1440×1600, 双眼:2880×1600, 刷新率:90Hz,视 场角:100 度	Steam 2.0, 6×6 米较 大空间体感 追踪	非常清晰, 极轻微颗粒 感	1399 美元, 11888 元 人民币

从表 2 中,可以看到当前虚拟现实 PC 主机包括游戏主机的高端虚拟现实硬件终端的发展过程。其发展主要依据显示屏分辨率划分为三个主要阶段。第一个阶段是 Oculus DK1 和 DK2 的低分辨率阶段,显示屏分辨率为双眼 1280×800 和双眼 1920×1080,这一阶段 VR 显示屏分辨率低,视觉体验模糊,纱窗颗粒感强。第二阶段为显示屏分辨率发展到 2160×1200 的基本清晰阶段,VR显示屏分辨率有所提高,视觉体验较清晰,但依然存在轻微颗粒感。第三阶段,当显示屏分辨率发展到 2880×1600 的清晰阶段,VR 显示屏分辨率继续提高,视觉体验非常清晰,还存在极轻微的颗粒感,但相较之前已经很清晰。目前,PC 主机只有 Vive Pro 拥有 2880×1600 的高分辨率。也就是说 HTC Vive 生产的 Vive Pro 是目前 PC 主机 VR 体验清晰度最高的显示终端。2016 年,Oculus Rift CV1 与 HTC Vive 处于 2160×1200 的同一清晰度水平。PlayStation VR 的 1920×1080 分辨率则处于当时三大平台分辨率相对较低的水平。HTC 从第一代的 Vive 版本升级硬件性能到升级版的 Vive Pro,Vive Pro 在显示分辨率方面与 Oculus Rift CV1 和 PlayStation VR 拉开了差距。由于 Sony 公司推出 PlayStation VR 的下一代版本日期不得而知,很难在短期内推出更高的版本。而 Oculus 则是 VR 的积极推动者,有望在 2019 年推出高分辨率的 PC 主机 VR 头显,其分辨率可能会达到与 Vive Pro 同样的水平,也有可能是基于三星最新一代的 AMOLED 4K 的显示屏。

2. 基于移动端的 VR 终端发展情况

下面，我们来了解一下基于移动端的 VR 终端发展情况。基于移动端的 VR 终端自 2014 年 3 月 Google 推出 Card Board 以来，经历了插入手机和不使用手机两个阶段。第一个阶段是 VR 壳阶段。VR 终端其本质是一个 VR 机器壳。这种 VR 壳是从没有任何科技功能植入的 Google Card Board 的纸壳版本，到具有较高软硬件科技技术的三星 Gear VR 和 Google Day Dream VR 技术壳。这个阶段的 VR 终端主要提供了一个可装载手机的 VR 显示透镜和控制平台，它本身没有计算和显示功能，需要自己额外插入一个能与之匹配的智能手机，并安装相关 VR 应用后才能进行 VR 体验。插入手机的芯片计算性能和手机分辨率决定了 VR 体验的整体效果。第二个阶段是 VR 一体机阶段。这个阶段的 VR 一体机拥有完整的 VR，不需要插入手机就可以独立体验 VR。这个阶段是将类似手机的计算和显示系统置入 VR 一体机中，配合操作手柄就可以进行高沉浸感的 VR 交互内容体验。在目前国际一线 VR 一体机终端中 Vive Focus、Oculus Go 以及 2019 年一季度上市的 Oculus Quest 就是代表。VR 一体机的显示屏、计算芯片和追踪交互技术决定了 VR 体验水平。表 3 显示了从 2014 年 3 月上市的 Google Card Board 到 2019 年一季度即将上市的 Oculus Quest 等全球一线 VR 终端的发展情况。

2018 年 5 月高通宣布了新一代骁龙 XR1 芯片，目标是希望助推更多 Oculus Go 等单体式 AR/VR 头戴显示装置的发展。据悉，XR 是"拓展现实"（Extended Reality）的缩写，用以指代增强现实和虚拟现实等事物。该公司希望在确保可穿戴设备的成本负担得起的同时，骁龙 XR1 还能够提供场景识别和人工智能等方面的功能。高通声称骁龙 XR1 芯片比当前骁龙 845 处理器的性能更高级一些。该芯片合作的 VR 一体机产品将在 2019 年上市。预示 2019 年性能超越当前 Oculus Quest 高通骁龙 835 的 VR 一体机将陆续出现。下年一体机的主流是超越骁龙 845 性能的骁龙 XR1 芯片。

3. PC 主机和移动端具有代表性的 VR 终端技术特征

（1）PC 主机具有代表性的 VR 终端——HTC Vive Pro 技术特征

2018 年 4 月 5 日，HTC Vive 生产的高端 PC VR 头显终端 Vive Pro（见图 7）在全球同步上市，中国售价 11888 元人民币（约合 1728 美元），美国售价 1399 美元。无线套件 3076 元人民币（约合 447 美元），美国售价 359 美元。

表 3 2014～2019 年基于移动端的 VR 终端发展情况

厂家及上市日期	外形	显示	芯片	追踪及交互	体验	价格
Google Card Board Google 2014 年 3 月		分辨率由手机分辨率决定，刷新率低	由手机芯片性能决定	三自由度定位，手柄交互	有 VR 效果，但效果不太好	15 美元
三星 Gear VR 三星、Oculus 2014 年 12 月		分辨率由手机分辨率决定，刷新率低	由手机芯片性能决定	三自由度定位，手柄交互	有 VR 效果，体验效果较好	129 美元
Google Day Dream Google 2016 年 11 月		分辨率由手机分辨率决定，刷新率低	由手机芯片性能决定	三自由度定位，手柄交互	体验效果较好	159 美元
Pico Neo 小鸟看看科技 2017 年 12 月		分辨率:2880 × 1600 刷新率:90Hz 视场角:101 度	高通 Qualcomm ©骁龙™835 芯片	World-Scale 六自由度大空间追踪技术	体验较好，但头盔偏重，手柄有偏移	5299 元人民币
Vive Focus Htc Vive 2017 年 12 月		3K AMOLED，分辨率:2880 × 1600，刷新率:75 Hz 视场角:110 度	高通 Qualcomm ©骁龙™835 芯片	World-Scale 六自由度大空间追踪技术	体验好，但头盔偏重，手柄有偏移	3999～4299 元人民币，仅中国大陆

续表

厂家及上市日期	外形	显示	芯片	追踪及交互	体验	价格
Oculus Go Oculus 2018年5月		538ppi，分辨率：2560×1440，WQHD LED 显示器，刷新率：60～75 Hz 视场角：110度	高通 Qualcomm ©骁龙™ 821 芯片	三自由度定位，手柄交互	体验好	199 美元
Oculus Quest Oculus 预计2019年第一季度		3K AMOLED，分辨率：2880×1600，刷新率：75 Hz 视场角：110度	高通 Qualcomm ©骁龙™ 835 芯片	超大空间定位，六自由度追踪技术	体验很好，大空间定位及体感控制精准	399 美元

图7　HTC Vive 生产的高端 PC VR 头显终端 Vive Pro

资料来源：HTC Vive 官网，www.vive.com。

相比 Oculus Rift CV1 和 PlayStation VR，Vive Pro 拥有高分辨率、大空间交互、无线和耳机内置等特点。Vive Pro 双眼分辨率为 3K（2880×1600），两个 3.5 英寸的 AMOLED 屏，分辨率提高到 2880×1600（1440×1600 每眼，615 ppi），比当前 Vive 的 2160×1200（1080×1200 每眼）分辨率提高了 78%，这个分辨率的提高将有助于更清晰地文字渲染和图形显示，也拉开了和竞争对手 Oculus Rift 或 Windows 混合现实头显间的差距。刷新率为 90 Hz，视场角为 110 度。HTC 还重新设计了 Vive Pro 的头带（见图 8），增加了内置耳机。Vive Pro 的头带包括一个尺寸调节盘，并基于人体工程学设计，平衡了头显的重量分布。第一代 Vive 头盔难以调整和头感重等问题得到解决，Vive Pro 佩戴非常舒适、方便。此外，它还增加了两个前置摄像头、双麦克风。还可以将四个基站进行链接，进而获得更大的追踪范围和更高的追踪精度。追踪范围从早期的 4.5×4.5 米增加到 10×10 米。此外，Vive Pro 还研发了全新的无线组件，该组件使用英特尔 WiGig 技术，可以在无干扰的 60GHz 频段下更高效地工作，以获得更低的延迟与更高的性能，进而带来更好的 VR 体验效果。

Vive Pro 的突出优势在于清晰度的提升和佩戴舒适度的改善，此外，追踪范围扩展至 10×10 米也是一个极为重要的进步，它使得 100 平方米的大空间 VR 体验得以实现。那些动辄几十万元甚至上百万元的昂贵大空间 VR（见图 9）必然被替代。

除了上述优点以外，Vive Pro 也存在两个突出的问题，一个是声音问题，

图8　佩戴无线套件自由体验 Vive Pro 的宣传画面

资料来源：www.vive.com。

图9　成本昂贵的大空间 VR

资料来源：www.noitom.com.cn。

另一个是价格问题。Vive Pro 的内置耳机可以方便调节音量和开关麦克风，但同时存在一个极为低级的错误，音质效果上基本听不到低音，更为夸张的是没有外部耳机插孔，这使得 Vive Pro 的声音体验大打折扣。作为 VR 内容的开发者，在声音方面的设计空间被极大压缩，声音表现力锐减。关于 Vive Pro 的价格问题，Vive Pro 的售价为人民币 11888 元，Vive Pro 无线套件售价为人民币 3076 元。如果要从零开始，则还需要配置一台高性能 VR 电脑，其售价约为人民币 12000 元，附加一套基站支架，价格约 350 元，总计约 27314 元。即便不配置无限套件，也需要约 24238 元。新人入门门槛很高。

（2）移动端具有代表性的 VR 终端——Oculus Quest 技术特征

2018 年 9 月 27 日，在 Oculus Connect 5 开发者大会上，扎克伯格高调宣布其首款高端 VR 一体机 Oculus Quest 将于 2019 年春季上市，售价 399 美元（见图 10）。参会者可以现场感受 Oculus Quest 带来的全新体验。Oculus Quest 将当前主机端和移动端 VR 的核心功能融于一体，在一个轻便的一体机中就能实现 3K（2880×1600）分辨率、六自由度追踪，在数百平方米的大空间中自由体验 VR。更重要的是价格非常亲民，非常有利于吸引大众以低成本和极为便捷的方式进入 VR 世界。

图 10　Facebook 创始人扎克伯格在 Oculus Connect 5
大会上发布 Oculus Quest

资料来源：Oculus Connect，2018。

　　Oculus Quest 的特点，用扎克伯格自己的话来讲就是三点体验非常重要：一是独立一体，无须任何其他设备，能够随时带走且不用被线缆困扰；二是能够在 VR 中感受到你的双手；三则是能够体验六自由度的空间交互（见图 11）。Oculus Quest 可以方便地实现这些功能。Oculus Quest 可以轻松带领我们走向无 PC、无线和无外部传感器的大门。Oculus Quest 提供六自由度交互，并搭配了 Oculus Touch 控制器。

　　Oculus Quest 的突破性技术 Oculus Insight 带来了内向外定位、导护系统和 Touch 控制器定位追踪，带领你随时随地进入 VR 世界。创新性系统 Oculus Insight 采用了四个超宽视角传感器、计算机视觉算法来实时追踪你的准确位置，而无须任何外部传感器，提供了极佳的沉浸感、临场感、移动性，以及超

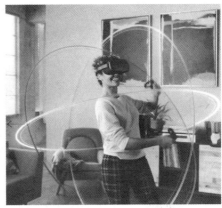

图 11　Oculus Quest 六自由度控制

越房型尺度的大空间行走性能。导护系统能确保在体验 VR 时处于安全之中。Oculus Touch 控制器可以在 VR 中带来真实手部体验，轻松自然地与周围世界进行交互。通过提供搭配 Touch 控制器的 Oculus Quest 设备，开发者可以将 Oculus Rift 游戏快速转换到 Oculus Quest 平台。

Oculus Quest 采用高通骁龙 835 处理器，以及跟 Oculus Go 一样的 Oculus 高质量光学系统，单眼分辨率为 1600×1440，同时提供了透镜调节的空间以确保更高的视觉舒适性。Oculus Quest 还进一步改善了内建音频系统，可获得更高质量、更加沉浸的低音效果。扎克伯格表示，Quest 的推出形成了 Oculus 第一代 VR 头显系列产品阵营，即 Oculus Rift、Oculus Go 和 Oculus Quest。Oculus Go 定位于简易实惠的入门级 VR 体验方式，Oculus Rift 定位于高端极限的 VR 体验方式，Oculus Quest 则介于两者之间，将带领更多人走进 VR 世界（见图 12）。

高质量的 Oculus Quest 超低价位、超高体验和超大空间定位，将成为移动 VR 的新标杆。随着 2019 年第一季度 Oculus Quest 推向市场，更低的入门门槛和更好的体验必然吸引更多的人进入 VR 领域并获得更好的 VR 体验，进而更为广泛地推动虚拟现实走向大众消费。

我们相信，由于 Oculus 有家底雄厚的 Facebook 当家人扎克伯格的全力推动，对于未来 VR 社交志在必得的扎克伯格而言，高性价比的 Oculus Quest 对

图 12　Oculus Quest 超大空间多人组队联网对战

资料来源：Oculus Connect，2018。

于推广 VR，增进 VR 社交应用至关重要。同时，Oculus Quest 对全球虚拟现实产业发展而言，也具有划时代的意义。它在高水平移动 VR 体验和平价消费方面起到极为重要的助推作用，把虚拟现实从 Beta 版本推进到 VR 1.0 版。

4. 从 Oculus DK1 到 Oculus Rift CV1 再到 Oculus Quest（见图13），VR 完成1.0阶段

从 PC 主机 VR 和移动端 VR 的整体发展历程可以看到 2012～2019 年虚拟现实技术整体发展的趋势。我们深入分析 Oculus 公司 2012 年上市的 Oculus DK1、2016 年上市的 Oculus Rift CV1、2019 年上市的 Oculus Quest，从中可以看到虚拟现实体验终端的技术成长路径。

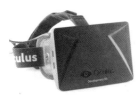

图 13　从 Oculus DK1 年到 Oculus Rift CV1 再到 Oculus Quest

资料来源：www.oculus.com。

可以看到从 Oculus DK1 到 Oculus Rift CV1 再到 Oculus Quest，完成了虚拟现实从 VR Beta 到 VR 1.0 版的第一代完整过程。Oculus Quest 已经可以呈现未来虚拟现实的基础形态——移动、安全、高清晰度、六自由度交互、大空间、不高的价格。

Oculus DK1：初代 VR 显示，画面模糊、纱网明显，键盘、鼠标、手柄控制，有线。

Oculus Rift CV1：较高分辨率，较清晰的 VR 显示，小范围体感手柄控制，有线。

Oculus Quest：高分辨率，清晰，大空间追踪定位，体感控制，无线，社交。Oculus Quest 形成了未来 VR 的原型，即 VR 1.0 版本。我们相信，2019 年以后，后续版本的 VR 设备都可能在此基础上逐步完善和拓展，进而逐步走向成熟。

如果以我们较为熟悉的电话技术的发展作类比，可以看到 VR 从 Oculus DK1 到 Oculus Quest，其意义如同从转盘拨号的有线座机进入按钮无线的大哥大手机时代。大哥大手机预示着移动手机初始形态的到来，后续发展的各系列手机基本都是在大哥大手机的基础上持续完善和拓展的，进而发展出移动互联网（见图 14）。我们有充分的理由相信 Oculus Quest 所带来的移动 VR 体验标准将引领下一代虚拟现实交互的信息时代潮流。

图 14　VR Oculus DK1 和 Oculus Quest 与转盘拨号座机和按钮大哥大手机对比

资料来源：www.oculus.com。

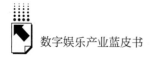

由于虚拟现实相对于手机的输入输出有颠覆性的扩展，虚拟现实未来的发展空间将远远超越手机。随之虚拟现实互联网所带来的产业价值也将远远超越当前的手机移动互联网。

5. 2015~2018年全球一线 AR/MR 硬件终端技术发展情况

（1）AR/MR 领域的主流代表为 Hololens 与 Magic Leap One

虚拟现实除了 VR，还有一个重要的领域是 AR 增强现实领域与 MR 混合现实领域。微软于 2016 年 3 月上市的 Hololens 与 Magic Leap 在 2018 年 8 月上市的 Magic Leap One 是 AR/MR 的代表。微软作为全球计算机科技实力的巨鳄所带来的产品 Hololens 与全球虚拟现实领域获得最多融资的 Magic Leap 所研发的 Magic Leap One，两者显然有不同之处。其中，Magic Leap 与其他 AR/MR 和 VR 的显著的不同之处在于其采用全新的光场与光波导结合的显示技术。表 4 是 Hololens 与 Magic Leap One 相关技术和性能的对比。

表 4　AR/MR 终端 Hololens 与 Magic Leap One

	Hololens	Magic Leap One
厂家	微软	Magic Leap
上市时间	2016 年 3 月	2018 年 8 月
售价	4999 美元	2295 美元
设备类型	AR、MR	AR、MR
外观		
硬件配置	处理器：英特尔 Atom×5－Z8100；主频 1.04 GHz；英特尔 Airmont（14 纳米技术）；4 个逻辑处理器；支持 64 位系统。GPU/HPU：HololensGraphics，GPU 厂商 ID：8086h（英特尔）	处理器：英伟达 Tegra X2 多核处理器，具体包含一个四核 ARM A57 CPU、一个双核 Denver 2 CPU 和一个基于 NVIDIA Pascal 的 GPU，以及 256 个 CUDA 核心图形技术芯片
显示方式	光波导全息透镜，显示质量高	动态聚焦＋光场，光波导"光子芯片（photonics chip）"，光线通过 AR 头显内置的波导片，波导片将光线引向人眼，创造一个光场的数字模拟。视觉效果清晰生动

续表

	Hololens	Magic Leap One
FOV 视场	水平视场角为 30 度,垂直角度为 17.5 度,16∶9 的宽高比,视场角偏小	水平视场值为 40 度,垂直视场值为 30 度,对角线值为 50 度,4∶3 的宽高比,视场角更大,可视面积比 Hololens 多约 45%
显示质量	显示清晰度极高	显示清晰度极高,清晰生动
交互方式	手势、语音、空间扫描	手柄、空间扫描
计算显示融合	计算、显示、控制融为一体	计算、显示、控制分离
空间场景建模	三角形网格线框,细节定位相对模糊,难以绘制黑色表面	映射大量的立方体空间区域块,空间扫描细节定位比 Hololens 精准,难以绘制黑色表面
跟踪和空间位置锁定	深度相机空间扫描,高频刷新下跟踪你的位置,然后将提供的 60fps 输入放大到 240fps（每帧一种颜色）,即在一个短暂持续的时间内对你头部的微小动作进行四次调整,定位极其精准	深度相机空间扫描,定位存在轻微漂移,质量与 ARKit 和 ARCore 相当
整体体验效果	显示范围小,手势控制准确度偶尔有误差,头戴设备较重,很难长时间使用	视场比 Hololens 更大,光场显示清晰生动,头戴较轻,佩戴舒适,空间扫描细节建模比 Hololens 更精准,定位存在轻微漂移
可体验内容	较多	较少

资料来源：www. microsoft. com，www. magicleap. com。

  通过表4Hololens 与 Magic Leap One 相关技术和性能的对比可以发现，Magic Leap One 比 Hololens 推向市场迟约两年半，其核心芯片运算性能优势突出。Magic Leap One 创新性空间扫描精度更高，光场显示更生动自然，头戴设备更轻便，佩戴体验更舒适，视场角显著加大，视野更宽（见图15）。Hololens 有强大的微软技术支撑，有近两年半的先发优势，在空间定位、语音交互、手势交互及内容量方面至今都拥有突出的技术优势。而 Magic Leap 作为一家全新的初创公司，首次研发的 Magic Leap One 就拥有能够与微软这样的超级巨鳄一争高下的革命性产品，甚至在部分领域有所超越，其实力已经相当惊人。随着该公司后续产品的持续更新迭代，相信二者的竞争一定能给未来 AR 领域市场的发展带来更多的惊喜。

图 15 Hololens 与 Magic Leap One 佩戴效果对比

资料来源：www. microsoft. com，www. magicleap. com。

（2）AR/MR 领域的潜在力量 Meta 2

在 AR/MR 领域，除了 Hololens 与 Magic Leap One 外，还有一个较为强大的潜在力量——Meta 2 AR 头显。Meta 2 是美国 Meta 公司开发的一种高性价比 AR 头显。Meta 2 AR 头显佩戴效果，如图 16 所示。

图 16 Meta 2 AR 头显佩戴效果

资料来源：www. metavision. com。

Meta 2 具有 90 度视场角，这一参数远超微软 Hololens（30 度）和 Magic Leap One（40 度），其分辨率为 2560×1440（也超过了 Hololens 和 Magic Leap One），但是 Meta 2 的售价仅为 949 美元（不到 Hololens 的三分之一）。而且，Meta 2 还拥有比 Hololens 还精准的手势识别，并允许多只手同步识别（见图 17）。

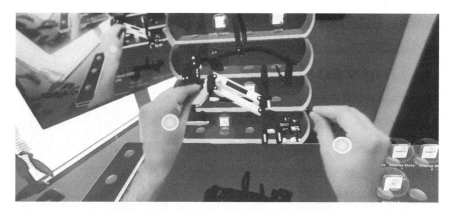

图17　Meta 2 在进行双手抓取物件精准识别

资料来源：www. metavision. com。

与 Hololens 和 Magic Leap One 相比，Meta 2 也有其明显的短项，比如块头较大、应用内容少、需要外接电脑等。Meta 2 外接电脑配置要求较高，CPU 要求 Intel Core i7 以上，显卡要求 NVIDIA GTX 960 以上，内存要达 8GB 以上。此外，Meta 2 的研发商 Meta 公司还存在致命的问题——初创企业，没有充足的资金，后续产品更新迟缓。有关 Meta 公司及产品的新闻主要出现在 2017 年年底之前，其后鲜有报道。最近的报道是在 2018 年 9 月，特朗普贸易战导致其潜在中国投资者不得不放弃投资，致使该公司资金短缺，三分之二的员工休假。

（3）具有示范性的 AR/MR 头显原型——北极星 AR 头显原型

2018 年 4 月，Leap Motion 推出 AR 头显开源平台"北极星"以及 AR 头显原型。该 AR 头显原型采用了两块 1600 × 1440 分辨率的 Fast-LCD 显示屏（中国京东方生产），具备 120Hz 的刷新率和 100 度的视场角，并搭配了 Leap Motion 的 180° × 180° FOV 的 150fps 手部跟踪传感器。Leap Motion 官方信息显示，"北极星"头显若只停留在基础设备和极简设计上，量产后的产品价格可低至不到 100 美元（见图 18）。

6. 微软推出划时代的 AR/MR 终端 Hololens 2

2019 年 2 月 25 日，微软在巴塞罗那举行的 MWC 世界移动通信大会上正式发布了划时代的 AR/MR 终端 Hololens 2 平台，该平台首次实现高精度触摸虚拟世界，并与之完全自然交互。人们可以虚实融合地进行精准的手术，可以用十指精准地弹钢琴（见图 19）。

图 18 Leap Motion AR 头显开源平台"北极星"头显原型

资料来源：www. leapmotion. com。

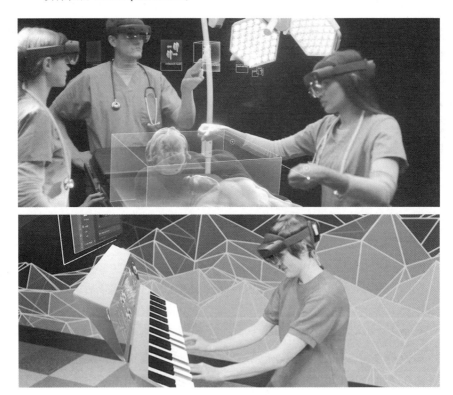

图 19 Hololens 2 交互过程的演示效果

资料来源：www. microsoft. com。

三　下一代虚拟现实终端——无线、高清、舒适、高性价比

（一）苹果谋划下一代 AR/VR 终端平台

众所周知，美国苹果公司的智能手机 iPhone，定义并引领了移动互联网智能终端，并一路领先全球近十年。在虚拟现实领域，苹果也在全力以赴地谋划下一代信息平台。2018 年 4 月，美国 CNET Networks 和彭博新闻社信息显示，苹果公司正在研发代号为"T288"的 AR/VR 兼容头戴设备。T288 具有 AR/VR 融合、8K 高清、无线传输、穿戴轻便等特点。T288 采用苹果自主研发的 VR 专用芯片，该芯片集 CPU 数据计算、GPU 图形处理、AI 人工智能以及交互数据处理于一体，体积小，能耗低。在计算方面，T288 配备苹果自主研发的 5 纳米处理器，计算性能超过目前任何一款苹果电脑处理器。在显示方面，T288 配备超高清晰的 8K 显示屏，清晰度远超目前市场化的任何 VR 终端。在人机交互方面，支持 inside-out 追踪功能，无须任何外部设备就能进行大空间定位追踪，还支持头部动作感应及 Siri 语音控制功能。在无线信息传输方面，T288 使用高速短距离无线技术连接到专用盒子，在保证高品质虚拟体验的同时，完全摆脱线缆束缚。苹果无线传输在 802.11ay 标准的基础上，研发无线传输速率高达 176Gbps，即每秒 22GB（约 1 部蓝光高清电影容量）。在操作系统方面，苹果基于 iOS 系统研发"rOS"，一种专门针对虚拟现实的操作系统。此外，苹果还专门针对该系统研发类似苹果 App Store 的 VR/AR 应用商店，进而在软件、硬件和内容平台上形成了一套完整的闭合生态链。从苹果近期收购的虚拟现实相关科技企业中可以进一步了解苹果公司未来在虚拟现实领域的技术布局。苹果近期收购的虚拟现实科技公司包括研发 AR 软件的 Metaio 公司、研发 3D 传感器的 Primesense 公司、研发实时面部表情捕捉技术的 Face shift 公司和研发追踪物体 3D 动作的 Fly By Media 公司，以及开发视觉追踪技术的眼球追踪厂商 SMI 等。因此，不排除 T288 未来将有可能具备 3D 传感器、实时面部表情捕捉、追踪物体 3D 动作以及眼球追踪等功能。信息显示，苹果 T288 头显计划在 2020 年推向市场（见图 20）。

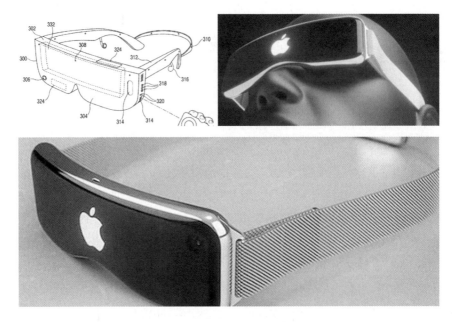

图 20　苹果 T288 设计和想象图

资料来源：Christopher Harper, Details of Project T288, Apple's Hybrid VR/AR Headset, www. VRworld. com。

不难看出，苹果在不遗余力地布局虚拟现实，并力争成为未来虚拟现实 AR/VR 领域的引领者。苹果、Facebook、微软以及 Intel 和 Google，都在全力以赴地研发下一代虚拟现实终端（见图 21 和图 22），这些全球信息产业巨头对虚拟现实坚持不懈的推动，未来高性价比、高舒适度、高体验性的虚拟现实 AR/VR 将不断涌现，持续推动产业的发展。图 21 显示的是 Google ARcore 在 AR 领域的应用。

（二）5G 推动虚拟现实革命性发展——更小、更清晰、无处不在

5G 推动 VR 从有线 VR、VR 一体机到轻便的穿戴式 VR，图 23 显示了 VR 发展的基本进程：从有线 VR 到 VR 一体机再到真正便携的穿戴式 VR。

首先，对于 VR，5G 强大的力量在于剪断了 VR 设备的数据线，能够以每秒高达数十千兆的速度低延迟、高帧率地传输 VR 信息。这使得 VR 终端同时完美解决了三大关键问题，使体验更清晰、舒适以及终端变得轻便。由于 5G 可以向 VR 终

图 21　Google AR core 在 Android 主流手机端的大众化应用

资料来源：www. developers. google. com/ar/。

图 22　2018 年 2 月 Intel 推出的智能眼镜 Vaunt

资料来源：www. intel. com。

端以每秒数十千兆的速度传输数据，那么 VR 终端可以获得超过蓝光电影的清晰度，其基础分辨率超过 8K（这在华为等诸多厂商已经实验成功），高阶分辨率将超过 16K，这是目前 PC 主机最高 GPU 配置都难以达到的 VR 计算性能。那么 16K 分辨率的 VR 将实现近乎人眼乃至超过人眼感知的视觉分辨率。其次，5G 数据传输能有效实现低延迟、高帧率，这使得因 VR 图像延迟而引起的晕动症得以有效改善，人们的 VR 体验舒适度得以提升。再次，一体机将数据和图像计算的 CPU、GPU 以及解决高能耗的电池等硬件置于头戴设备中，这使得一体机设备复杂，而且尺寸大、分量很重。5G 通过 Wi－Fi 或移动互联网将计算置于工作站或云端，烦

图 23 5G 推动 VR 从有线 VR、VR 一体机到轻便的穿戴式 VR

资料来源：www. vive. com。

琐的 CPU、GPU 以及高能电池得以解脱，VR 移动端仅需要重点解决信号传输、高清显示以及人机交互问题，那么其尺寸、重量和价格都将得到革命性的改观：尺寸显著变小，重量显著变轻，价格显著降低，而且移动互联网的特性使之变得无处不在。

这款高通虚拟现实概念眼镜（见图 24）看起来像一款普通的眼镜，但它在镜架、镜框和镜片上集成了一系列高端的芯片和传感器，其中包括定向扬声器、深度影像追踪摄像头、身体健康数据传感器、基于惯性的动态传感器、高敏感的麦克风、5G 多模连接芯片、多个被动和主动的微型相机、鱼眼镜头、长焦镜头、光电夜视与热成像仪、眼球追踪系统、光波导显示组件等。可见，该概念眼镜拥有强大的虚拟现实显示、计算和动态感知功能，再配套微型化的超长待机电池，未来虚拟现实的功能将变得极其强大，使用起来极为方便。

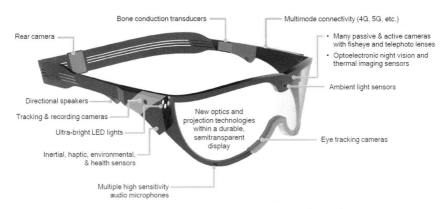

图 24 美国高通展示的未来虚拟现实概念眼镜

资料来源：www. qualcomm. com。

（三）近在眼前的5G+VR 试验成功

1. 华为、高通等移动芯片巨头连续推出高性能5G+VR 移动芯片

高通虚拟现实专用芯片——XR1 芯片（见图25）。2018 年 5 月，移动芯片巨头高通研发出一款专用于移动 VR 的芯片 XR1。XR1 专门针对虚拟现实应用进行深入开发，其最高支持 4K 分辨率、30fps 的画面，该芯片拥有显著改善成像效果的 Spectra ISP 专用系统。它还借助 VIO 视觉惯性测量技术解决了晕动。在虚拟现实交互技术上，基于 XR1 平台的头显和手柄控制器均可以高效实现六自由度追踪模式，且延迟速率在 20ms 以内。

图25　高通 VR 专用芯片——XR1 芯片

资料来源：www.qualcomm.com。

高通 XR 平台管理总监 Hiren Bhinde 表示："我们对 XR1 的定位是 XR1 平台具备沉浸式 VR 体验的最低标准，其专为站立式和座位式 VR 而设计，以全景视频、简单的游戏和互动体验为代表，设备价格往往较低。"也就是说 XR 可以让用户以更低的价格获得较好的 VR 沉浸式体验。但数据显示 XR1 的总体性能比高通骁龙845 芯片略低，但价格明显更低。这对于更大范围地推广虚拟现实具有积极的意义。

2018 年 12 月 5 日，高通推出专门针对下一代5G 平台的移动芯片骁龙 855芯片（见图26）。该芯片能够充分利用 5G 技术的完整架构，且更具沉浸感地扩展现实（XR 包括 VR、AR、MR 等）体验，为人工智能产品铺平了道路。在 5G 网络下，该芯片的多路千兆位 5G 将大幅缩短数据传输时间，减少数据延迟。这无疑是对虚拟现实从心力（芯）层面的推动。数据显示，骁龙 855的性能比骁龙 845 提升了三倍。也就是说基于骁龙 855 芯片的 VR 终端，其性

能将远远超过 XR1 的三倍。未来 XR 作为中低端的移动 VR，而骁龙 855 作为高端 VR，这种高低搭配将最大限度地推动移动 VR 的用户拓展。同时骁龙 855 强大的 5G 处理功能也将积极推动移动 VR 与 5G 技术的融合，进而推动 VR 设备厂商研发出更轻便、更高性能和体验的 VR 移动终端。

图 26　高通骁龙 855 芯片

资料来源：www. qualcomm. com。

2018 年 11 月 15 日，华为正式发布其完全自主研发的移动芯片麒麟 980 芯片和搭载该芯片的 4 款手机（见图 27）。

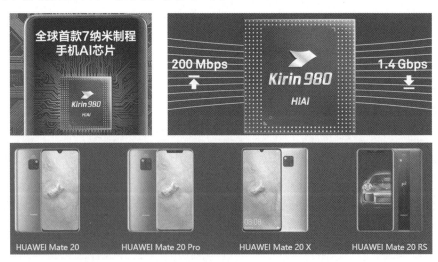

图 27　华为麒麟 980 芯片与搭载该芯片的手机

资料来源：www. huawei. com。

麒麟980芯片是全球首发7nm制程工艺，性能提升超过20%，能效也提升了40%。拥有8个CPU核心、全球首款双核NPU、10个GPU核心等。该芯片在VR、AR方面具有较强的处理功能，在AI领域性能提升较大。数据显示，麒麟980芯片整体性能大幅领先于高通骁龙840。与高通最新的骁龙855芯片相比，华为麒麟980芯片虽然目前略占下风，但推向市场的麒麟980芯片产品已经面市，而骁龙855芯片刚刚面世，其移动终端产品面市需待时日。在推出市场产品方面，华为领先一步。更重要的是华为作为5G基础技术研发的全球核心力量之一，5G基础搭建及相关技术拥有高通难以企及的能力。华为在5G领域的综合能力更胜一筹。

2.5G+8K VR持续试验成功

对于虚拟现实而言，5G最直接的作用在于推动无线高清VR内容的应用和发展。目前，在全球范围内已经有多家企业顺利完成了5G+8K VR的试验运营，并取得了理想的成果。2017年11月，华为与TPCAST联合研发基于5G技术的VR体验。TPCAST提供超低延迟编解码器和实时VR数据控制协议，而华为则提供尖端的5G网络技术。引入功能强大的云服务器应该能够提高智能手机的计算和图像处理能力，通过多个用户之间的硬件资源共享，同时减少所需的计算量。5G提供接近10Gb／s数据的高传输率，拥有1ms的端到端的响应时间。这些数据已经大大超过目前中高端PC主机的VR计算性能，完全胜任较优的VR体验。2018年6月27日，华为联合中国移动咪咕发布面向5G的全球VR电竞网。在全球VR电竞网展台现场，华为与中国移动咪咕及行业伙伴搭建了全球首例5G和千兆网异构网络连接环境下的VR电竞试验网，实现了全球首个跨区域、跨运营商的VR电竞实战及360度实时渲染全景直播展示。现场推出异地VR大空间定位多人对战竞技、VR健身单车等竞技游戏供消费者参与5G与VR结合的游戏体验。2018年8月16日，在成都2018 i World数字世界博览会上，中国电信成都分公司在5G实验网上成功开通全省首个基于5G的360度VR全景直播应用业务，让广大市民可沉浸式地观看VR全景。而同时，在软洽谈会电信展区，基于5G支撑的8K视频演示吸引了人们的目光。5G+VR全景直播、5G+8K超高清视觉体验……这些落地的具体化应用，标志着5G+VR走出实验室，走进大众能感知、能体验的智慧新生活。2018年10月10日，创维8K VR一体机S8000实现了5G+8K VR全景视频直播。同一时间，华为在 5G 实验网中实测的 5G 网络峰值速率已经达到 20.25Gbps，时延低至 0.33ms，每平方公里可连接的设备数量达到 217 万个，完全符合 ITU 标准要求。华为成为全世界第一个具备 5G 芯片自主研发、5G 终端自主研发和 5G 网络基站建设和组网能力的超大型企业，可以为客户提供端到端的完整 5G 解决方案。中国信息产业部相关信息显示，中国的 5G 技术将于 2020 年全面部署到位。预计到 2023 年，5G 用户在全球将会超过 10 亿人，而中国用户会占据一半以上。当前，中国、美国、韩国、日本都在争先恐后地筹备推出 5G 商用网络。日本已经完成 5G + 8K VR 的验证性试验。2018 年 7 月，日本 NTT DOCOMO 宣布，它已开发出世界首个基于 5G 的 8K 虚拟现实直播系统。只要佩戴头显，就可体验现场观看音乐会和体育赛事的感受了。经处理的 8K 影片可以透过 5G 网络实时传输，而传输宽带只需 80～200Mbps。该系统将在东京的 DOCOMO 四谷 5G 开放实验室展出，头戴式显示器会提供高度逼真的观看体验。随着 5G 的广泛部署，一些对实时性要求较高的场景，如基于具体对象的多人协作远程手术、基于现场环境的虚拟培训、基于真人的高逼真度 VR 社交、VR 旅游、VR 购物等，都将开始具备较为成熟的应用条件，这些类型的 VR 应用将快速实现和推广。更重要的是，5G 将使得虚拟现实终端轻量化、高清化，同时也让大众能够以更低的价格获得更完美的体验。

四 虚拟现实内容持续发展并逐步形成体系化内容生态链

（一）虚拟现实内容分发平台

1. Steam VR 平台

Steam VR 平台是全球第一个大众化、开放性 VR 内容平台（见图 28）。2016 年 2 月上线至今已经拥有多达 3857 个 VR 内容和数百万名 VR 注册用户。该平台兼容 HTC Vive、Oculus Rift 和 Windows Mixed Reality 等多种类型的 VR 终端进行 VR 内容消费和体验。由于 Steam VR 是基于 Steam 进行拓展的虚拟现实频道，而 Steam 平台在全球拥有近 3 亿名消费习惯成熟的用户。Steam VR 也成为迄今为止全球规模最大的 VR 内容分发平台。由于该平台具有跨终端优势，能够让 HTC Vive、Oculus 等不同终端用户都能付费下载或免费下载 VR 内容，因此该平台目前在全球范围内拥有规模最为庞大的 PC 主机 VR 消费群体。

图 28　Steam VR 平台及 VR 内容

资料来源：www. steampowered. com。

2. Oculus Store VR 内容平台

Oculus Store 平台是 Oculus 于 2016 年推出 Oculus CV1 后面世的第一个专门针对 Oculus VR 终端的 VR 内容分发平台（见图 29）。该平台是一个只针对 Oculus 用户的平台，由于该平台内容要求较为严苛，目前只针对 Oculus 系统内的 VR 内容开发者开放。因此，Oculus Store 平台也是一个相对封闭的平台，该平台中的内容相对较少，目前只有不到 1000 款内容可供用户下载。

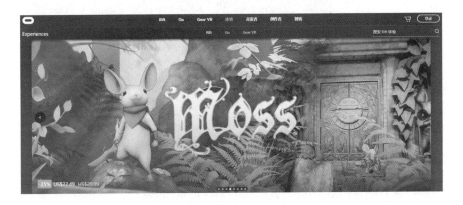

图 29　Oculus Store VR 内容平台

资料来源：www. oculus. com。

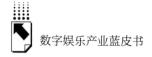
3. Vive Port VR 平台

Vive Port VR 内容平台是针对 HTC Vive 终端用户而开发的 VR 内容分发平台（见图 30）。与 Oculus 平台相似，该平台内容最初只针对自己生产的终端进行内容开放，到 2018 年底，该平台已经开始对 Oculus 终端用户进行开放。该平台不像 Oculus 那样封闭，而是允许 VR 内容开发者自主上传自己研发的 VR 内容。这就使得全球更多的 VR 开发者可以方便地上传自己开发的作品，并对其进行定价和销售。目前 Vive Port VR 内容平台已拥有超过 2000 个 VR 内容，数量远远超过 Oculus Sore 平台。当然，Vive Port VR 内容平台也存在一些弊端，没有平台对其进行严格监管，其内容出现质量参差不齐的情况。

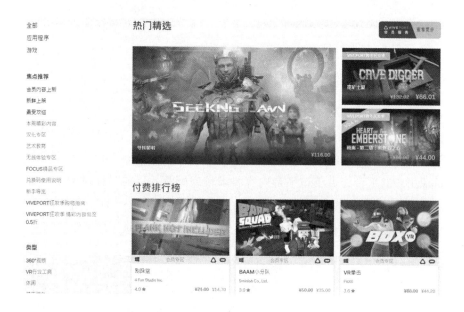

图 30　Vive Port VR 内容平台

资料来源：www. viveport. com。

4. PlayStation Store VR 内容平台

PlayStation Store VR 平台是 Sony 公司基于 PlayStation 游戏平台而扩展的 VR 内容专门频道（见图 31）。其方式与 Steam VR 非常相似，都是基于此前已经非常成熟的专门游戏平台而扩展诞生的。但与 Steam VR 的开放性不同，PlayStation Store VR 只针对 PlayStation VR 设备的用户进行开放，其他终端的用户不能使用，这就使得PlayStation Store VR 平台的用户数量相对较少。但由于 PlayStation 游戏平台是一个非常成熟的游戏分发应用商店，拥有成熟的消费模式和近 9000 万名用户，该平台的成长空间较大。目前，官方数据显示在 PlayStation Store VR 平台中上线的 VR 内容数量不到 100 个。

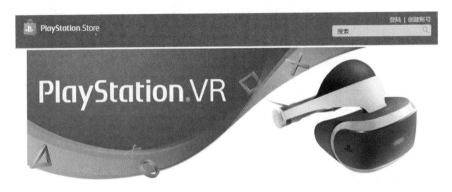

图 31　PlayStation Store VR 内容平台

资料来源：www.playstation.com。

5. Utube 360度全景视频 VR 频道

Utube VR 频道是美国著名视频网站 Utube 在原视频平台扩展的 360 度全景视频 VR 频道（见图 32）。Utube VR 频道主要发布 360 度全景视频 VR 内容，用户可以在 PC 主机、移动终端以及 VR 设备上观看 360 度 VR 全景视频。相比其他 VR 内容平台，Utube VR 频道有两个特点：传播广、体验浅。由于该平台以视频的方式，允许用户通过 PC 主机、移动终端或者 VR 设备观看，该平台最大限度地拓展了体验群体。目前，该频道订阅者已经超过 300 万名用户。优质内容的单个视频点击量可高达百万次。

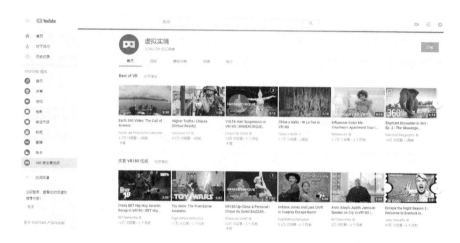

图 32　Utube 360 度全景视频 VR 频道

资料来源：www. youtube. com。

（二）虚拟现实代表性内容

在虚拟现实内容方面，全球范围内虚拟现实内容呈现了以大众喜爱的现象级游戏 Beat Saber（节奏光剑）（见图 33）为领头羊，以大 IP 传统游戏《辐射 4VR》《上古卷轴 5：天际 VR》等为潮流，以社交应用 VR Chat（VR 社交）的大范围传播，以及大批量功能应用为补充的百花齐放的 VR 内容格局。

图 33　2018 年 VR 现象级游戏 Beat Saber

资料来源：www. beatsaber. com。

1. 独具 VR 特色的标志性 VR 内容 Beat Saber（节奏光剑）

Beat Saber 在 VR 领域的出现，如同《愤怒的小鸟》在手机上出现一样，具有划时代的意义。Beat Saber 是一款轻量级的呈现 VR 体感交互特征的且让每一个人都能乐在其中的典型作品。Beat Saber 由三个人组成的小团队 Hyperbolic Magnetism 研发而成，一经推出就在 2018 年虚拟现实内容领域成为一个广受关注和好评的现象级 VR 游戏内容。该产品以 19.9 美元的售价出现在 Steam VR 平台上，2018 年 5 月 2 日上线后仅两个星期的下载数就超过 20 万次。两周收入超过 400 万美元，约合 2720 万元人民币，而其研发成本不到 100 万元人民币。Beat Saber 不但为研发团队带来巨大的收益，还成为体验者在视频网站疯狂传播的话题性内容。一些视频网站主播录制 Beat Saber VR 体验视频，上传到 Utube 视频网站后，点击量高达 500 万次以上。各类型的 Beat Saber 视频在 Utube 整体点击量高达数亿次。甚至有不少网民为了去体验这款佳作不惜花数百美元去购买专业的 VR 设备。

2. 现象级 VR 社交应用 VR Chat（VR 社交）（见图34）

VR Chat 是由 VR Chat 公司研发的于 2017 年 2 月 1 日上线的一款大型多人在线社交应用，你可以在线与其他人进行互动。该应用自由度很高，你可以自主选择做什么、玩什么，或是找几个人聊天。社区里还有些小游戏，比如夺旗、光盘、保龄球等。截至 2018 年 8 月 31 日，Steam 平台下载用户的实际评测数量高达 18629 份，接近 90% 的好评率。在 VR Chat 中玩家可以自行创建服务器，自主上传虚拟角色，通过虚拟角色，替身之间彼此交流。与游戏一起发行的软件开发工具包则使玩家可以创造各种类型的动漫游戏人物，并将其作为他们的形象。玩家的模型还可以有非常丰富的动作和表情，包括精准的口型、眼神等。VR Chat 是全球范围内 VR 内容下载和使用率最高的一款社交应用，目前全球用户高达数百万人。除了使用 VR 设备，那些只能用 PC 主机或者手机的用户也能使用 VR Chat 进行社交，唯一不同的是 VR 用户使用体感和手柄可以做出丰富的手势和表情，而传统平台用户只能用语音。这就极大地促进了传统用户渴望得到一套专业的 VR 设备进行更丰富的 VR 社交体验。VR Chat 的视频在 Utube 平台的点击量远远超过了 Beat Saber，单个视频点击量近两千万次，总体视频点击量高达数十亿次。

图 34 现象级 VR 社交应用 VR Chat

资料来源：www. vrchat. com。

3. 经典传统游戏 VR 版持续上线

传统大 IP 游戏拥有海量用户，这些内容的 VR 版本对于吸引大量的 VR 用户具有非常重要的作用。

《上古卷轴 5：天际 VR》（见图 35）来自知名传统游戏大作《上古卷轴》系列，该作品拥有上千万名用户。该产品的用户对于身临其境的体验《上古卷轴》中的神话世界充满了期待。《上古卷轴 5：天际 VR》的推出帮助他们实现了这一目标。

图 35 《上古卷轴 5：天际 VR》

资料来源：www. elderscrolls. com。

《辐射4VR》（见图36）改编自主机游戏大作《辐射》系列，由 Bethesda Game Studios 开发。《辐射4VR》在 Steam 发售的 24 小时内售出 120 万份。目前在各大平台的销量超过 2000 万份。《辐射4VR》由 Bethesda Game Studios 经过一年多时间的专心打磨，具有极佳的 VR 体验。体验者可以戴上头显在《辐射4VR》的整个世界里探索，包括数以百计的位置、角色和任务。《辐射4VR》被赋予全新的玩法。

图36 《辐射4VR》

资料来源：www. fallout. com。

4. 各类型功能性应用 VR 内容层出不穷

在 VR 内容领域，除前面讲到的各类型游戏和社交应用以外，各类型功能性应用 VR 内容层出不穷，其中包括 VR 培训内容、VR 艺术设计内容、VR 旅游内容、VR 非遗内容以及 VR 博物馆、VR 医疗、VR 旅游、VR 非遗等，呈现百花齐放的态势。

2017 年 10 月，全球第一个虚拟现实美术馆荷兰克雷默博物馆（Kremer Museum）在纽约苏富比展出，74 幅世界级名画让观众流连忘返。图 37 显示的是透过虚拟现实设备观看到的荷兰克雷默博物馆展厅。

《夜间咖啡馆 VR》（见图 38）中的场景和人物都完美地还原了梵高的画风，而那些原本只是静止在画布上的人都动了起来。通过 VR 走进梵高所描绘的《夜间咖啡馆》，身临其境地感受到梵高的画带来的独特的视觉冲击，感受到大面积的红和绿营造的空间，紫和蓝的微妙装饰的视觉冲击带来的震撼，感受到梵高式笔触对光阴的塑造，对于生命的独特呈现。通过 VR 在夜间咖啡馆空间的行走，体验者还可以清晰地看到小蜡烛的闪烁、影子的晃动，从中感悟到梵高当时作画时的心境。

图 37　荷兰克雷默博物馆展厅体验效果

资料来源：www. thekremercollection. com。

图 38　《夜间的咖啡馆 VR》

资料来源：The Night Caft，AVR Tribute to Vincent Van Gogh，www. stenm. com。

《敦煌飞天 VR》（见图 39）是由北京电影学院沉浸式交互动漫文化和旅游部重点实验室研发的非遗类 VR 作品。该作品真实而生动地呈现了莫高窟洞窟和壁画艺术。无论是精准的空间，还是精美的壁画、雕像，抑或是逼真的自然光影和手电光照，栩栩如生。体验者可以拿着手电筒逐一去欣赏壁画。去过莫高窟的朋友可以从中得到一种与现场近乎一样的身临其境的体验。所不同的是在莫高窟现场，您只能在导游的带领下跟着十几个人的团队，拥挤在有限的洞窟中，在导游几分钟的讲解后，就得离开现场。而《敦煌飞天VR》可以让您独自一人静静地去欣赏和探索洞窟的神秘世界，不受任何时间、空间和人为的干扰。此外，《敦煌飞天VR》还有进一步的发挥。当体验者沉浸于壁画精美的艺术作品的时候，会发现壁画上的角色会发出晶莹的光芒。用手电筒照射过去，反弹琵琶的飞天居然从墙上飘了出来，并在您面前活了过来。当您伸手与她交流互动，她会反弹琵琶奏出悦耳的声音。壁画中的黑白飞天听到音乐随之也"活"过来，在空中飞舞，并散播着鲜艳的花瓣。再次与反弹琵琶的飞天交互，她会弹奏出新的曲子，同时激活壁画的生命，隋唐壁画艺术家精心勾勒的壁画精美轮廓开始闪耀着金光，整个洞窟流光溢彩、美轮美奂。继续与飞天交流互动，她会激活沉睡千年的摩尼宝珠，您将站在莲花上，随着安详的乐曲在飞天的伴随下飞入摩尼宝珠的神奇世界，并开启通往经变世界的大门……

图39　《敦煌飞天VR》

资料来源：刘跃军《敦煌飞天VR》，2018。

《甲午海战VR》（见图40）是一款爱国主义教育历史题材的VR体验内容。体验者从海底发现致远舰开始，就穿越到1894年甲午海战的现场，扮演致远舰上的一位水兵，在管带邓世昌的指挥下参与抗击日军联合舰队，最后寡不敌众，在撞向日军旗舰吉野舰的途中，被击中要害以身殉国。该作品由北京电影学院沉浸式交互动漫文化和旅游部重点实验室研发，本文作者刘跃军担任制作人。

图40　《甲午海战 VR》与旅游部

资料来源：刘跃军《甲午海战 VR》，2018。

五　中国虚拟现实相关政策

（一）最高领导指示

在 2016 年 G20 杭州峰会上，习近平主席指出："建设创新型世界经济，开辟增长源泉。创新是从根本上打开增长之锁的钥匙。以互联网为核心的新一轮科技和产业革命蓄势待发，人工智能、虚拟现实等新技术日新月异，虚拟经济与实体经济的结合，将给人们的生产方式和生活方式带来革命性变化。这种变化不会一蹴而就，也不会一帆风顺，需要各国合力推动，在充分放大和加速其正面效应的同时，把可能出现的负面影响降到最低。"

（二）全局政策的推动

2016 年 8 月，《国家重点专项规划之——"十三五"国家科技创新规划》

重点推动"突破虚实融合渲染、真三维呈现、实时定位注册、适人性虚拟现实技术等一批关键技术,形成高性能真三维显示器、智能眼镜、动作捕捉和分析系统、个性化虚拟现实整套装置等具有自主知识产权的核心设备。基本形成虚拟现实与增强现实技术在显示、交互、内容、接口等方面的规范标准。在工业、医疗、文化、娱乐等行业实现专业化和大众化的示范应用,培育虚拟现实与增强现实产业"。

2016年8月,国家发改委推动专项建设虚拟现实/增强现实国家工程实验室。《国家发展改革委办公厅关于请组织申报"互联网+"领域创新能力建设专项的通知》指出,"为促进'互联网+'产业快速发展,发改委决定组织实施'互联网+'领域创新能力建设专项,并将AR/VR技术纳入专项建设内容"。在虚拟现实/增强现实技术及应用国家工程实验室部分,该通知指出,"针对中国虚拟现实/增强现实用户体验不佳等问题,建设虚拟现实/增强现实技术及应用创新平台,支撑开展内容拍摄、数据建模、传感器、触觉反馈、新型显示、图像处理、环绕声、(超)高清晰度高处理性能终端、虚拟现实/增强现实测试等技术的研发和工程化,实现对行业公共服务水平的提升"。

2016年11月29日,《国务院关于印发"十三五"国家战略性新兴产业发展规划的通知》明确提出:"以虚拟现实为代表的数字创意内容产业将带动周边产业,在五年内产业规模将超过8万亿。"其核心内容为虚拟现实与相关产业的融合应用,到2020年中国"VR+"相关产业的直接产值将达到5000亿元,2025年将接近20000亿元规模。

2017年3月《国家重点专项规划之"十三五"国家信息化规划》显示,"构建现代信息技术和产业生态体系,加强量子通信、未来网络、类脑计算、人工智能、全息显示、虚拟现实、大数据认知分析、新型非易失性存储、无人驾驶交通工具、区块链、基因编辑等新技术基础研发和前沿布局,构筑新赛场先主导优势"。虚拟现实成为国家重点专项规模方向。

2018年5月,工业和信息化部电子信息司副司长吴胜武在"2018年世界VR产业大会新闻发布会"上表示,"工信部将组织制定《关于加快推进虚拟现实产业发展的指导意见》政策文件,通过五大方面推动产业的健康快速发展"。具体包括:"一是从战略高度规划虚拟现实产业的发展目标、发展路径和重点任务；二是支持虚拟现实核心关键技术及产品研发，加强产学研用协同合作，推动基础理论、共性技术和应用技术研究，加快虚拟现实整机设备、感知交互设备等产品的研发及产业化；三是推进虚拟现实技术与其他行业融合发展，实施'VR+'战略，推广实用性强、示范性好的虚拟现实技术、产品在重点行业、特色领域的渗透应用；四是面向虚拟现实产业发展需要，支持建设公共服务平台，提供技术攻关、成果转化、测试推广、信息交流、创新孵化等服务，优化产业发展环境；五是发挥标准对产业的引导支撑作用，加强标准体系顶层设计，着力做好基础性、公益性、关键性技术和产品的国家/行业标准制修订工作，有效支撑和服务产业发展。"这是从政府支持的角度第一次全方位地提出中国虚拟现实发展的方向。

（三）行业政策的推动

1. 信息通信领域

2017 年 1 月，国家工信部发布《信息通信行业发展规划（2016～2020年)》，重点支持"发挥互联网企业创新主体地位和主导作用，以技术创新为突破，带动移动互联网、5G、云计算、大数据、物联网、虚拟现实、人工智能、3D 打印、量子通信等领域核心技术的研发和产业化"。

2017 年 12 月，国家发改委办公厅发布《国家发展改革委办公厅关于组织实施 2018 年新一代信息基础设施建设工程的通知》。该通知明确提出，"在2018 年，国家发展改革委将继续组织实施新一代信息基础设施建设工程，开展 VR/AR 等典型 5G 业务应用"。

2. 文化产业领域

2017 年 4 月，国家文化部发布《关于推动数字文化产业创新发展的指导意见》，指出"推动数字文化在电子商务、社交网络的应用，与虚拟现实购物、社交电商、'粉丝'经济等营销新模式相结合"，"支持可穿戴设备、智能家居、数字媒体等新兴数字文化消费品发展，加强质量与品牌建设"，"促进虚拟现实产业健康有序发展，开拓混合现实娱乐、智能家庭娱乐等消费新领域，推动智能制造、智能语音、三维（3D）打印、无人机、机器人等技术和装备在数字文化产业领域的应用，不断丰富产品形态和服务模式，拓展产业边界"，"构建数字文化领域标准体系。加强手机（移动终端）动漫标准应用推广，推动虚拟现实、交互娱乐等领域相关产品、技术和服务标准的研究制定，积极参与数字文化领域国际标准建设"。

3. 医疗健康领域

2017年1月，中共中央办公厅、国务院办公厅发布《关于促进移动互联网健康有序发展的意见》，指出"坚定不移实施创新驱动发展战略，在科研投入上集中力量办大事，加快移动芯片、移动操作系统、智能传感器、位置服务等核心技术突破和成果转化，推动核心软硬件、开发环境、外接设备等系列标准制定，加紧人工智能、虚拟现实、增强现实、微机电系统等新兴移动互联网关键技术布局，尽快实现部分前沿技术、颠覆性技术在全球率先取得突破"。

2017年6月，科技部、国家发展改革委、工业和信息化部、国家卫生计生委、体育总局和食品药品监管总局六部委联合推出《"十三五"健康产业科技创新专项规划》。该规划以虚拟现实、多信息融合、增强现实、图形可视化等技术为基础对未来健康产业发展进行了深入具体指示。其中具体包括"围绕功能代偿、生活护理、康复训练等需求，重点突破柔性控制、多信息融合、运动信息解码、外部环境感知等新技术，开发系列智能假肢、智能矫形器、外固定矫正系统、新型电子喉、智能护理机器人、外骨骼助行机器人、智能喂食系统、多模态康复轮椅、智能康复机器人、虚拟现实康复系统、肢体协调动作系统、智能体外精准反搏等康复辅具"。"加快增强现实、虚拟现实、计算机图形图像可视化、人工神经网络的深度学习、自然进化和人工免疫等算法、认知计算等关键技术的应用突破，推动治疗规划、外科手术、微创介入、活检穿刺、放疗等技术的智能化发展，提高治疗水平"。

4. 应急产业领域

2017年6月，《工业和信息化部关于印发〈应急产业培育与发展行动计划（2017～2019年）〉的通知》指出"在技术转移转化方面，要加快推进消防、安防、生产安全、交通安全、医学救援、防灾减灾、反恐防暴等应急技术工程化，促进物联网、北斗导航、虚拟现实/增强现实、人工智能、新材料等高新技术应用于突发事件应对并形成新产品、新装备、新服务"。

5. 教育领域

2017年1月，《国务院关于印发国家教育事业发展"十三五"规划的通

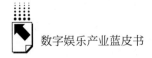

知》指出："全力推动信息技术与教育教学深度融合。支持各级各类学校建设智慧校园，综合利用互联网、大数据、人工智能和虚拟现实技术探索未来教育教学新模式。"

2017 年 7 月，《教育部办公厅关于 2017 – 2020 年开展示范性虚拟仿真实验教学项目建设的通知》提出："实验教学项目作为高校开展实验教学的基本单元，其建设水平直接决定实验教学的整体质量。开展示范性虚拟仿真实验教学项目建设，是推进现代信息技术与实验教学项目深度融合、拓展实验教学内容广度和深度、延伸实验教学时间和空间、提升实验教学质量和水平的重要举措。"

2018 年 2 月，《教育部办公厅关于印发〈2018 年教育信息化和网络安全工作要点〉的通知》明确提出"将虚拟现实技术列入教育信息化的年度重点工作任务，明确要求全国高校、中小学、职教等深入推进信息技术与高等教育教学深度融合，推动大数据、虚拟现实、人工智能等新技术在教育教学中的深入应用"。

2018 年 9 月，国家发改委发布《关于发展数字经济稳定并扩大就业的指导意见》，指出"教育部明确将虚拟现实技术列入教育信息化的重点工作任务，明确要求全国高校、中小学、职教等深入推进信息技术与高等教育教学深度融合，推动大数据、虚拟现实、人工智能等新技术在教育教学中的深入应用"。

2018 年 3 月 6 日，教育部教育管理信息中心与微软中国在微软 Center One 创新演示中心，共同宣布将在全国范围内针对高校及中高职院校启动虚拟现实技术（VR）教学应用培训及实验室建设项目。该项目主要围绕新技术技能人才培养，教育教学实验室建设，虚拟现实技术、"互联网＋"、《中国制造 2025》等国家战略的实施，以及虚拟现实技术等新技术、新模式在教育行业的应用。

（四）地方政策的推动

各省市地方政府从政策方面积极推进产业布局，已有十余个地市相继发布针对虚拟现实领域的专项政策。北京市发布《关于促进中关村虚拟现实产业创新发展的若干措施》，南昌市发布《关于加快 VR/AR 产业发展的若干政策

（修订版）》，福州市发布《关于促进 VR 产业加快发展的十条措施》，福建省发布《中国东南大数据产业园暨数字福建长乐产业园发展规划（2017～2020)》，青岛市发布《崂山区促进虚拟现实产业发展实施细则》，成都市发布《成都市虚拟现实产业发展推进工作方案》，厦门市发布《厦门市 VR/AR 产业发展规划（2017～2022 年)》，长沙市发布《长沙虚拟现实产业发展规划》，重庆市发布《关于加快推进虚拟现实产业发展的工作意见》，贵阳市发布《贵安新区关于支持虚拟现实产业发展的十条政策》，深圳市发布《VR/AR 产业专项扶持资金申请指南》。

六 中国当前在虚拟现实领域面临的挑战和机遇

（一）中国虚拟现实产业发展面临的挑战

1. 虚拟现实高水平专业人才缺乏

高水平专业人才缺乏是制约当前虚拟现实产业发展的首要问题。早在 2014 年 Oculus DK2 面市后，行业一致认为 VR 硬件问题较大，比如清晰图、沉浸感、交互方式以及舒适度等。随着虚拟现实科技的快速发展，到 2016 年 HTC Vive、Oculus CV1 以及 PlayStation VR 等一系列新一代 VR 终端出现，前面的问题逐步得到解决。到 2018 年，Vive Pro、Oculus Go 以及 2019 年第一季度 Oculus Quest 推向市场，VR 科技推动硬件技术持续发展，最初的问题已经得到极大解决。当有了体验舒适度好、性价比高的 VR 硬件后，新的问题出现了：高质量 VR 内容缺乏。研发高质量 VR 内容成为当务之急。此外，研究虚拟现实技术与5G结合的相关领域的专业人才也极为缺乏。随着虚拟现实产业的持续快速发展，对 VR 内容和相关技术研发领域的专业人才需求日渐凸显。虚拟现实设计相关专业在高校中的设立不得不提上日程。

2. 虚拟现实科技不够领先

从前面的 VR 硬件关键技术来看，中高端核心技术多集中在美国，中国对中高端技术的掌握相对较少。在 VR 科技的很多关键领域，比如虚拟现实移动芯片领域、虚拟现实显示面板领域、虚拟现实人机交互技术领域、图形计算领域以及虚拟现实软件平台领域等，这些基础技术相对处于劣势，导致使用本地

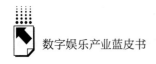

VR 技术集成的终端产品技术也不够先进。

3. 虚拟现实内容数量较多、品质有待提升、内容优化亟待改善

当前虚拟现实内容领域，本土内容数量较多，但内容品质有待提升。当前中国本土大部分 VR 内容有两个突出的问题：第一，大部分内容优化不够，导致体验感偏差；第二，大部分内容整体设计不够，导致完成度不够高。VR 体验舒适度除了硬件技术问题以外，还有一个非常关键的问题就是 VR 内容开发的优化问题。即使使用非常优秀的 VR 设备，VR 内容没有合理优化也会导致性能消耗高，清晰度和帧速率大打折扣，进而导致眩晕等不适症状。就当前中国本土 VR 内容来讲，如果使用国际领先的 VR 终端，匹配较好的 PC 主机，只要进行适度的 VR 内容优化，就可以获得相对舒适的体验。那些导致体验者各种不适的内容，绝大部分是由开发者没有进行优化或者优化不够所造成的。

4. 投资急于求成，稳定和专注的 VR 企业偏少

虚拟现实是一个持续发展的领域，目前虽然在技术和内容方面都已得到长足的进步和发展，大家也毫不质疑虚拟现实未来广阔的发展空间。但真正广泛的应用和大规模价值的爆发尚待时日。急于求成的投资会造成企业的动荡，更难以捕捉性价比最优的大好前景。当前，中国虚拟现实领域急于求成的投资较多，能够坚持的 VR 企业越来越少。正如马云在 2018 世界 VR 产业大会上所说的：褪去资本的炒作，坚持研发 VR 才是最有价值和成长空间的企业，而最后的成功也往往属于那些坚持、执着的人。

（二）中国虚拟现实发展存在的机遇

1. 天时方面的机遇——目前正处于虚拟现实发展的窗口期

大众化虚拟现实技术从 Oculus DK 版本发展至今，保持持续高速发展态势。2014 年具有行业应用标志的 Oculus DK2 面市，2016 年 HTC Vive、Oculus CV1 以及 PlayStation VR 等一系列高端 VR 面市，带来了第一波虚拟现实产业的投资热潮。2017 年初投资热潮褪去，但虚拟现实技术仍然保持持续快速发展的态势。2017 年底，HTC 推出更高舒适度和清晰度的 Vive Pro 和六轴跟踪 VR 一体机 Vive Focus。2018 年初，Oculus 推出极高性价比的 VR 一体机 Oculus Go。Star VR、Pimax 8K VR 等一系列超高清晰度的 8K

VR开始面市。2018年11月，Oculus发布革命性的新一代产品Oculus Quest并将于2019年第一季度以399美元的超高性价比上市。如果将虚拟现实终端的发展与手机终端的发展进行类比，我们可以看到虚拟现实从大哥大时代的手机向大众应用领域发展，Oculus Quest就是第二个阶段产品的代表。这预示着随着以Oculus Quest为代表的新一代VR终端的面市和持续发展（见图41），虚拟现实将面临全新的发展机遇，尤其在能够逐步有效满足某些特定的应用场景后，虚拟现实To B领域将获得前所未有的高速增长。以Oculus Quest为代表的新一代VR终端将是能够有效满足某些特定领域需求的先进产品，如培训、远程学习、文化旅游、博物馆以及线下体验馆等领域。也就是说虚拟现实的第二波热潮即将到来，与2016年第一波热潮的盲目性不同，即将到来的这次潮流将会给一些有技术储备和应用场景积累的企业带来不菲的直接收益，他们也将随着新一次潮流的推动而成为未来虚拟现实产业发展的中坚力量。

图41 手机终端发展与VR终端发展的产品对比

资料来源：www.vive.com，www.oculus.com，等等。

2. 地利方面的机遇——中国发展空间巨大

在中国发展虚拟现实将拥有全球其他地方难以比拟的优势资源。首先，中国是目前全球从政府及政策层面推动虚拟现实产业发展力度最大的区域，而且从基础设施、高端技术、配套资源以及人才方面给予全方位的匹配，重点着力推动虚拟现实产业各环节持续快速发展。其次，中国具有全球突出的虚拟现实To B 消费对象，涉及教育领域、制造领域、培训领域、医疗领域等，数量巨大，需求强烈。第三，中国具有全球规模极大的 To C 端虚拟现实消费群体。从手机移动互联网的发展过程中，我们能够明显地看到，中国在移动端持续发展并快速领先全球，这和中国数量庞大的 To C 端消费群体密切相关，虚拟现实发展也必将经历这样的过程。

3. 人和方面的机遇——越来越多的人意识到虚拟现实的意义并协力推动其发展

在中国，从政府高层到企业领袖，从 5G 通信推动者到互联网巨头，他们都意识到虚拟现实这种革命性的信息技术对于未来的积极意义，希望有机会能够介入虚拟现实为行业发展助力。假以时日，当虚拟现实赢利模式一出现，推动行业发展的力量将快速壮大。

产　业　篇

Industry Reports

B.2

2018年中国虚拟现实创新
产品分析

杨顺建　刘跃军[*]

摘　要：　2018年，中国VR产业从硬件产品到内容产品不断升级演变，
　　　　　产品多样，内容多元，市场规模进一步扩大。2018年，中国
　　　　　VR市场规模达到108.3亿元，预计2019年将突破230亿元。
　　　　　在VR硬件产品方面，2018年硬件产品销售量仍然是中国VR
　　　　　市场的主要盈利来源，市场份额占比超过60%。在VR内容
　　　　　产品方面，VR内容开发团队To C端、To B端齐头并进，涵
　　　　　盖的行业领域包括VR游戏、VR影视、VR房地产应用、VR
　　　　　汽车应用、VR医疗应用等领域，多领域跨专业发展成为当前
　　　　　VR内容的开发热点。在VR集成产品（包括内容＋硬件）方

* 杨顺建，北京电影学院动画学院硕士研究生；刘跃军，博士、副教授、研究生导师，中国高
校虚拟现实产研联盟秘书长，沉浸式交互动漫文化和旅游部重点实验室执行副主任，北京
电影学院动画学院游戏设计系主任，电脑动画教研室主任。

面，线下体验渠道雏形产生，VR 体验馆、VR 主题乐园逐步兴起，VR 集成产品将成为中国 VR 市场的核心组成部分。预计未来五年内，中国将发展成为全球最大的 VR 市场之一。本文意在对 2018 年中国 VR 市场硬件头戴设备和软件内容产品以及 VR 集成产品等创新产品进行探讨分析。

关键词： VR 创新产品　VR 硬件产品　VR 内容产品　VR 集成产品

一　中国虚拟现实创新产品概述

虚拟现实创新产品主要指硬件产品和软件产品，其中硬件产品主要包括 VR 头显设备、VR 外界设备、VR 交互设备等；软件产品主要包括消费娱乐 C 端和商业服务 B 端两大内容。[①]

2018 年中国 VR 市场整体规模为 108.3 亿元，目前仍处在起跑阶段，但增长速度非常快，而 2017 年中国 VR 市场整体发展规模已经超过 50 亿元，依据这一趋势，发展到 2019 年将突破 230 亿元（见图 1）。[②] 从细分结构来看，硬件产品是目前中国 VR 整个行业的主要盈利来源，2018 年中国 VR 头戴设备占整个 VR 市场份额的 60% 左右（见图 2）。在硬件销售方面，入门级移动 VR 硬件产品销量最高，其中暴风影音自主研发的硬件产品暴风魔镜销量累计超过 400 万台，国内其他自主研发的 PC VR 和 VR 一体机如 3 Glasses、大朋、Pico 等虽然在销售量上没有移动 VR 销量高，但是产品的平均价格是入门级 VR 的好几倍，其市场规模占硬件产品的一半。

在软件产品方面，形成以消费娱乐 C 端和商业服务 B 端为内容的开发方向，其中 C 端产品游戏市场份额占比达到 57.3%，B 端产品教育/培训市场份额占比超过 60%。2018 年软件产品的消费内容相比硬件产品处于较低的位置，占整体市场

---

① C 端通指消费者 Consumer，通常代表个人或者家庭用户；B 端通指商家 Business，通常代表商业用户。

② 艾瑞咨询、Greenlight Insights：《中国虚拟现实（VR）行业研究报告——市场数据篇（2017）》。www.iresearch.com.cn，最后访问时间：2018 年 7 月。

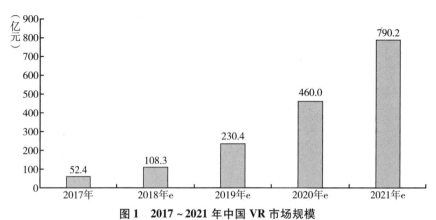

图1　2017～2021年中国VR市场规模

资料来源：艾瑞咨询、Greenlight Insights《中国虚拟现实（VR）行业研究报告——市场数据篇（2017）》，www.iresearch.com.cn，最后访问时间：2018年7月。

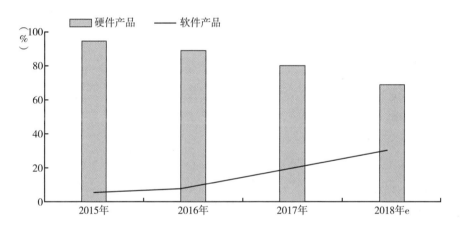

图2　2015～2018年中国VR市场收入构成

资料来源：《2018年中国AR/VR行业收入规模预测分析》，中国产业信息网，www.cnii.com.cn，最后访问时间：2018年12月。

份额的20%（见图2），随着开发团队技术的逐渐成熟和资金的不断积累，内容产品市场将会在未来几年快速扩大，形成以内容为主、设备为辅的发展趋势。

在VR集成产品方面，线下VR体验中心正发展成为中国VR市场中重要的产业。行业数据显示，2016年全国VR线下体验馆的数量达到3000多家，2017年在整个VR市场大环境下体验馆数量有所下滑，线下体验馆目前正处于初期萌芽阶段，其在硬件设备、产品内容、专业运营等方面需要更长时间的测试。线下体验馆包括 VR 游戏厅、VR 影院、VR 主题公园等。VR 集成产品的市场规模预计 2021 年将达到 52.2 亿元，将占中国 VR 市场整体规模的 7% 左右。①

二 中国虚拟现实 VR 硬件产品

2018 年中国 VR 硬件产品占细分市场规模的 60% 左右，相比较软件产品开发，硬件产品市场处于领先地位，是当前中国 VR 市场中规模最大的细分领域，达到 48.5 亿元（见图 3）。硬件产品主要分为外接式头戴显示器主机 VR、一体式头戴显示器 VR 和头戴手机盒子移动 VR 三类。在头戴设备细分市场中，PC/主机 VR 虽然出货量不占优势，但因为平均价格远高于移动 VR，其市场规模占整个头戴设备市场规模的一半左右，其中一个重要的原因是 PC 主机硬件性能相对稳定，体验效果比起移动 VR、VR 一体机更加完善（见表 1）。

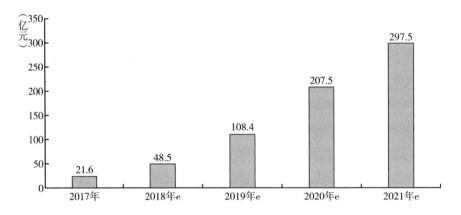

图 3　2017～2021 年中国 VR 硬件产品市场规模

资料来源：艾瑞咨询、Greenlight Insights《中国虚拟现实（VR）行业研究报告——市场数据篇（2017）》，www.iresearch.com.cn，最后访问时间：2018 年 7 月。

---

① 艾瑞咨询、Greenlight Insights：《中国虚拟现实（VR）行业研究报告——市场数据篇（2017）》，www.iresearch.com.cn，最后访问时间：2018 年 7 月。

表1　VR 设备分类

分类	移动 VR	PC／主机 VR	VR 一体机
特点	价格低、易上手，入门级产品	用户体验较好、价格偏高、便携性较差	便携性好、无限输出
代表产品	暴风魔镜、灵境小白、小米 VR	3 Glasses、蚁视、游戏狂人	Pico、大朋、酷开
应用范围	视频、游戏	深度游戏玩家和视频用户	视频、游戏

　　资料来源：笔者根据相关资料整理。

　　从设备销售情况来看，入门级移动 VR 是现阶段市场的主流，价格偏低满足了入门用户对于观看视频休闲、巨幕电影等方面的需求。中国在 VR 一体机的开发方面处于领先位置，VR 一体机具有不受平台和空间限制、无线输出、可便捷携带等优势，将逐渐受到大众市场的关注。目前中国成熟的硬件研发厂商有暴风魔镜、大朋、Pico、3 Glasses、小米、华为等，这些企业已经形成自己的发展轨迹。

（一）移动 VR

　　入门级移动 VR 设备是现阶段的市场主流产品，销量最高，具有售价较低、佩戴轻便、种类繁多等特点，是大多数普通用户最早接触到的 VR 产品。小米、乐视、华为等手机厂商凭借自身庞大的用户群优势，占领部分市场份额。大朋、蚁视、Pico 等创业公司，则自主研发推广移动 VR 设备，依靠不断的更新换代来吸引关注（见表2）。此外，还有一些影视公司如暴风也相继推出移动 VR，上线不久，就获得非常不错的销量。但受限于智能手机性能，移动 VR 的用户体验较为有限。

　　代表产品——暴风魔镜

　　暴风魔镜是暴风影音旗下正式发布的一款硬件产品，在使用时需要配合暴风影音开发的专属魔镜应用，占据国内移动 VR 市场较大份额。暴风魔镜自2014 年发布以来，不断更新已发布的第四代产品，并在国内移动 VR 领域一直处于领先地位。暴风 2017 上半年财报显示，暴风魔镜销量累计约 350 万台，价格为 99 ~ 299 元。受限于智能手机自身性能和当前国内移动 VR 内容数量，VR 视频观看和游戏体验是移动 VR 主要的用途。视频电影又是移动 VR 用户使用量最大的板块，暴风魔镜依托暴风影音的电影资源积极抢占市场，锁定用户群，获得不错的市场收益。

表2　移动 VR 详细参数分析

品牌	暴风魔镜 S1	蚁视小檬	大朋看看	小米 VR	华为 VR	Pico 1S
重量（克）	220	201	249	408	356	288
视场角（度）	110	100	96	103	95	120
近视调节（度）	最高 600	支持配戴眼镜体验	最高 600	未公开	最高 700	最高 800
瞳距（毫米）	53 ~ 73	未公开	未公开	未公开	未公开	54 ~ 71
适配手机尺寸（英寸）	4.7 ~ 5.5	4.7 ~ 6.0	4.7 ~ 6.0	5.15 ~ 5.7	5.5	5.0 ~ 6.0
手机平台	iOS、Android	iOS、Android	iOS、Android	部分小米手机	部分华为手机	iOS、Android
售价（元）	199 ~ 229	199	169	199	599	399

资料来源：笔者根据相关资料整理。

（二）主机 VR

PC 端头戴设备具有技术含量高、沉浸感强等特点，是市场上体验效果最佳的产品。主机 VR 是目前主流的 VR 硬件产品，产品的外观设计和内在性能属性相比移动 VR、VR 一体机来说较成熟，用户体验效果好，内容产品相对丰富。但缺点是产品价格偏高，需要连接主机电脑才能正常使用，而且对于主机性能属性要求较高，便携性较差。目前较成熟的中国主机 VR 硬件产品有 3 Glasses、蚁视、游戏狂人、EMAX、VRGATE 等，是深度游戏玩家和追求极限画质用户的首要选择。

代表产品——3 Glasses

3 Glasses 系列产品是由深圳市 3 Glasses 虚拟现实技术有限公司研制开发的。3 Glasses 是一家拥有 10 余年技术积累沉淀的科技公司，是目前微软中国区唯一的 VR 头盔合作伙伴。3 Glasses 系列目前已经发布了三代虚拟现实头盔产品，主要技术参数指标在同期均处于领先水平。2016 年最新发布的蓝珀 S1 的配置和性能已经十分出色，在硬件配置上甚至已经超越了 HTC Vive 和 Oculus Rift CV1。在不断提升硬件性能的同时，3Glasses 也在不断建立健全自有内容平台 VRSHOW，吸引各国内容生产商，力争补齐目前 VR 行业的内容缺口。图 4 显示的是 3Glasses 与微软联合开发的蓝珀 S2 消费者版本。

图 4　3Glasses 蓝珀 S2·消费者版

资料来源：https：//www.3glasses.com。

（三）VR 一体机

VR 一体机起步于移动 VR 和主机 VR 之后，产品模式先进，便携性好，但由于硬件技术的限制和价格的不稳定，短期内难以成为主流产品。中国虚拟现实 VR 一体机主流厂商有 Pico、大朋、酷开 VR、灵境等。VR 一体机创业公司同视频内容公司商合作，大力拓展线上线下渠道，获得丰富内容资源的同时，也带来了较大的出货量。随着未来技术的提升，VR 一体机将成为新的发展趋势，在未来也将拥有非常大的市场空间。

代表产品——Pico

北京小鸟看看科技有限公司，又称"Pico"，是一家研发智能穿戴虚拟现实领域电子产品的科技公司，公司专注于 VR 头戴显示器硬件的开发和内容平台的搭建。在中国的北京、青岛，日本以及北美等地分别设立研发中心与区域分部，致力于虚拟现实技术、产品与交互技术研发设计、市场与开发者拓展、产品与内容支持、VR 大规模行业应用与客户服务。Pico 已推出两款一体机，即 Pico Neo（见图5）和 Pico Goblin，目前 Pico Neo 系列已更新到第二代产品，其全新的 6DoF 定位追踪系统，能让体验者在空间中随意移动，超过 3K 的高清分辨率还原真实场景，Pico 一体机内置双平台接口，可接入 Pico Store 商店和 Viveport 平台，连接网络后便可以体验内置的应用商店，畅玩游戏资源与相关应用，其还与国内一线影视平台合作，海量的巨幕电影及视频可随意观看。

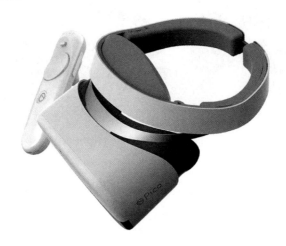

图5　Pico Neo VR 一体机（基础版）

资料来源：www. picovr. com。

三　中国虚拟现实内容产品

2018 年，中国 VR 内容产品呈现多样化，涉及的领域很广，从当前的内容产品发展状况来看，能够实现应用的主要行业包括动漫、影视、直播、旅游、VR 社交、房地产、教育、城市规划、医疗、汽车、工业制造、航天军用等，形成了以消费娱乐 To C 端和商业服务 To B 端的两大内容产品。在2018 年，中国 VR 内容产品 To C 端、To B 端齐头并进，同时进行 To C 端和To B 端业务的开发团队占比达到 66%，大部分内容开发团队引进 B 端业务，保持稳定的资金链的同时，也给 To C 端开发提供充足的制作技术经验，单方面 To C 端和 To B 端内容开发团队分别占 16% 和 18%。其中，To

C 端游戏内容开发依然是主力，VR 游戏占比达到 57.32%，其次是 VR 应用，占比 43.90%（见图 6）。在 To C 端内容研发团队中，近六成的团队有游戏项目研发经验，从游戏领域过渡到 VR 游戏领域有先天优势但也需要一段时间的培育。在 To B 端领域，教育/培训占比最大，超过 60% 的占比，其次是文博/旅游以及艺术展示（见图 7），To B 端有非常广阔的商业应用空间，前景不可估量。

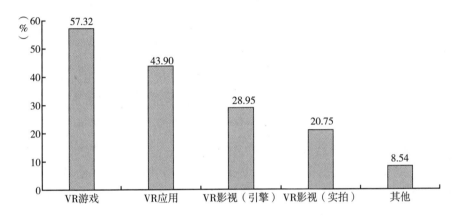

图6　To C 端内容类型分布

资料来源：VRCORE，《2018 中国虚拟现实开发者报告》。

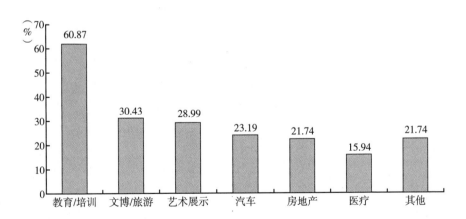

图7　To B 端内容类型分布

资料来源：VRCORE，《2018 中国虚拟现实开发者报告》，awards. vrcore. org。

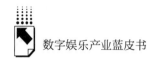
预计未来五年内中国虚拟现实市场将进入高速发展期。这一阶段，相关 VR 内容产业链将初步形成，消费娱乐 To C 端商业服务 To B 端运营模式将更加多元化，一些创业团队经过长时间的积累沉淀，逐渐走向稳定。VR 内容产品细分市场创新团队层出不穷，将逐步从以硬件产品为主过渡到以内容产品为主导，竞争将更加激烈。

（一）VR 消费娱乐——To C 端

VR 游戏、VR 影视等相关 To C 端消费娱乐产品是当前最大的变现渠道，许多内容开发团队抓住时机，其研发的产品分别在国内外主流平台进行发布，如 Steam、Ocolus Home、Viveport 等平台。VR 影视团队开发的作品在国内外也得到不少媒体关注，他们在既有产品与创新产品方面，均获得不错的成绩，并积累了一定的用户数量。从 2017 年的行业数据来看，To C 端产品 VR 游戏处于领跑者位置，VR 游戏占比达到 57.32%，但 To C 端产品逐渐走向一个"冷静思考"的阶段，产品内容和质量处于初期阶段，用户数量没有爆发性的突破，随着技术革新以及团队开发经验的积累，正如当年智能手机全面爆发一样，VR 内容市场势必将成为下一个火爆点。

1. VR 游戏

2018 年在 VR 游戏领域中，射击类游戏类型占比 27%，保持绝对的主流地位，同时，线下大空间内容的占比达到 15%（见图 8），成为一个非常重要的游戏类别。多人联机 VR 游戏成为目前游戏的重点。国内许多开发团队多款 VR 游戏进入 Viveport 平台，单个售价为 20~50 元不等，获得 4 星以上超高好评的中国 VR 内容产品不在少数，其中付费排行榜中深圳仓谷文化设计有限公司的《安吉莉娅·迷失》（见图 9）售价 39 元，获得 4.6 星好评，北京哈视奇科技有限公司的《Fantasy Skiing》（见图 10）售价 32 元，获得 4.6 星好评，上海思熊网络游戏有限公司的《幻影计划：起源》（见图 11）售价 68 元，获得 4.2 星好评，在游戏玩法和剧情设计上获得游戏体验者的肯定，处于当前中国 VR 游戏领跑者地位。

第一人称射击游戏、汽车竞速、冒险、恐怖、解谜、角色扮演等是目前研发团队开发的热点类型，例如深圳仓谷文化设计有限公司的《安吉莉娅·迷失》，是一款恐怖的探索策略射击游戏，成功获得体验用户的好评。

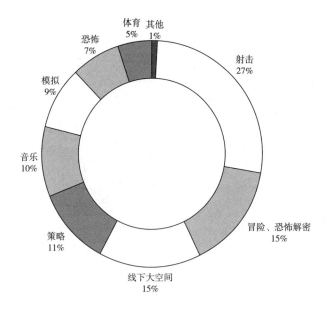

图8　2018年C端内容VR游戏类型分布

资料来源：VRCORE，《2018中国虚拟现实开发者报告》，awards. vrcore. org。

图9　深圳仓谷文化设计有限公司《安吉莉娅·迷失》

资料来源：HTC Viveport平台，www. Viveport. com。

图10 北京哈视奇科技有限公司的《Fantasy Skiing》

图11 上海思熊网络游戏有限公司的《幻影计划：起源》

资料来源：HTC Viveport 平台，www. Viveport. com。

其除了画面制作质量较高以外，在剧情设计以及玩法设置上有别于当前同类型的 VR 游戏，运用了比较多的玩法类型，结合了丰富的游戏体验机制。剧情设置在一个虚拟恐怖世界里，用户以探索求生为主要线索，可以变换运用特殊道具和技能通过关卡，获得感官体验的同时需要体验用户进行更多的思考探索。上海思熊网络游戏有限公司《幻影计划：起源》是一款科幻 VR 游戏，游戏以第一人称射击的方式进行，玩法以击杀怪物和躲避机关为主，画面制作精致，有多款英雄可供选择，是比较典型的第一人称射击游戏。

2. VR影视

在VR影视方面，国内有关信息网络传播、视听公司旗下的内容平台发展迅速，如爱奇艺VR平台、暴风魔镜VR平台、优酷VR平台等，也涌现了许多VR影视创业团队公司，如互动视界、兰亭数字、威锐影业等。其平台内容主要由VR影视娱乐、VR直播平台等组成，包括VR电影、VR真人秀、VR演唱会、VR广告、VR体育等。目前国内自制内容较少，以平台相互联盟为主。创业公司一般会积累自身作品提升影响力，其中互动视界作品《盲界》《孙大圣》，兰亭数字作品《活到最后》《敢不敢》，威锐影业代表作《全侦探》《众身下凡》等影视作品在国内外均获得不少奖项，也因此收获了更多商业投资的机会。

（二）VR商业服务——To B端

目前虚拟现实已经在许多行业应用涉足，为许多传统的产业注入了新鲜血液，大幅提升了各大行业服务空间，从广度和深度上影响了教育、工业、医疗、娱乐、商贸等领域的发展，无限制地进行线上线下交互体验，逐步改善我们生活和娱乐的方方面面。

2017年许多C端开发团队转向B端市场，也有许多创业公司抓住B端市场机遇，有针对性地开发B端市场内容，其变现快、周期短是当前B端市场发展的一个重要原因，团队主要集中在北上广深等大城市。B端在一线城市应用空间广泛，如VR样板房、VR汽车、VR教育、VR全景图等。例如，福建天擎科技有限公司推出的产品《汽车修理仿真》在Viveport平台发布后获得不少好评，产品内容主要根据真实新能源汽车维修流程，用虚拟现实技术手段模拟整个修理过程，达到安全、节约成本的效果，为刚入行的新手提供更多实训机会。北京星空画布科技有限公司同样在Viveport平台发布了《商业景观房项目》，旨在向地产商提供完整、流畅的商品房资讯展示，包括项目位置、楼盘地形、小区景观、室内样板间等。

当前B端市场商业应用处于初期阶段，B端产品开发在内容构架上一般由甲方定制，开发团队只需要达到要求即可，虽然可以保证经济链层面的收入以及技术的积累，但同时也束缚了团队进行创意思考，影响了产品的艺术趣味性。B 端产品项目周期短、金额偏低，缺乏与行业深入结合是目前大多数开发团队面临的困境。如果未来 B 端开发团队能够更加深入以及长期地和某一行业结合，将能从中获取更丰富的资源以及更加有保障的资金链。

1. 教育行业应用

中国虚拟现实在教育行业处于起步阶段，VR 教育可以创造出以往教学中难以实现的场景教学，国家政策层面高度重视教育信息化，研发实验室在清华大学、北京电影学院、北京航空航天大学、浙江大学等高校先后成立，根据沉浸式虚拟现实的特点，自然科学教学、影视教学将成为其在教育行业应用的主力方向，如建立物理、化学、生物、地理等学科的实验室、实训基地及认知课程，使学生可以安全、便捷、生动形象地观察较为完整成功的实验。当前清华大学、北京师范大学、北京电影学院等知名高校已经开始进行相关课程的授课，学生可以系统学习国际前沿的引擎即时渲染技术，了解如何在虚拟环境中进行三维模型的搭建以及如何在虚拟世界进行交互设计等内容。未来，中国将逐步培养虚拟现实领域尖端人才，带动中国虚拟现实教育行业发展。

2. 房地产行业应用

沉浸式虚拟现实技术在房地产行业的应用主要分为两个具体应用点：楼盘销售和装修设计。目前，由于楼盘销售是一项高交易额、高关注度、低交易频次的活动，消费者通常花费大量时间和人力考察楼盘本身和周围的环境。而随着国民收入增加和房地产市场的持续火热，很多消费者均在城郊或非常驻城市购置房产，时间和空间成本持续提升。

虚拟现实技术在楼盘销售中的应用可以大幅节约消费者的时间、空间、人力成本和开发商的样板间装修成本，待技术成熟后甚至可以完美模拟楼盘周边环境，观察各种天气条件下的楼盘状况。目前楼盘销售的发展仍处在早期阶段，以雨林谷为代表的地产商，多数以 VR 观看楼盘和小区环境为主。相对于仍需要技术进步的楼盘销售应用，装修设计应用在技术实现上简便很多，已经有多家厂商开发出应用，诸如无忧我房、指挥家、美屋 365 等，初步体现了较强的商业前景。

四 中国虚拟现实 VR 集成产品

VR 集成产品主要指设备、内容、运营等融合一体化的商业模式，如 VR 体验馆、VR 主题乐园等线下体验中心。目前 VR 集成产品正发展成为中国 VR 市场中重要的产业，行业数据显示，2016 年全国 VR 线下体验馆的数量达到 3000 家，呈现火爆趋势，但 2017 年在整个 VR 市场大环境下体验馆数量有所减少（见图 12）。当前线下体验馆处于初期萌芽阶段，在硬件设备、产品内容、专业运营方面需要长时间的积累和不断创新。

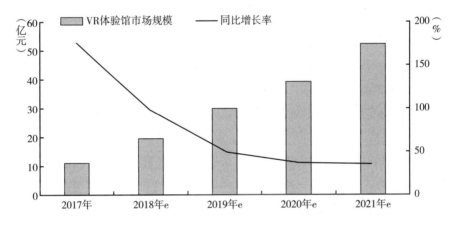

图 12 2017～2021 年中国 VR 线下体验馆市场规模及增长率

资料来源：艾瑞咨询、Greenlight Insights《中国虚拟现实（VR）行业研究报告——市场数据篇（2017）》，www.iresearch.com.cn，最后访问时间：2018 年 7 月。

预计 2021 年 VR 线下体验馆市场规模将达到 52.2 亿元，占中国 VR 市场整体规模的 7%。线下体验中心包括 VR 体验馆、VR 网吧、VR 影城、VR 主题公园在内的线下渠道，最普遍的盈利方式依旧是以内容为核心。另外，部分体验馆将场地拓展为线下体验商店，由此便可带来产品销售收入。VR 影城和 VR 主题公园因占地面积较大，可充分利用场地及环境资源，展开丰富的增值服务，比如餐饮或主题商品售卖，形成产业链模式。

当前 VR 体验店的销售收入不太乐观，缺乏高质量、合适的内容和专业的运营模式，当整个 VR 行业开始进入成熟期之后，内容市场逐渐丰富多元起

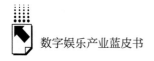

来，很多产品形成口碑效应，出现品牌化趋势，消费者对于产品从内容到质量的肯定和信赖势必推动 VR 体验店的市场规模扩大。

（一）VR 体验馆

VR 体验馆正发展为当前中国 VR 市场中重要的产业，从 2016 年起，VR 行业异军突起，许多一、二线城市都涌现了大量 VR 体验店，线下 VR 体验馆依赖于硬件设备、内容产品、专业运营模式等。以北京多家 VR 体验馆为例，如 RASS13 区连锁店、SOREAL 超体空间 VR 体验店、唤醒竞技场、陨石科技馆等规模相对较大。

其中有些 VR 体验馆，除了 VR 体验外，还设置桌游娱乐项目、海洋球大屏幕投影射击游戏项目，与多家硬件供应商建立合作，形成比较系统的经营模式。另外一些 VR 体验馆在运营方面，开始形成门店联动的运营趋势，与周边店面相互合作，相互引流，满足体验者娱乐、休闲、餐饮等需求。未来 VR 线下体验馆将更加注重产业链运营模式，同时内容产品将是核心。

RASS 13 区是国内 VR 刚兴起就发展起来的 VR 体验店，目前在北京设置分店三家，分别位于世贸天阶、华熙 Live、蓝色港湾等地，这些地方是人流聚集的高消费商业区。RASS 13 区将打造集游乐、购物、餐饮等适合广大民众休闲娱乐的新场所，据官方消息，2017 年 RASS 13 区重点发展北京地区 VR 体验馆。在品牌化后逐渐拓宽市场范围，在天津、石家庄、太原、郑州等地的商场进行合作，将发展成为国内一流的连锁体验店。

北京几家连锁体验店以包厢的方式为玩家提供独立游戏区域，店内设置单人包间和双人包间，双人包间可进行联机和对战，包厢价格为 198 元/半小时，体验设备主要以 HTC Vive 接线式 PC VR 为主，在包厢外面的大厅有 PS 4、PS VR 等设备可供消费娱乐。除了 VR 体验外，还设置桌游娱乐项目、海洋球大屏幕投影射击游戏项目等，从各大团购网站评价来看，RASS 13 区体验店给消费者带来的体验非常不错，项目种类多，体验效果很赞。也有部分数据显示，RASS 13 体验馆可玩性项目多，但可反复玩的项目很少，消费价格偏高等。

（二）VR 主题乐园

VR 主题乐园将是未来 VR 市场另一个重要的发展方向。主题乐园与虚拟影像技术结合，产生身临其境的感受，跨空间交互体验促使人与人、人与自然之间产生真实互动，结合传统游乐园场地，以科技的力量创造奇迹，整合国际前沿 VR、AR、全息影像等高科技资源，打造新生项目，将颠覆传统游乐园的体验模式。当前国内多家虚拟现实主题乐园已经上线，在项目设置上，主要由 VR 游乐馆、VR 电影馆、VR 科幻馆等大型场地项目内容组成，占地面积广，人力物力消耗大，将带动更多就业机会，一定程度上带动了 VR 市场规模的扩大。

东方科幻谷虚拟现实主题公园（见图 13）是中国第一个虚拟现实科幻主题乐园。坐落于中国贵州双龙航空港经济区西南环线的东方科幻谷，由贵州双龙航空港经济区管委会和东方时代网络传媒股份有限公司下属子公司水木动画有限公司携手打造。项目占地 500 亩，园区运用 VR、AR 等新技术整合传统游乐园设备，打造虚拟现实真实沉浸感体验，园区有 51.8 米高的钢铁结构机器人、VR 游乐馆、VR 电影馆、VR 过山车、全息外星人基地、儿童科幻世界、机器人乐园等科幻娱乐项目。东方科幻谷将颠覆传统的乐园游玩体验，改变贵州山水观光旅游的单一模式，东方科幻谷官方报道，试运营期间，国内多家媒体争相报道，票价设置为 190～600 元，2018 年五一期间便接待了 2.7 万名游客，成为当期最热门的虚拟现实主题乐园之一，将进一步推动中国 VR 产业规模发展。

五 结语

2018 年，中国 VR 市场虽然没有继续高涨火爆之势，但整体规模增长趋势依旧乐观。国内具有前瞻性的巨头企业、创业公司、内容开发团队纷纷涉足其中，开始布局 C 端以及 B 端的市场空白。从硬件设备到内容产品再到平台分发，研发商以自身品牌运营模式和积累的用户群基础抢占市场份额。与此同时，国内线下体验馆逐步兴起，线下体验系统的经营模式雏形产生。

图 13　东方科幻谷虚拟现实主题公园

资料来源：www. eastscience. com。

从宏观的角度来看，中国 VR 市场未来前景大好，但市场发展需要长时间的积累和沉淀，需要研发团队深扎其中修炼打磨。想趁热分羹的企业团队很多，但是真正大浪淘沙留下来的企业团队必定乘风破浪经历重重关卡，其硬件设备在外观设计、内在性能上不断进化升级，内容产品开发具有颠覆性体验感且符合当下时代审美趣味，最终才能得到大众用户的信赖和支持，才能成为行业的领导者。

企业及团队想要长足稳定的发展需要对自身品牌进行深入分析和突破，发挥自身优势，突出重点，科学制定合理的运营管理机制，以产品内容体验为主导，打造品牌口碑效应，才能走得更远，蓄势待发的虚拟世界与真实世界无缝连接将在不远的未来。

参考文献

艾瑞咨询、Greenlight Insights：《中国虚拟现实（VR）行业研究报告——市场数据篇（2017）》，www. iresearch. com. cn，最后访问时间：2018 年 7 月。

《2018 年我国 AR/VR 行业收入规模预测分析》，中国产业信息网，www. cnii. com. cn，最后访问时间：2018 年 12 月。

前瞻产业研究院:《2017 年中国 VR 产业分析报告》,qian zhan bg. com。
VRCORE:《2018 中国虚拟现实开发者报告》,awards. vrcore. org。
《2018 年中国沉浸式虚拟现实行业白皮书》,analysis 易观,www. analfsys. cn。
HTC Viveport 平台,www. viveport. com。

B.3
2018年中国增强现实
创新产品分析

杨 林*

摘　要： 由于增强现实（AR）工具属性强于虚拟现实（VR），因此它可以在企业和消费者市场中拥有更广阔的应用空间。增强现实（AR）允许人们在线访问物理信息，同时访问在线信息变得更加自然。这在视觉上的直接表现就是虚实融合。微软在2016年3月宣布正式交付Hololens开发者版本，其标志着增强现实设备从开发到应用进入了一个开创性新时代。增强现实与现实密切相关，可以应用于娱乐、工业和教育等许多行业。未来，硬件设备制造成本的降低以及使用体验的提升，将决定增强现实在各种层面的使用中得到进一步扩展。

关键词： 增强现实　AR　AR创新产品

一　概述

　　增强现实（AR）使用CG（Computer Graphic，计算机图形）技术和AI（Artificial Intelligence，人工智能）技术来产生不存在于现实世界中的虚拟对象，并在现实世界中准确地"摆放"虚拟对象。通过更自然的交互，向用户呈现更具洞察力的新环境。随着AR屏幕的兴起和AR内容的丰富，AR技术将

---

* 杨林，广东财经大学讲师，研究方向：数字媒体艺术。

成为便携式计算工具，进一步促进在线信息与离线物理操作的集成。在此过程中，随身携带的产品应用范围将不断扩大，AR 眼镜、AR 手机等将日渐兴起。AR 软件与内容提供方将推出更多场景化的 AR 内容，实现实时信息加载与娱乐服务，AR 将成为个人信息助理，为使用者提供更多泛娱乐体验。在语音识别、计算机视觉、脑电波研究等技术的带动下，AR 产品将趋于更为自然的交互方式。AR 技术将进一步实现线上信息与线下物理操作的融合，使即时信息、边看边买等操作成为可能，AR 将被应用到更多场景中。[①]

由于增强现实（AR）具有更强的工具属性，因此它在企业和消费者市场中具有更广泛的应用。在企业市场，如军事，安全，工业维护等领域，AR 可用于远程专家指导。在医学领域，可以戴 AR 眼镜进行实况操作或辅助第一视角的教学。在教育领域，增强现实技术可用于对二维图像进行三维处理，叠加一些信息，有效解决知识转移问题。在消费者市场上，还有 AR + LBS 游戏，如 Pokmon GO、QQ 红包、支付宝福字扫描等。商场可以使用 AR 进行立体营销。在旅游方面，您还可以结合 LBS 的地理信息，实现在线和离线信息的整合，甚至可以扩展到社交和其他领域。

二　增强现实（AR）硬件创新产品

近两年，许多关于 VR/AR "大势已去" 的言论甚嚣尘上，但根据具体的统计数据来看并非如此。Steam（数字游戏社交平台）虚拟现实栏目的内容统计显示，2016 ~ 2018 年，支持 VR 设备的游戏从 748 款发展至 1048 款。根据 DG Capital 对于 2020 年 VR 市场的整体预测，其总产值将达到 1200 亿美元。包括苹果、谷歌和 Facebook 在内的全球公司已经在 AR 上投入巨资。这其中就包括即将面对消费级市场的几家中国的硬件厂商的头戴式显示产品——联想（New Glass C200）、Hisense Glass、CoolGlass ONE 以及面向商用市场的 Baidu Eye、联想（EPW、PMD、MG1）以及 OGlass 等。头戴式显示器是潜在的增强现实应用。这些产品的主要应用场景是工业维护、医疗护理、教育和设计。增强现实头戴式显示器对于公司的技术研发能力、产业链控制能力和财务实力要

---

① 中国音数协游戏工委等：《2018 年 1 ~ 6 月中国游戏产业报告》。

求比其他可穿戴式智能硬件要求更高。随着智能移动终端和移动互联网的快速发展，移动产品开发已成为最重要的应用领域，主要用于品牌产品营销广告、O2O、游戏和社交网络。智能移动终端的主要产品包括 AR 浏览器、移动应用程序（App）和 AR 书籍。基于桌面显示器的增强现实应用程序是商业成熟度最高的区域，它们通常能够更好地置于更多空间丰富的位置，如展厅、新产品发布会、游乐场等地。另一种不成熟的产品是车辆平视显示器（HUD），它具有未来应用的潜力。

中国增强现实头戴显示器市场的主要参与者是创业公司，大部分产品仍处于研发阶段。从产品特点来看，创业公司的产品与谷歌的眼镜相似，价格主导优势，但自主创新能力不足。

2018 年在增强现实领域进行技术、设备、内容等方面创新的中国企业主要有以下几家。

成立于 2012 年的亮风台，专注于增强现实核心技术和产品开发。从技术、设备、内容到行业解决方案及开放平台等，该公司的产品均有涵盖。在 2017 年德国红点奖之后亮风台 AR 智能眼镜 HiAR G100 再获 2018 iF 设计大奖，其在互动营销、教育、智能制造、旅游等方面得到大规模应用。亮风台通过整合全球产业链，还将加强房地产方面的应用。在 2018 年 6 月融资过亿元、产品被称为"中国版 Google glass"的企业——亮亮视野的业务同样主要为 AR 眼镜研发和行业解决方案。2018 年推出适用于行业用户的高性能 AR 眼镜 GLXSS ME 配合人机协作平台、移动警务解决方案等实现多种行业方向的深度应用。亮亮视野在解决轻量化设备问题，并提供远程视觉引导和视觉识别应用等方面表现不俗。通过音频和视频显示、嵌入式语义识别、手势识别、增强现实等互动，为制造业、医疗、安全、教育等行业提供解决方案。

视 + AR（AR 开放式开发平台）致力于 AR 行业解决方案，包括用于移动应用的 AR 解决方案、AR 定制解决方案、WebAR 解决方案等。作为 AR 开发平台，视 + AR 提供专业咨询、解决方案、服务等，其与支付宝，招商银行和汽车之家等公司合作，技术广泛应用于汽车，金融，教育和广告营销等行业。目前，该平台包括 30000 多位开发人员和 500 多家合作单位。AR 创新将从软件和内容层面进行。

深圳增强现实技术有限公司（又称 OGlass）及枭龙科技有限公司等同样也发力 B 端市场，提供软硬件结合的行业解决方案。2017 年 OGlass 发布双目分体机 OGlass Danny，推出供企业使用的 AR 智能眼镜——Techlens‐T2，积极推动 AR 技术的落地。灵犀微光同样专注于 AR 技术的应用，致力于 AR 光学解决方案，并发布了灵犀 AR 眼镜 AW60 与 Mini Glass。通过整合现有的硬件产品、AR 技术、解决方案、操作系统和开放平台，中小型创业公司将继续在 AR 领域创新者象限深耕。①

在创业公司发力 AR 产业的同时，BAT 和其他巨头也通过投资、建立实验室等方式进入 AR 领域。他们开发 AR 技术来创建 AR 平台并将 AR 技术与现有服务结合起来。百度成立 AR 实验室，开发 AR 平台，涵盖图像识别、3 D 感知与跟踪、人机交互、3 D 渲染、虚拟现实整合等 AR 技术，并为行业合作伙伴推出 DuMix 产品体系。在投资诸如 Magic Leap 等新兴创业公司之后，阿里巴巴将 AR 技术与电子商务相结合，推出增强现实红包、AR Buy +，以进一步吸引用户，加快使用习惯的形成。腾讯在全球合作伙伴会议上正式推出 QQ-AR 平台，该平台将为开发者提供各种 AR 基础技术，包括识别、追踪、展现、跳转和其他辅助工具。京东进行了三个 AR 布局的尝试。京东 AR、VR 业务部门的成立并推出人工智能三维建模 PK 竞赛，以 VR、AR 的形式推动新零售。

国内进行自主研发的 AR 企业在 2018 年的发展较为平稳，而作为行业中资历较深的美国军工企业——ODG 早在 2017 年就为商业用户推出 AR 眼镜 R8 和 R9，并快速推出工业级 AR 眼镜 R‐7 HL。这款产品主要用于石油勘探、化工生产、制药等领域。同时，ODG 和 MIGU 合作推出 MIGU MR 眼镜，推动了中国消费级市场。与此同时，作为一家硬件制造商，爱普生于 2016 年推出 BT‐350，瞄准工业场景并整合旅游、博物馆展览、物流和仓储等可能性，产品已在 2017 年正式进入中国市场。联想通过推出 AR 眼镜、AR 行业解决方案等方面的布局，有望抓住 AR 开发的契机。

① 《易观：2017 年中国增强现实市场实力矩阵　巨头引领市场　国内企业在创新者象限深耕》，analysys 易观，https://www.analysys.cn/analysis/trade/detail/1001191/，最后访问时间：2018 年 3 月 23 日。

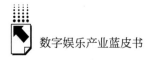

三 增强现实（AR）应用创新产品

自 2016 精灵宝可梦 GO（POKEMON GO）引爆增强现实（AR）游戏应用以来，AR 已开始在传媒、娱乐、教育及营销等多个场景中应用。根据 Sensor Tower 商店情报平台 2018 年前 11 个月的最新数据，依然是地图定位 AR 手游霸占了下载榜和收入榜，精灵宝可梦 GO（POKEMON GO）在两榜均排列第一。AR 产品除了在游戏方面表现卓越以外，在 AR 的深入开发和 AR 内容的多元应用的推动下，AR 技术或将成为与手机密切绑定的随身服务工具。随着屏幕的不断扩展，便携式设备的应用范围将不断扩大，AR 眼镜、AR 手机等将继续推出。AR 软件和内容提供商将提供更多上下文化的 AR 内容，以实现实时信息加载和娱乐服务。AR 技术将进一步实现在线信息与离线物理操作的融合，并可以进行即时通信、观看和购买等操作，AR 的应用将在现有基础上进一步扩展。

（一）AR + 媒体

与传统文本、图形和视频内容相比，AR 具有显著的空间扩展功能，同时，AR 相比虚拟现实的硬件需求更低。这种新的阅读和互动技术可以帮助人们体验更多的元新闻风格。新华社客户端于 2018 年 3 月 9 日发布 "增强现实" 报道《AR 看两会丨政府工作报告中的民生福利》。在这个全新的报道形态中，用户点击新华社客户端首页下方的 "小新机器人"，使用扫描功能识别二代身份证带有国徽和长城图案的一面，便可用更具科技感的 AR 方式浏览政府工作报告，领取民生福利。这是中国第一次采用 "增强现实" 技术报道全国两会。用户可以在具体场景中进行交互，点击获取 "隐藏" 在实物背后的 "新闻彩蛋"。[1]

汽车之家在 2018 年利用自身的科技优势推出 AR 网上车展，这是继 2017 年的 AR 网上车展后的再次创新科技应用。在汽车之家的 App 上，用户可以随

---

[1]《AR 新闻亮相全国两会！扫一扫你的身份证，有惊喜！》，新华社，http://www. xinhuanet. com/2018 – 03/09/c_ 129825861. htm，最后访问时间：2018 年 3 月 9 日。

意调换车型并进行不同车型的外观、细节及数据的全方位对比。而有限的车展场地，展示的车型非常有限。在汽车之家 AR Auto Show 购物展上，用户可以根据自己的需求对车身颜色进行交换对比，还可以测试车灯、车门等。汽车之家 2018 北京车展 AR 在线车展汇聚了 100 多款车型，有近 40 家汽车制造商对接 4 S 智能展示厅，覆盖全国 300 个城市的约 5000 家当地经销商，以方便用户订购，并提供一站式服务，如看车，选车，购车等。用户无须离开家就可以在车展上看到新车。[1]

（二）AR + 娱乐

2017 年，广州国际玩具及模型展上共有 43 款 AR 玩具产品，分别由 17 家企业生产，[2]从数量上看，在整个玩具市场中的占比微乎其微，但从年增长率来看速度惊人。从 2016 年仅有的几款玩具到现在的多元呈现，可见 AR 玩具成长速度极快且产品类型逐渐多样化。不仅是常见的卡片类型玩具，更有玩法丰富的产品呈现。例如，摩艾克 AR 枪、蓝帽子 AR 飞车等。AR 枪将传统玩具枪的使用方式与手机虚拟实景相结合，很好地发挥了 AR 技术虚实结合的特点。除了创新型企业的独特产品以外，传统玩具企业也在尝试 AR 玩具产品。例如奥飞娱乐旗下的公司开发的"超级飞侠 AR 神秘画册"，在原有纸质印刷的基础上增加了互动 AR 内容。这种在原有成熟 IP 基础上衍生开发的还有摩艾克利用《爱探险的朵拉》IP 推出的朵拉爱冒险 AR 读本。

2017 年 9 月，网易自主开发的 AR 解谜游戏《悠梦》上线。第一版本的《悠梦》的故事情节围绕梦想和现实展开。在 AR 游戏产业的新兴技术中，融合了文艺复兴的元素，设计出油画、残垣、悬浮塔等拼图场景。相比《Ingress》甚至《精灵宝可梦 Go》，《悠梦》在视觉体验和视觉技术上更有亮点。由于单机游戏属性的制约，其社交性远不及前两者。但就目前来看，AR 游戏的"创新"仍停留在"用技术博眼球"的阶段。包括《悠梦》这种 AR

---

[1] 《科技玩转北京车展　汽车之家打造业内唯一 AR 网上车展》，光明网，http：//baijiahao. baidu. com/s? id = 1598528373340379072&wfr = spider&for = pc，最后访问时间：2018 年 4 月 23 日。

[2] 《从 2017 广州国际玩具展看 AR 玩具的未来》，中外玩具网，https：//news. ctoy. com. cn/show － 29898. html，最后访问时间：2017 年 4 月 10 日。

与解谜相结合或更传统的 AR 与卡牌相结合的方式，仅仅满足参与者的期望是不够的，更需要充分利用 AR 的技术红利，开发人员仍在探索如何设计 AR 游戏的具体内容和表现形式。2018 年 9 月，《悠梦 2：光之国的爱丽丝》上线，新增的合作模式，使这款单人游戏逐步向更多元的玩法发展。2018 年，网易在 VR/AR 领域的积累和储备，开始逐渐显露到执行层面的战略合作上来。这其中包括自研或合作研发新品、引入代理产品、开拓发行渠道等。比如在今年的 WWDC 2018 上，网易游戏就宣布携手 CCP 开发 EVE 手游《星战前夜：无烬星河》，这款游戏也将尝试性地使用 AR 功能。对于 AR 这类技术要求过硬的领域，不论是核心技术、基础平台、硬件生产，还是内容开发等各个区块，均需投入大量的时间与成本，并需要长期的积累。

（三）AR + 教育

成立于 2012 年的小熊尼奥于 2017 年推出首款放大镜造型硬件 "MAGNEO 照照乐" 儿童 AR 电脑，方便儿童使用 "圆形屏幕"。这项设计也为 "MAGNEO 照照乐" 获得德国 iF 奖、意大利 A′设计大奖、2017 CES 创新奖、中国成功设计奖等奖项奠定了基础。小熊尼奥积极寻求与知名 IP 的合作，如 3D 涂色绘本 "神笔立体画"，不仅结合了小熊尼奥的自有 IP 形象，还联合了国内几大著名动画品牌，包括《猪猪侠》《熊出没》《巴啦啦小魔仙》等。而在 7 月的 CBME 上，小熊尼奥又推出与孩之宝联合打造的 AR 神奇积木拼图 - 变形金刚、AR 积木拼图 - 小马宝莉，与迪士尼合作推出的 AR 梦境公主等AR + IP 的新产品，突破了以往卡片、绘本的限制，首次使用拼图 + AR 的形式。

增强现实（AR）教育初创公司更多地投入到幼儿教育领域，而 K - 12 和成人阶段的大学几乎没有覆盖。原因是 AR 技术还不成熟，孩子们可以接受，但大人接受度不高，AR 和早教进行结合能非常契合。首先，当前的二孩政策已经放开，新生儿数量呈现百万级增长，婴幼儿的群体规模日渐扩大，与之相对应的早教市场规模也在不断扩张。其次，新一代的父母以 "80 后" "90 后" 为主，由于受到互联网及国际思维的影响，他们不但重视教育，还愿意让孩子尝试各种高科技学习方法。再次，AR 在幼儿教育中的应用是一种切实的需求，它可以为儿童提供独特的学习和娱乐价值。AR 的可视化和交互式演示可以提高儿童的学习能力、记忆和观察技能，并帮助儿童了解世界。

在这个阶段，增强现实教育领域市场高度分散，初创企业拥有良好的创业空间。从年龄上看可分为几个阶段，婴儿期从出生至 12 个月末，幼儿期 1～3 岁，学龄期 3～7 岁，每个阶段儿童的认知特征和需求是不同的，他们都需要根据特定的认知规律来开发相应的 AR 教育产品。从学习能力的角度来看，不同孩子的观察记忆的能力也有很大差异，因此对于学习能力不同的人来说，产品设计也需要有所不同。从儿童学习资料的角度来看，国家对幼儿园没有统一教程，每个幼儿园都不一样。因此，庞大的早期教育市场实际上被切割成了很多碎片。一个公司最多称霸一两个碎片领域，很难像社交软件那样做到通杀。①

（四）AR + 营销

AR 在品牌营销和电子商务领域的应用不仅限于智能手机和大屏幕。AR 智能眼镜也参与其中，而现在几乎所有的互联网公司都无法抽离出来，其中当然包括几大电子商务平台阿里巴巴、京东、苏宁易购等。

在 2016 年的亚洲消费电子展上，一号店推出虚拟现实购物技术，这与优衣库 MagicMirror 类似，它扫描用户的脸部并对其进行建模。当用户选择衣服或化妆品时，可以自动替换衣服和面部肤色，即虚拟试穿。未来，无限商店的概念预计会以更加成熟的 AR 技术进入市场。同年，百度推出 DuSee AR 平台。2017 年，百度开展了一系列的恢复活动，包括旧北京城门的 AR 恢复、秦始皇兵马俑的 AR 颜色恢复等。在 2017 年 7 月的百度开发者大会上，百度发布了新的 DuMix AR 平台。DuMix AR 平台的开放扩展了百度"搜索 + 信息流"双引擎的优势。在 AR 的市场竞争中，AI 已经成为全球巨头的"竞争武器"。中国的 AR 市场已经成为全球 AR 的主战场，这表明中国的 AI 能力正在不断向世界顶级水平靠拢。以百度、阿里巴巴和腾讯为代表的中国公司为未来的商业实现提供了更多想象空间。

2017 年春节期间，BAT 均推出 AR 营销策略。百度 App 推出"AR 打年兽，赢宝箱"活动，邀请数十亿名用户参与。支付宝的"AR 扫描"设置了五福活

---

① 《AR 教育的创业机会在哪？分析了 24 家已融资的公司后发现……》，CHINAAR，http：// www. chinaar. com/ARzx/5083. html，最后访问时间：2017 年 5 月 25 日。

动，吸引了数千万名用户参与其中，"福字图片"搜索量飙升近700倍。腾讯的QQ-AR平台推出AR Scan，以了解新春习俗的活动，并利用技术传承传统文化。苏宁电子商务集团推出的新年红包"AR赏金大狮"已上线5天。530名用户参与，9650次扫描，共享超过395次。作为一种工具，AR正在成为继文本、视频和H5之后的另一种标准营销结构。

2017年4月，百事可乐升级了表情符号包装，增加了AR元素，消费者在包装上扫描打开了腾讯QQ-AR包装，可以看到表情动画。欧莱雅和宝洁旗下的洗护品牌也纷纷效仿。

对于品牌所有者而言，AR不仅是一种营销工具，同时也是品牌推广、传播和改造的辅助过程。LOGO、产品包装、线下广告海报等周边产品全部附赠"互联网特性"。除了自身的品牌识别外，电子商务平台和商家还有机会合作并自动把线上的传播内容接入线下。5月17日，在支付宝上线的"通信狂欢节"AR集卡活动中，三大运营商LOGO获得1140多万人次扫描，三大运营商LOGO能出现的场合可以极尽想象，这些场景也均成为活动覆盖之处。[①]

四　增强现实（AR）创新产品发展趋势

外媒Venturebeat曾经分析过中国AR的发展，"中国AR的特点是移动优先"。也就是说，智能手机在中国的普及和无线网络的高覆盖率为AR应用提供了良好的平台基础和开发基础。换言之，根据国家统计局数据，2016年中国移动互联网用户突破10亿人。这一移动优势使中国AR应用的潜在用户数量达到数亿。这意味着AR的入口几乎被所有的超级应用主宰，尤其是以BAT为代表的中国互联网公司。

增强现实（AR）技术的优势很明显，如成本相对较低、开发门槛低、运用范围广以及为商业服务更便捷等。目前为止，AR技术在各个产业中卓越发展，促使苹果、谷歌等巨头纷纷在此领域注入巨额资金，它们似乎看到了AR

---

① 《2017年过半，盘点风口的AR对电商的7大影响》，新浪家居，http://jiaju.sina.com.cn/zixun/20170621/6283151140075144023.shtml，最后访问时间：2017年6月21日。

技术前所未有的商机。毋庸置疑，AR 技术将是 2018 年最热门的投资技术项目之一。但增强现实技术的商业化面临的阻碍也不容忽视。从技术层面来看，人工智能技术等在短期内难以突破，计算机视觉技术的加速运算受制于底层运算法，需要海量数据训练算法。从产品层面来看，终端硬件门槛高、量产化困难、网络宽带受限等基础设施不达标、云端计算能力有待提升。从市场层面来看，消费级市场教育有待进一步提升、企业级市场进入壁垒相对较高、创业者面临资源整合与供应链难题。消费级用户使用习惯的改变需要时间、企业级用户找准刚需需要时间。[①]

对于大多数个人用户来说，AR 设备是一件新事物。AR 技术通过分析真实环境并将信息叠加到环境中成为个人助理。目前，消费级 AR 设备仍然主要是智能手机。与此同时，消费级 AR 眼镜、汽车 AR 设备等产品逐渐进入用户的视线。在教育、医疗、旅游和电子商务等场景中，用户将进一步接触到 AR 产品和服务。

与传统广告模式相比，AR + 营销使用 AR 行业自身的优势来创建更有趣的广告。依靠收集用户行为数据来服务行业客户，广告更加准确。同时，在 AR 手机和消费类 AR 硬件产品不断增加的背景下，AR 内容将成为发展的重点。

参考文献

《中国 AR 行业应用专题研究报告 2016》，analysys 易观，https：//www. analysys. cn/analysis/trade/detail/1000335/，最后访问时间：2016 年 11 月 1 日。

《2017 年过半，盘点风口的 AR 对电商的 7 大影响》，新浪家居，http：//jiaju. sina. com. cn/zixun/20170621/6283151140075144023. shtml，最后访问时间：2017 年 6 月 21 日。

《AR 领域发展迅猛，国内 AR 游戏该何去何从?》，手游那点事，http：//baijiahao. baidu. com/s? id = 1594334944795074010&wfr = spider&for = pc，最后访问

[①] 《中国 AR 行业应用专题研究报告 2016》，analysys 易观，https：//www. analysys. cn/analysis/trade/detail/1000335/，最后访问时间：2016 年 11 月 1 日。

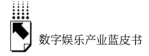

时间：2018 年 3 月 8 日。

冯超：《VR、AR、视频云发展分析 2017》，analysys 易观，https：//www. analysys.
cn/analysis/trade/detail/1000747/，最后访问时间：2017 年 5 月 17 日。

叶晨光：《AR 增强现实眼镜产业与产品应用——易观相对论》，https：//www. analysys.
cn/analysis/trade/detail/1000044/，最后访问时间：2016 年 6 月 18 日。

2018年中国虚拟现实游戏产业发展

李拜天　于千　堵梦之*

摘　要： 本报告分析了有关2018年中国虚拟现实游戏产业的行业数据，从经济文化、制度政策等方面来呈现和解读中国虚拟现实游戏产业的发展现状，其中包括虚拟现实游戏设备硬件及软件销售数据、用户对虚拟现实设备的认可程度及国内虚拟现实产业相关的政策分析与解读，报告对行业将来发展的趋势做出分析与预测，在接下来的数年中，虚拟现实游戏技术将日趋成熟，市场规模将呈现指数级增长，虚拟现实游戏种类增多，呈现百花齐放的态势。这份报告将有助于相关行业公司及机构更好地了解中国的虚拟现实游戏产业发展现状和趋势，制定和完善发展策略。

关键词： 虚拟现实　游戏产业　数据分析

一　2018年中国虚拟现实游戏产业分析

（一）虚拟现实游戏设备市场概况

2018年第一季度全球虚拟现实头显市场同比增长16%，出货量达到约55万台。其中VR一体机头显同比增长234%（见图1）是第一季度虚拟现实头显市场增长的主要因素。在一体机的出货驱动下，中国虚拟现实市场同比增长

---

* 李拜天，男，研究生，上海理工大学，动画专业教师；于千，男，本科，上海理工大学，动画专业研究员；堵梦之，女，本科，上海理工大学，动画专业研究员。

200%，而其他重点市场如美国和日本则同比下降。在中国厂商积极参与以及推动下，中国在全球一体机市场出货量中占比逾80%（见图1）。

就整个虚拟现实头显市场出货量而言，美国市场仍是全球最大的市场，占全球市场的31%。中国市场出货量逐渐接近美国市场，占全球的28%。在中国，2018年第一季度一体机出货量达94000台，占国内总体市场的51%。HTC以33.1%的市场份额占据第一，其次是小鸟看看Pico和大朋DPVR（见表1）。

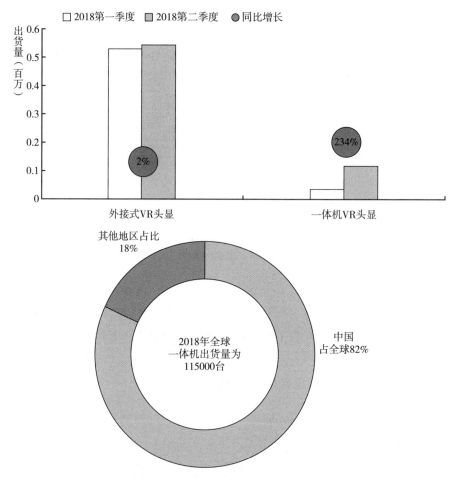

图1　2018年全球VR头显出货概况

资料来源：VR headset market grow 200 in china in ql 2018 driven by standalone models cn version，https：//www.canalys.com，最后访问时间：2018年12月17日。

表1　2018年第一季度中国VR一体机市场出货

排名	厂商	2017第一季度	2018第一季度	同比
#1（%）	HTC VIVE	—	33.1	N/A
#2（%）	Pico	—	28.5	N/A
#3（%）	DPVR	48.0	13.3	-3
其他（%）		52.0	25.1	69.0
合计（台）		27000	94000	250%

资料来源：https://www.canalys.com。

（二）中国虚拟现实游戏设备调查

1. VR设备的认知程度

以下是2016~2018年对中国用户使用VR设备情况的市场调查。据统计，受访人群中使用过VR设备的用户由2016年的54%增至2017年的73%，于2018年达到82%，呈逐年递增趋势（见图2）。

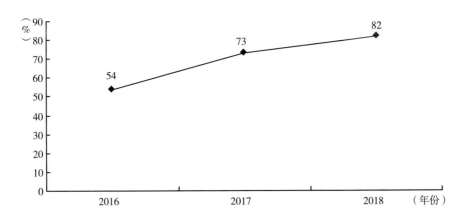

图2　受访人群中使用过VR的人数统计

资料来源：《2018上半年中国VR市场调查》，https://mp.weixin.qq.com/s?_biz=MjM5MjYOOTEONQ==&mid=26493F6599&idx=4&sn=d33aeoole4eeefbcze8zfqfc F6zd6542&scene=z1#%23，最后访问时间：2018年12月4日。

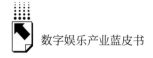

2. VR 品牌的认可程度

在 13 个 VR 品牌中，HTC 的 Vive 设备最受用户青睐，品牌认可率高达 90.0%，远超第二名的索尼（39.0%）、第三名的 Oculus（34.8%）（见图 3）。

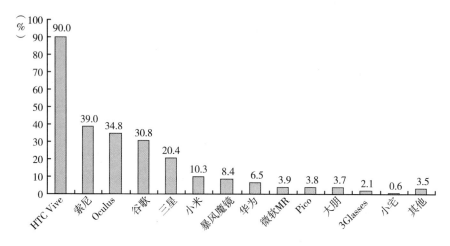

图 3　受访人群对各大 VR 品牌的认可调查

资料来源：《2018 上半年中国 VR 市场调查》，http：//mp. weixin. qq. com/s？_ biz = MjM5mjYOOTEONQ = = &mid = 26493F6599&idx = 4&sn = d33ae oole4eeefbc2e8zfqfcF6zd6542& Scene = Z1#%23，最后访问时间：2018 年 12 月 4 日。

3. VR 设备的购买意愿

2018 年，休闲娱乐仍是促进中国用户购买 VR 设备的主要因素。据调查，70% 以上的用户会因为爆款的 VR 游戏提升购买 VR 设备的意愿，比 IMAX 更好的观影体验（52.0%）紧随其后（见图 4）。此外，设备更轻便、方便佩戴和价格更便宜等也是用户考虑的重要因素。

4. 最想购买的主机/PC VR 产品

大约 80% 的受访者表示，他们愿意购买 HTC Vive 或 Vice Pro；而大约 8% 的人倾向于索尼 PS VR，选择微软 MR 等其他设备的用户不足 5%（见图 5）。

5. VR 设备的满意程度

在对 VR 设备使用满意度调查的统计中（满分 5 分），HTC Vive Pro、HTC Vive 高达 4 分以上，Oculus Rift、索尼 PS VR 超过 3.5 分（见图 6）。

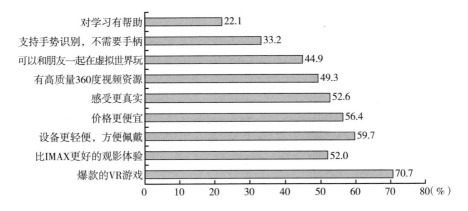

图4 提升VR设备购买意愿的因素

资料来源：《2018上半年中国VR市场调查》，http：//mp. weixin. qq. com/s？_ biz = MjM5mjYOOTEONQ = = &mid = 26493F6599&idx = 4&sn = d33ae oole4eeefbc2e8zfqfcF6zd6542& Scene = Z1#%23，最后访问时间：2018年12月4日。

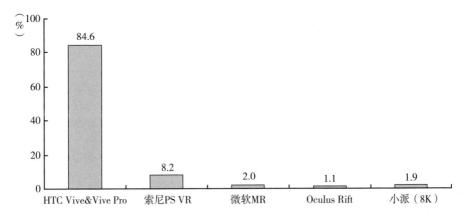

图5 受访人群最想购买的VR产品调查

资料来源：《2018上半年中国VR市场调查》http：//mp. weixin. qq. com/s？_ biz = MjM5mjYOOTEONQ = = &mid = 26493F6599&idx = 4&sn = d33ae oole4eeefbc2e8zfqfcF6zd6542& Scene = Z1#%23，最后访问时间：2018年12月4日。

以上调查数据很好地反映了VR虚拟现实在国内的认知率，超过八成的中国人使用过VR设备，半数以上的人有购买VR设备的打算。这证明大部分中国用户愿意深入了解VR设备，并为之消费。然而，价格仍是虚拟现实产业发展的一大阻力。

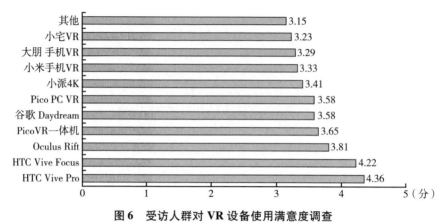

图6　受访人群对 VR 设备使用满意度调查

资料来源：《2018 上半年中国 VR 市场调查》，http：//mp. weixin. qq. com/s？_ biz = MjMsmjYOOTEONQ = = &mid = 26493F6599&idx = 4&sn = d33ae oole4eeefbc28zfqfcF6zd6542& Scene = Z1#%23，最后访问时间：2018 年 12 月 4 日。

　　而对体验过 VR 的用户来说，总体上对 VR 设备的评价都较为良好，仅有三款设备得到 2. 5 分以下的评价，说明大部分 VR 设备符合用户预期，但是并没有完全满足用户需求。

　　目前国内市场上热销的虚拟现实设备主要是这三个品牌：Sony PS VR、Oculus Rift 以及 HTC Vive。

（三）中国虚拟现实游戏市场

　　2018 年上半年，Steam 平台发布的游戏中共 2867 款可以支持 VR，而这个数据在去年 7 月只有 1797 款，增长了 59. 5％，2016 年 7 月份为 600 款，增长了近 4 倍。Steam 平台发布的 VR 游戏软件以动作类为主（见图 7）。截至 2018 年上半年，Steam 平台共发布动作类游戏 1472 款，冒险类游戏 890 款，休闲类游戏 1167 款，策略类游戏 314 款。

　　根据 Valve 平台发布的 2018 年 Steam 畅销 VR 游戏排行榜，本年 Steam 发行的上千款支持 VR 的游戏中共有 900 余款仅支持 VR。2018 年全新 VR 游戏中《Beat Saber》总收入达到"铂金"级别，上市的第一个月便卖出 10 万份，在其他新款游戏中脱颖而出。

　　《Beat Saber》的火爆，不仅给 VR 行业带来了信心，也启发了国内从业人

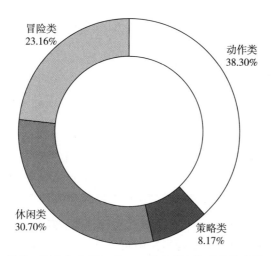

图7　2018年上半年Steam平台VR游戏软件类别

资料来源：前瞻网，https://www.qianzhan.com，最后访问时间：2018年12月22日。

士。和泛滥的FPS不同的是，这款音乐游戏不但在线上线下都具有人气，而且在人群中广为流传。这证明，不只是IP大作才能成功，也不只有FPS适合VR，VR游戏还有许多可能性。

据Valve日前公布的Steam 2018年最畅销VR游戏名单，青铜级VR游戏共59款，其中有6款来自国内厂商，包括蜗牛游戏的《方舟公园》、北欧巨魔的《Karnage Chronicles》、南京穴居人工作室的《Contractors》、威魔纪元的《永恒战士》、英兔软件的《僵死之日》以及摩登世纪的《寻找黎明》。

与之对比，欧美市场玩家更钟情于动作和射击类虚拟现实游戏。但是伴随着"吃鸡"游戏在国内游戏市场的风靡，有理由相信射击类虚拟现实游戏在国内市场也会有较大的发展潜力。

（四）中国虚拟现实游戏用户调查

1. 用户使用VR的目的

游戏仍然是中国虚拟现实用户的第一大需求。据调查，90.6%的国内用户使用PC/主机VR是为了玩游戏，78.5%的用户用VR观看视频，52.1%的用户将VR用于工作和行业应用（见图8）。

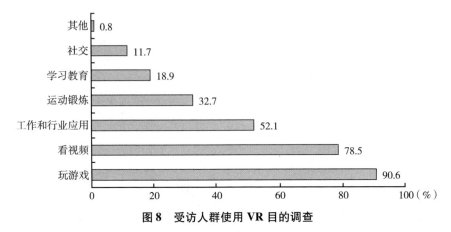

图8 受访人群使用 VR 目的调查

资料来源:《2018 上半年中国 VR 市场调查》。

2. 家长对孩子使用 VR 的意愿

在中国,多数学生群体不具备消费 VR 设备的能力,其家长变相成为 VR 设备的消费者。据调查,77% 的家长愿意让自己的孩子使用 VR 设备(见图 9)。对 50% 以上的家长来说,利用 VR 探索新知识、提高学习兴趣等是他们愿意让孩子使用 VR 设备的重要因素。另外,30% 左右的家长认为,和孩子互动以增进感情,帮助孩子放松、减压也是重要因素之一(见图 10)。

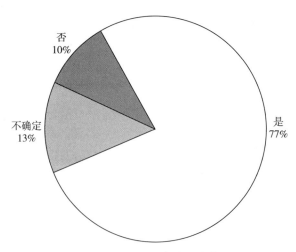

图9 受访人群是否愿意让子女使用 VR

资料来源:《2018 上半年中国 VR 市场调查》。

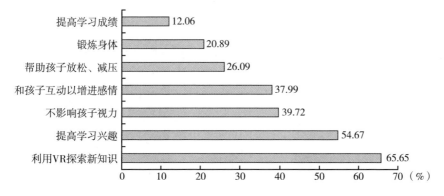

图10 受访人群愿意让子女使用 VR 的因素

资料来源：《2018 上半年中国 VR 市场调查》。

二 中国虚拟现实游戏产业环境及政策分析

（一）虚拟现实游戏产业环境分析

1. 虚拟现实产业市场涌入大量资本

深圳市增强现实技术应用协会提出，2018 年，全球 VR/AR 行业共有 156 家公司，完成了总金额约为 252 亿美金的总计 161 笔融资，其中国内完成 52 笔融资，总金额约为 50 亿美金；国外 109 笔融资，总金额约为 202 亿美金。ABI Research 预计，VR 在未来几年的大众接受率将不断提高，到 2022 年，将达到 2.56 亿人次的 VR 用户规模，VR 市场的规模也将超过 600 亿美金。此外，在未来 AR/VR 将不断融合，大众消费者将贡献 VR 市场的大部分营收。同时 VR 商用市场及企业份额也将会扩大，从 2015 年的 26% 提高到 2022 年的超过 40%。

2. 中国虚拟现实市场发展迅速

2018 年，中国虚拟现实市场总营收 105.8 亿元人民币，相比 2017 年增长超过 50 亿元。预计 2019 年中国虚拟现实市场总营收将达到 225.6 亿元。根据《2018 年中国 VR 市场报告》，中国虚拟现实硬件市场规模在 2022 年将达到 58 亿美元，虚拟现实线下市场也将达到 18 亿美元，而虚拟现实内容消费则将达

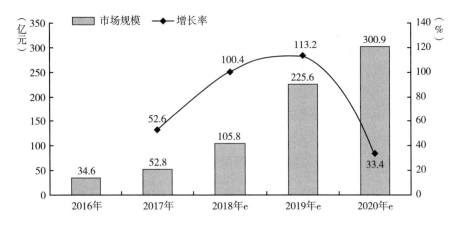

图11 2016～2020年中国虚拟现实市场规模及预测

资料来源：中商产业研究院。

到8亿美元左右（见图11）。在内容娱乐消费上，2018年中国大众将消费
1.72亿美元，其中游戏比重最大，占据90%的份额。游戏市场中近59%的份
额在PC及主机平台上。同时虚拟现实游戏内容的发展仍存在问题，根据映维
网提供的数据，截至2018年4月，国内主流虚拟现实游戏平台如Steam、
Oculus PC、Oculus Mobile和PlayStation VR平台的内容数量仅为2400＋、1000
＋、1300＋和230＋。同时报告预测未来三年虚拟现实内容总量相比2018年将
实现73%的增长。

3. VR线下体验店发展迅速

同时VR线下体验店也已经在全国各地扎根，带动了全国VR设备与游戏
的需求，对VR产业的宣传起了很好的带头作用。据统计，中国大陆现有线下
体验馆（VR Arcade）6000家左右，其中使用造梦科技VR游戏平台的线下体
验馆有4000家左右，平均每月使用次数多达200万次，2017年造梦VR游戏
平台的使用时长达217万小时，在高端PC的VR体验中，仅次于Steam的
1480万小时和Facebook（Oculus Rift）平台的750万小时，位居全球第三。

4. 中国承办国际性虚拟现实游戏展会

对于这样一个事实，没有人会否认，虚拟现实产业在越来越多的国际会议
中得到十足的亮相。2018年10月19～21日，在江西南昌，工业和信息化部、

江西省人民政府联合举办了 2018 世界 VR 产业大会,吸引了无数优秀企业,促进了中国 VR 产业发展。10 月 25 日至 28 日,第十三届中国北京国际文化创意产业博览会在北京开幕。北京中轴线文化等公司通过 VR 等高科技使自身得到很好的展现。在 2018 的 ChinaJoy 上,各大游戏厂商使出浑身解数。HTC 推出 Vive Focus 3.0 系统更新;玖的推出 VR 吃鸡、大逃杀游戏设备;WeMake 带来了 VR 座椅、VR 吊桥、VR 模拟飞行器;VLA VR 带来了超薄 VR 头显;Unity 带来了诺亦腾的 Hi5 动捕手套;求索推出互动式 VR 电影皇陵异界。

(二)文化产业对虚拟现实游戏产业的影响

影视产业作为影响最广泛的新媒体产业向来会对其他文化产业产生推动作用,VR 产业作为文化产业内的一环也不例外。2018 年,一部以 VR 游戏为主题的电影《头号玩家》在全球各大影院火爆上映。在电影中,幻想未来世界中 VR 产业的发展。成熟的 VR 技术极大地改变了人们的生活方式,电影中描绘的 VR 游戏"绿洲"更是让人对 VR 产业的未来充满了期待;通过这部电影,VR 产业得到普及。观众期待着 VR 技术的发展,期待着像"绿洲"那样绚丽的世界。消费带动生产,VR 产品正朝更好的方向发展着。

相信随着 VR 技术的发展输出,VR 产业的壮大将更加畅通无阻。甚至,VR 产业或将成为文化产业的下一阶段形态。相关报告指出,文化产业从古至今,经历了口传时代、印刷时代、视频时代的发展。现如今,VR 虚拟现实作为一种新媒介,未来极有可能取代视频媒介,或者说虚拟现实是视频媒介更高阶段的展现。

(三)中国虚拟现实游戏相关政策分析

政策在 VR 产业的发展中起到至关重要的作用,虚拟现实已被列入《"十三五"国家信息化规划》等许多国家重大文件中。国务院、国家发改委、工信部、文化部、商务部、中共中央办公厅以及各地方政府,都针对虚拟现实、增强现实领域的发展出台了专项政策。2018 年 5 月,工信部组织制定了政策类文件《关于加快推进虚拟现实产业发展的指导意见》,从战略高度、核心关键技术及产品研发、虚拟现实与其他行业融合发展、建设公共服务平台、标准对产业的引导支撑作用五大方向推动 VR 产业。2018 年 11 月，山东省政府关于山东省高端装备制造业发展制定文件，明确表示要进一步加大投入，延伸产业链条。2018 年 12 月，浙江省教育厅印发《浙江省教育信息化三年行动计划（2018—2020 年）》，指出 VR/AR 技术应该用于帮助和引导学生加速数字教育的转型和发展。文化和旅游部在 2018 年 12 月正式发布的《关于提升假日及高峰期旅游供给品质的指导意见》中提到，要充分运用虚拟现实打造立体动态展示平台。扬州市政府在 2018 年 12 月出台了《市政府关于培育先进制造业集群的实施意见》，强调了要在信息技术服务方面推进产业价值链高端转型，开展虚拟现实相关新媒体信息服务。11 月，工信部《工业通信业标准化工作服务于"一带一路"建设的实施意见》中提出要根据 VR/AR 等技术发展，加强与"一带一路"各个沿线国家合作，加快智能可穿戴设备等硬件标准的提升。在 2018 年 10 月 22 日，天津市人民政府印发的天津市新一代人工智能产业发展行动计划中提到，要提升 VR、AR 等技术在消费类终端上的应用。结合福建省实际，福建在 2018 年 8 月出台《关于全面加强基础科学研究的实施意见》指出，要遵循科学发展规律，跟踪国际科技前沿，聚焦新一轮技术变革，推进 VR 等新兴产业科学研究与技术研发。北京市有关政策指出：全面推动文化科技融合，加大 VR 技术创新力度。2018 年 8 月，最高法院表明要依法审理 VR 等知识产权案件，推动保障数字创意产业发展。中共中央办公厅、国务院办公厅发布的关于实施革命文物保护利用工程中指出可以适度运用现代科技手段，融通多媒体资源，增强革命文物展示宣传的互动性、体验性。2018 年 6 ~ 7 月，成都与贵州分别发布了《成都市虚拟现实产业发展推进工作方案》与《关于促进大数据云计算人工智能创新发展加快建设数字贵州的意见》，指出要推动 AR/VR 等技术产业化发展。2018 年 6 月，《沈阳市国家大数据综合试验区建设三年行动计划（2018—2020 年）》指出，要促进 AI/AR/VR 在工业互联网中的应用。厦门市发展改革委在 2018 年 6 月印发了《厦门市重点发展产业指导目录（2018 年版）》，AI/VR/AR 等新兴产业均多次上榜。2018 年 6 月，贵阳国家高新区为促进新一代人工智能产业发展，设立了 1 亿元的产业发展基金，重点发展与支持 VR/AR 产业等领域。2018 年 5 月 11 日，天津市人民政府表示将建立新一代人工智能技术产业基金，重点关注 VR/AR 等新兴产业。工信部还在 2018 年世界 VR 产业大会新闻发布会上明确表示，下一步将制定

《关于加快推进虚拟现实产业发展的指导意见》的政策文件，推进 VR 产业健康快速发展。4 月 4 日，河北省政府发布的《关于推动互联网与先进制造业深度融合加快发展工业互联网的实施意见》中表示要加强 AI/VR/AR 等新兴前沿技术在工业互联网中的应用。4 月 14 日，国务院鼓励海南发展 AI/VR 技术和数字创意产业等，从而使海南深化改革开放。2018 年 3 月，广东省深化"互联网 + 先进制造业"，支持企业加快发展工业互联网，旨在促进 AI/AR/VR 产业在工业互联网中的应用。河南省政府办公厅 2018 年 2 月 8 日印发了《河南省进一步扩大和升级信息消费持续释放内需潜力实施方案（2018—2020年)》，旨在推动 VR/AR 产业的产业化，同时进一步扩大和升级信息消费，从而丰富 VR/AR 消费体验。通过这些，我们可以看到，全国各级政府对 VR 产业的态度都是正面积极的，我们有理由相信，在这些政策的扶持下，虚拟现实产业将发展得愈加迅速。

三 中国虚拟现实产业发展的前景和挑战

（一）中国虚拟现实游戏产业发展前景

1. 虚拟现实技术加速走向成熟，游戏产业市场规模将呈指数级增长

虚拟现实技术结合了多媒体、传感器、新显示器、互联网和人工智能等尖端技术。20 世纪 80 年代个人电脑的诞生和 10 年前智能手机的发明产生了数万亿元规模的庞大产业，改变了大多数人的生活方式。如今虚拟现实技术的沉浸式体验逐渐优化，虚拟现实游戏玩家的游戏体验逐年提升，为国内虚拟现实游戏产业的规模增长打下了坚实基础。从国际上来看，虚拟现实技术已日渐成熟，虚拟现实产业生态也初步形成。虚拟现实概念在中国仍然火爆，但虚拟现实技术还需 2 ~ 5 年时间才能真正实现产业化。当前中国虚拟现实游戏产业尚未进入超级爆发期，但虚拟现实和增强现实技术经过 10 多年的发展，正逐步走向成熟。据虚拟现实产业联盟发布的数据，2018 年全球虚拟现实产业市场规模持续增长超过 150%，中国虚拟现实产业市场规模同比增长 164%，并且在今年继续快速增长。到 2020 年，国内虚拟现实市场规模将达到 900 亿元，增长率超过 200%。

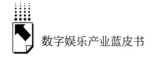

2. 2019年国内 VR 游戏种类预计增多，呈百花齐放态势

目前国内射击类游戏市场火爆，大受欢迎的 VR 游戏中也不乏大量的射击类游戏。而今年 Beat Saber 的火爆，恰好说明了不是只有射击类游戏适合 VR，其他类型的游戏同样具有竞争力。以今年国内入选 Steam 年度榜单的六款 VR 游戏为代表，虽然射击类游戏占了一半，但另外三款分别为多人 RPG 类游戏、动作游戏和沙盒游戏，游戏类型无一重复。这证明 2018 年，国内已经出现 VR 游戏类型多元化的趋势，且取得了收获。预计 2019 年，国内 VR 游戏多元化的趋势仍将继续，其中，动作游戏、RPG 游戏、沙盒游戏、生存游戏等类型的 VR 游戏将会大量出现，受国内家长推崇的教育游戏也可能在国内 VR 游戏市场中占据一席之地。

（二）中国虚拟现实游戏产业发展的问题与挑战

目前中国虚拟现实游戏产业遇到的主要问题有：从硬件上来看，虚拟现实设备入门门槛高、设备及配套硬件价格昂贵；相关虚拟现实游戏内容缺乏，尤其缺乏爆款 3A 游戏大作。

但我们预测随着虚拟现实技术的普及，虚拟现实设备价格会持续走低，尤其是诸如 HTC Focus、Oculus GO 这类 VR 一体机设备的推出，无须配套昂贵的计算机硬件，进一步降低了用户体验虚拟现实的门槛。根据用户调查，国内玩家对 VR 设备始终保持热情的态度，但是苦于设备价格高昂而作罢。因而我们得出的结论是：价格是中国玩家是否购买 VR 设备的最主要因素。随着虚拟现实设备价格的平民化，国内虚拟现实用户数量将会稳步上升。

硬件的提升主要靠虚拟现实技术助推，而游戏等 VR 内容则需要长时间的沉淀从而形成稳定市场，在海外虽然 3A 游戏大作，如《辐射 4》《上古卷轴 5：天际》的 VR 移植销量不俗，但是游戏市场需要的更多的是《生化危机 7》《皇牌空战 7》这类的原创 VR 游戏作品。国内的 VR 游戏市场更是缺乏精品游戏，同时由于中国 F2P（免费游玩）的独特游戏消费文化，如何让用户为以买断制为主的 VR 游戏内容付费，也是摆在行业面前的巨大问题。

但是我们仍对国内虚拟现实游戏市场持乐观态度，例如在 2014 年中国废除了游戏机禁令后，PlayStation 和 Xbox 等电视游戏主机在国内销量持续增长，同时以 Steam 为代表的 PC 游戏平台在国内也发展迅速，甚至在例如 PUBG

（绝地求生）、彩虹六号围攻等买断制3A大作的用户群体中，中国大陆玩家人数都位居世界第一（根据 Steamspy. com 提供的数据），这表明了中国游戏玩家的消费心理及习惯的积极转变。

但是相比成熟的 PC/主机市场而言，VR 市场如今还处于初级发展的阶段，我们相信国内 VR 游戏开发者有时间也有能力探索出适合中国国情的 VR 游戏商业模式。

参考文献

中国信息通信研究院：《2018 年中国虚拟现实应用状况白皮书》，2018。

《2018 年 XR（混合现实）行业调查报告》，Superdata，2018。

《2018 – VR – AR – Survey – Digital》，Perkinscoie，2018。

《2018 中国 VR 市场报告》，Greenlight/映维网，2018。

技 术 篇

Technical Reports

B.5
2018年AR技术新进展

许仁杰　吴东亚　翟晓宁　赵露华*

摘　要： 随着2016年虚拟现实（Virtual Reality，VR）技术的深度爆发，2018年迎来增强现实（Augmented Reality，AR）技术和应用的新发展。2018年，中国信息通信研究院和华为公司在《中国虚拟现实应用状况白皮书（2018年）》中指出：包括AR在内，全球虚拟现实产业规模已接近千亿元人民币，2017～2022年，其产业规模年均复合增长率将超过70%。本文对2018年国内外AR的新技术，从软硬件两个方面进行调查研究，主要对增强现实技术中镜片技术、视场角、光场技术等成像模组相关硬件技术，以及软件设计中使用的开发工具包、各类交互技术和SLAM技术进行总结梳理，以方便读者参考使用。

---

* 许仁杰，工学博士，陆军装甲兵学院副教授；吴东亚，工学硕士，陆军装甲兵学院讲师；翟晓宁，军事学硕士，陆军装甲兵学院讲师；赵露华，工学硕士，陆军装甲兵学院讲师。

关键词： AR 技术　AR 硬件　AR 软件

2016 年是 VR 技术全力发展的一年，相关技术均有突破，应用产品也相继出现，让用户能够深刻体会到 VR 技术在不同领域带来的变革。随后 AR 技术同样迎来了爆发，并且其发展势头已赶超 VR，按这个发展趋势，未来在消费级层面，AR 的整体市场潜力将大大超过 VR。

2018 年，工信部《关于加快推进虚拟现实产业发展的指导意见》仍将虚拟现实重点环节放在了建模、显示、传感、交互等方面。针对这几个方面，各大公司和高校均加大了研发力度，并取得了很好的预期。下面将从软、硬件两方面对近来 AR 的技术发展进行总结介绍。

一　硬件

任何新技术的研究和发展，最终都要依托硬件设备完成落地，AR 同样要经历这样的过程。因此，AR 硬件技术的发展将直接决定了未来 AR 的发展方向和前进的速度。目前，AR 在拓展面向工业级的应用的同时，逐步开拓面向消费级应用市场。这也对硬件的轻便性提出更高的要求。在 2018 年的 CES 上，我们能够看到 AR 硬件设备成熟了许多，门槛也在不断降低，已经吸引了英特尔和网易这样的巨头开始积极投身于 AR + 应用和内容的生产制作。

（一）AR 镜片技术

AR 技术中的视觉 AR 方向的增强现实技术，可以让人们切实体会到最直观的 AR 技术带来的感受。因此，AR 镜片技术的发展也是时下最火热的 AR 技术代表。截至 2018 年，AR 镜片的光学技术已经经历了四代，分别是偏振光棱镜技术、自由曲面技术、离轴光学、波导技术。

1. 偏振光棱镜技术

偏振光技术主要是利用光的偏振属性，使用偏振分光器（PBS，Polarized Beam Splitter）选择光的不同偏振态，从而完成对光的选择性过滤。比较常采用的是使用偏振分光棱镜把两种光区分出来。

在现有 AR 眼镜中，谷歌的第一代商用眼镜（Google Glass）就采用偏振光棱镜技术，它也是市场上的第一代 AR 眼镜。偏振光棱镜技术是通过在眼镜的侧面设计一块玻璃块放在眼睛前面的位置，然后偏振分光膜将侧面微显示器投影信息进行反射，同时集合分光棱镜透射的自然光一起以同一光路射入人眼中，从而达到虚拟信息与真实世界物体处于同一空间的叠加效果。

受偏振光棱镜原理本身所限，为获取更多的现实区域，我们需要更厚的玻璃棱镜来实现，镜片制作会相对较厚。另外，偏振分光膜对可分光角度范围外光线的分光效果不好，因此一般会把最终的视角控制在 15 度左右的范围。这也导致了镜片厚度和视场角的大小成为偏振光棱镜应用于 AR 的最大限制因素。

2. 自由曲面技术

为了减少棱镜技术的局限性影响，设计师们在棱镜技术上则采用了自由曲面技术。该技术是在精密的计算的基础上，将立方体平面改成弯曲的表面，把膜层也做成弯曲的形状，最大限度地利用每一个位置的分光效果，最终在保证不增加体积的前提下，扩大视场角的范围。

北京理工大学耐德佳公司的 NED + AR 眼镜及 EPSON 的 AR 眼镜为自由曲面技术的代表。通过采用该项技术，AR 眼镜的视场角可达到 40 度左右。

但是该项技术仅优化了棱镜技术中对较大光线选择效果的一致性较差的问题，对于镜片过厚的问题仍然无法解决，也就是说镜片的体积和质量仍对产品产生制约。

3. 离轴光学

离轴光学技术可以说是最早期的 AR 现实技术，该技术在早年的空军飞行员的头盔上已开始使用。这个技术是将玻璃块按自由曲面的设计做成了一个半透明罩子，这就很好地扩大了视场角。Meta 2 就是很好的代表。它的玻璃罩达到的效果相当于一块 10cm 厚的 Google Glass 镜片，但是该眼镜的形状更像一个透明盖子的 VR 头盔，佩戴起来还是稍显笨重。

4. 波导技术

波导技术很好地解决了光的横向传输问题。目前，AR 镜片主要采用阵列波导技术（波导镜片中间的位置有一排栅格状的条条，阵列排布，对每束光都做不同处理，最终精确还原投影的图像）。波导技术可以很好地利用光的全反射属性，解决 AR 镜片过厚的问题，同时其视场角理论上可控制在 30 ~ 60 度。

2016 年，微软推出的 Hololens 混合现实头盔就是使用的光波导技术，在 2018 年的 CES 上，有几家使用光波导技术的公司已取得阶段性的成果，主要有以色列的 Lumus 公司、Vuzix 公司和国内的灵犀微光公司和鼎界科技公司及枭龙科技。

其中，灵犀微光公司已经将其 AR 镜片做到 1.7mm，透光效果看上去几乎和普通眼镜无差异，这是目前国内最薄的 AR 镜片。同时灵犀 AR 的视场角也可达到 36 度，分辨率可达 1280×720。鼎界科技的 AR 镜片采用偏振光波导光学设计，镜片厚度也达到 2mm，视场角达到 36 度的可视角度，并且其光学模组可提供 1080P 的超清画质。

来自以色列的公司 Lumus 拥有世界先进的光波导技术，他们的光波导技术将光学镜片的厚度控制在 2mm 以内（已达到普通镜片厚度），而视场角达到 55 度。首先将图像由镜片上方的处理器投射到镜片上，再经过镜片的一系列棱镜状结构将图像反射到佩戴者的眼中。但镜片的反光问题还可进一步处理优化，同时配置分辨率更高的处理器，可使图像变得更细腻。目前，Lumus 推出的 DK50 AR 眼镜即基于自己研发的光波导光学元件，在配有 400 万像素摄像头后，其分辨率达到 1280×720。

在 2019 年的 CES 上，AR 眼镜多呈现体积小、便携的特点。位于硅谷的 DigiLens 公司，作为一家波导公司，展示了其最新的 Crystal AR 眼镜原型。眼镜采用分体式设计，眼镜本身造型近乎常规眼镜，一侧搭载摄像头达到 800 万像素，另一侧配有投射装置，仅一块透镜就集成了全息光波导技术，Crystal 的视场角虽然只有 30 度，但随着佩戴的时间增长，视场角会慢慢变大。本款眼镜采用两层全彩光波导，与采用单眼 6 层光波导的 Magic Leap 眼镜相比，其成本得到很大降低，因此，获得技术授权的公司可以自行完成 Crystal 眼镜的制造。

在未来还有另外一种光波导技术将成为波导技术的主要发展方向——全息波导技术。全息波导技术使用光栅手段完成在波导表面进行处理，利用光的干涉处理光线。该技术可以更多地减小模组的体积，使视场角和出瞳距离更大，加工工艺更简单，量产后成本更低。唯一的缺点是对光线频率纯度要求很高，目前的光栅仅实现对单色光有特别响应。因此，使用光栅显示需要三个单色光镜片摞在一起实现（比如 Hololens 眼镜），镜片厚度被迫增加。

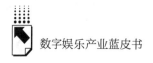

（二）视场角

在上文的 AR 镜片介绍中，我们多次提到 AR 眼镜的一个关键指标——视场角（FOV，Field Angle of View）。在光学仪器中，以光学仪器的镜头为顶点，目标物象以镜头最大范围的边缘为两条边，所构成的夹角，称为视场角。视场角越大，光学仪器的视野范围就越大。在显示系统中，视场角则是观察点（眼睛）与显示器边缘连线的夹角。同屏幕的尺寸一样，我们想获取更多的信息，因此希望视场角越大越好。在此，针对不同的镜片技术对视场角的影响进行说明。

1. 偏振光棱镜技术与 FOV

采用偏振光棱镜技术的镜片可以通过增加镜片厚度来扩大视场角，这在镜片设计时，就会出现平衡镜片厚度和视场角的问题。因此，为了使镜片厚度可以接受，Google Glass 最早的视场角只有 20 度。这样就导致光的利用率有 20% 左右，画面显示相对较暗。

2. 离轴反射镜技术与 FOV

Meta 眼镜是使用离轴反射镜技术的代表。该项技术与标准抛物反射镜的技术不同，采用离轴抛物反射可在特定角度下直射并聚焦入射平行光，并可支持无限远焦点。Meta 将造型极其紧凑的投影仪隐藏在镜框内左右两侧，其第二代产品单眼分辨率达到 1280×1440（双眼 2560×1440），视场角达到 90 度。

3. 全息波导技术与 FOV

在前面介绍的波导技术中已经提到，目前的技术只能实现单色显示，因此，需要使用 3 层镜片（分别投射红、绿、蓝三原光）来实现显示的彩色效果。因此使用波导技术，将镜片控制在 3mm 以内，其视场角为 30～40 度。要扩大视场角的范围，必须以增加镜片厚度为代价。

但这种限制正在被突破。硅谷的 DigiLens 公司宣布正在研发视场角达到 150 度的波导模组。其主要技术突破为，将三光栅的设计变为双光栅设计，利用一个光栅完成了蓝色和红色两个色彩的显示。该模组预计在 2019 年推出。

（三）光场技术

早在 1981 年，光场技术就开始被世界顶级研究机构所重视。光场的概念可以类比电磁场的概念，它是分布于空间中的所有光线的集合，是光在每一个方向通过每一个点的光量。利用光场技术，可以模拟人眼实现基于距离对物体自动聚焦的效果。

光场技术的代表者就是 Magic Leap。经过多年的研究，Magic Leap 终于在 2018 年推出 Magic Leap One 眼镜，该技术最大的好处就是允许用户自由对焦，从而消除看远近不同时产生的模糊感。Magic Leap One 眼镜的核心技术是光导纤维投影仪，它是利用激光在光导纤维端口射出的方向和纤维相切的原理，通过改变光纤形状，来改变光纤端口处的切线方向，以控制激光射出的方向，将光直接投射到视网膜上。

英伟达公司和斯坦福大学合作，开发了一种显示技术——"光场立体镜"。该项技术采用两个相距 5 毫米的 LCD 面板组成的双显示屏，VR 头盔通过微透镜阵列来将每个图像转换成分散的光线，并追踪、显示每条光线的光源和去向。这使得人眼更容易在不同的深度上进行聚焦定位。

光场视觉公司作为国内致力于光场 AR 研究的公司，在光场技术（包括视觉成像、光场视觉算法、光场镜片算法、光场视觉信息存储、光场视觉还原等）方面具备一定的技术优势，也推出了自己的光场眼镜。

二　软件

（一）开发工具包

各大公司在推出各自硬件设备的同时，为了吸引更多的开发者基于自己的设备进行应用开发，纷纷推出 AR 的 SDK 开发包。

1. 国外公司 SDK

（1）Vuforia SDK

使用最广泛的 AR SDK 应属高通公司的 Vuforia，目前，在全球已有超过 25 万人的注册用户。Vuforia 是一个可以使应用具备视觉功能的软件平台。开发者借助它识别图片和物体，或者在真实世界中重建环境内容。2018 年，Vuforia 发布了版本 7.5，平台主要包括三个组件：Vuforia 引擎、工具集和云识别服务。Vuforia 能够同时支持 iOS、Android 以及在微软 Hololens 和 Windows

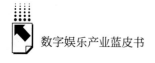

10 UWP 平台上的原生开发。

（2）ARKit

苹果公司为了使开发者可以在其 iOS 的设备上开发增强现实的应用，推出 ARKit 框架。ARKit 框架提供了两种 AR 技术，基于 3D 场景（SceneKit）实现的增强现实技术和基于 2D 场景（SpriktKit）实现的增强现实技术。运行 ARKit 的基本软硬件条件是运行在 A9 及以上处理器上的 iOS11 系统。

（3）ARCore

谷歌公司也构建了自己的 AR 应用程序的软件平台 ARCore，ARCore 主要由"动作捕捉"、"环境感知"和"光源感知"三个方面的功能组成。开发者可以依托该平台，开发适用于 Android 系统的增强现实应用程序。

（4）Facebook AR 工具包

在 Facebook F8 会议上，马克·扎克伯格宣布，Facebook 将通过其相机部分的应用来构建增强现实的新平台——Camera Effects。通过此平台，用户可以在其 App 的相机上对捕捉到的内容进行编辑，扎克伯格的演讲中列出了三个方向，分别是 Information、Digital Objects 和 Enhancements。Information 主要是采用 AR 添加信息，比如标出地理位置；而"精灵宝可梦 Go"游戏是 Digital Objects 最好的例子；常用的对头像、图像的美化则是靠 Enhancements 来完成的。

与该平台相配套，Facebook 推出 AR Studio 和 Frame Studio 这两个开发者工具。开发者可以借助 AR Studio 完成增强现实内容的开发。Frame Studio 则是基于网页的在线创意编辑工具，任何用户均可利用该工具设计精美的 AR 边框动画。

同时，Facebook 将利用即时定位与地图构建（SLAM）等技术，将增强现实的内容准确地定位在"现实世界"中。此外，Facebook 正在研发将 2D 图像转换为 3D 模式的技术，使图像具备大小、深度、位置等 3D 属性，以便转换为增强现实空间内的对象。

（5）其他 AR 工具包

Lumus 除提供专为开发者打造的 AR 眼镜模型外，同时还提供光学引擎和开发者包。

日本公司 Kudan 为 AR 应用的开发者创建的软件开发包，可帮助不懂计算机视觉方面知识的开发者，将专业的增强现实效果应用于自己的 App 中。

2. 国内公司 SDK

（1）EasyAR SDK

国内公司视辰 AR 发布了 EasyAR SDK 2.0，该软件曾在 AWE 上获得最佳软件大奖。作为国产 AR 引擎，EasyAR SDK 在中国也拥有大量的使用者，同时为海外开发者和公司提供服务。

EasyAR 团队发布了 EasyAR SDK 和 EasyAR CRS 两款产品。其中 EasyAR SDK 2.0 被分为两个版本：EasyAR SDK 2.0 Basic（以下简称 Basic）和 EasyAR SDK 2.0 Pro（以下简称 Pro）。Basic 版本免费，Pro 为收费版本。

Basic 版本在完成 1. x 版的升级后，可以支持云识别和更多的编程语言。而 Pro 版本在 Basic 版本功能的基础上，增添 3D 物体识别跟踪、SLAM（AR 核心关键技术），从而很好地为 AR 开发者提供更多的开发空间。其中云识别服务被命名为 EasyAR CRS，开发者可以在云端动态管理识别图，通过该项功能，开发者可以在云端存储识别图，同时可以获取与之相关的信息。

（2）HiAR SDK

国内另一家拥有 AR SDK 的公司是亮风台，该公司的开发包为 HiAR SDK。该开发包工具主要包括 2D 图像识别和跟踪、3D 物体及手势的识别，以及人脸识别与检测和 SLAM 等功能。

HiAR SDK 支持 Android、iOS、Unity 3D 的跨平台开发，支持智能手机、PC、机器人、AR 智能终端（如亮风台自主研发的 HiAR Glasses AR 眼镜）、无人机等终端，是通用开发工具。此外，开发平台也具备云识别功能。

（二）交互技术

对于传统的设备如电脑或手机，我们可以通过键盘鼠标或者手指触控的方式进行人机交互。但对于 AR 眼镜则不同，我们几乎无法通过外接设备或物理接触的方式进行交互，因此在提升增强现实体验的过程中，交互技术是解决该问题的首要技术之一。截至 2018 年，AR 采用的交互技术主要包括手势交互、语音交互、体感交互和眼动跟踪等关键技术。

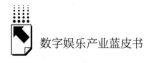

1. 手势交互

手势交互技术的存在已经有相当长的一段时间，它是利用各类传感器持续采集手部（或手持工具）的形态、位移等数据，在固定时间、周期内建模，得到信息序列帧，按照相关指令，完成对应操作。目前，相关软硬件技术尤其是传感器技术已相对成熟，手势交互进入实用性阶段，各类产品也已面世。

微软的 Hololens 是手势交互中最具代表性的 AR 产品。HoloLens 眼镜的手势交互功能已可以支持"拖动、拉伸、点选"等多个动作，用以完成对虚拟物体的控制或者功能菜单的操作。

ManoMotion 公司也推出手势追踪的开发套件，该套件可以完成 27 自由度的手势跟踪识别。同时该套件可以支持 ARKit 和 ARCore 平台，开发人员可依托该套件实现点击、滑动、抓取等多种预定义手势的功能。

此外，uSens 凌感科技作为一家为 VR/AR 提供三维人机交互解决方案的公司，其手势交互已达 26 自由度高精准度的手势识别和交互操作。uSens 的最新技术不仅可以识别双手的真实三维形态，而且可以识别真手的骨骼。目前，此项技术已被 Unity 很好的支持。

2. 语音交互

作为最直接的人机交互方案，语音交互已被广泛应用。现在微软的 Cortana、谷歌的 Now、苹果的 Siri、亚马逊的 Alexa 都是优秀的语音识别助手，虽然这些语音助手的识别率还需进一步提升，但作为辅助工具已被 AR 设备广泛使用。

英国 Ikinema 公司语音交互技术，可以使用户通过语音指令看到游戏角色的移动和反应。这个技术就是 Project Intimate，主要针对虚拟现实和增强现实。该技术将语言与动画的动作库对应完成用户与虚拟对象间的互动操作。

手势控制的代表设备 Hololens 也推出语音交互功能。例如，用户可以对影像说"变大"（make bigger）或"变小"（make smaller）来实现对图像放大或缩小的控制。

在 2018 年的 CES 上，亚马逊的 Alexa 就成为语音操控的焦点。类似谷歌的搜索功能，但 Alexa 会提供最好的搜索答案。美国智能眼镜创业公司 Vuzix 打造了第一款基于 Alexa 语音助手的 AR 眼镜——Vuzix Blade 3000。通过 Alexa，用户可以在镜片上看到最优答案。例如可以利用 Alexa 查看所需地图路线。

在 2018 年的 AWE 上，作为老牌的微型显示屏和智能眼镜组件制造商 Kopin 推出 Golden-i Infinity AR 眼镜。该款眼镜同时具备手势识别和免提语音控制功能，兼容 Android 和 Windows 10 系统。使用该款眼镜，用户可以直接使用语音发出指令完成相应操作，例如，查看原理图、远程协作、视频通话、实时讨论等。

3. 体感交互

通过体感交互，操作者直接用自己的肢体动作与周边装置和环境进行互动，完成对系统的控制，彻底摆脱特定控制设备的束缚，人与虚拟内容间可以直接互动。体感交互基本通过三个步骤实现：第一步，深度测量，通过深度摄像头测量人物及背景物件；第二步，前景分割，采用分割策略将人物与事物分离开来，通过识别关节点的方法将获取的数据与系统中数以 TB 级的已有训练数据进行对比，识别生成人体骨架；第三步，动作识别，辨别出使用者做出的各种动作。

在 2018 年的 CES 上，体感交互已经应用到多个领域。移动互联网上已经出现了"AR 真人试穿"的 App。消费者可以直接使用手机试穿各类服饰，使用户消费更加便捷，经销商也无须储存过多的服饰供用户试穿，大大节约了消费和销售的成本。在 2019 年的 CES 上，京东提出无界零售时代的来临，其展示的 AR 试衣镜不但能够满足用户试衣效果的展示，还实现了复杂背景实时抠图、骨骼关键点识别和特效叠加等技术，根据不同服装风格自动切换场景，实现身临其境般的沉浸式试衣、场景化试衣和 360 度试衣体验。此外，在京东的 AR 购物中实现了与商品间的 1∶1 交互功能，可以更细致地查看商品，如打开冰箱门查看其内部布局等。利用谷歌的 AR Core 平台，有些体验可以达到以假乱真的效果。

在教学方面，体感学习机使学生在增强现实技术下实现安全知识、自然环境科学知识等环境中遨游，为学生们提供了沉浸式的交互体验，真正做到寓教于乐。

4. 眼动跟踪

（1）眼动跟踪介绍

眼动跟踪，又称为"眼动测量"或者"视线跟踪"。眼动追踪技术主要有三种。第一种是基于眼球和眼球周边的特征变化进行跟踪；第二种是基于虹膜角度变化完成跟踪；第三种是通过向虹膜投射红外线等光束，提取相应特征后进行跟踪。眼动追踪技术作为心理学范畴，已经广泛应用于各类心理学领域。随着可穿戴 AR 设备，特别是 AR 眼镜的出现，眼动跟踪成为实现人机交互的主要方式之一。

眼动跟踪技术通过捕捉人眼在看向不同方向时所产生的细微变化来提取各种特征，实时追踪眼睛的变化，然后通过复杂计算对用户状态和需求进行预测，最终控制设备给出相应反馈。

眼动跟踪通常经过硬件检测、数据提取、数据综合三个步骤来完成。首先，通过硬件检测得到眼球运动原始数据，这些数据采用图像或电磁形式来表示；然后，将数据转换为坐标形式的数值；最后，通过数据综合将提取数值与已有的眼动的先验模型、操作信息、使用界面等进行综合分析，最终实现眼动跟踪的功能。

（2）苹果公司申请头显眼动追踪技术专利

苹果公司的此项专利是通过在头显设备中使用摄像头和镜子系统，捕获用户在虚拟环境中的观察方向，从而检测用户观看 AR/VR 时的状态。类似技术在其他设备中也有采用，但由于摄像头须正对面部，占据空间较大，阻挡用户视线，无法在头显设备上使用。

而苹果公司的专利是将这些设备安装在头显的两侧，通过"热镜"（一种介电反射镜，反射红外线的同时允许可见光通过）完成红外发射到用户眼睛，再反射回热镜，最终射回两侧的眼动追踪设备。这就很好地解决了视线阻挡和占据空间较大的问题。

在 VR 或 AR 头显上增加眼动追踪系统会给体验带来很多好处。通过监测用户的注视点，渲染虚拟场景的计算机可以改变显示的内容，以提供更真实的场景效果。它还可以帮助实现基于注视的交互，例如在游戏中，玩家注视某处时执行什么操作，或者在图形用户界面中实现导航和选择。

与此同时，像瞳孔扩大和眼睑闭合等其他项目也可以被跟踪和使用，该申请专利表示此功能可让 VR 和 AR 中的虚拟影像拥有真实的眼部动作。

（3）Tobii 眼动追踪技术

瑞典的 Tobii 公司，在眼动追踪方面具有全球领先优势。Tobii 在 PC 主机的眼动追踪技术已比较成熟，在手机端已与华为荣耀合作，使眼动追踪成为这款手机的一个亮点。在 2018 年的 AWE 上，Lumus 宣布与 Tobii 合作，将 Tobii 的眼球追踪技术整合到 Lumus DK50 智能眼镜的 AR 开发套件中，这将为用户带来更好的 AR 体验。

（三）SLAM 技术

谈到 AR 的相关技术，必须提到的是 SLAM（Simultaneous Localization and Mapping，即时定位与地图构建）技术。对于 SLAM 技术，大家并不陌生，家庭常用的扫地机器人通过扫描室内布局结构规划扫地线路就是采用了 SLAM 技术。

现在该技术被应用到 AR 领域，并成为 AR 设备感知周边环境的基础模块。利用 SLAM 技术的定位和建图功能可以很好地实现虚拟物体与场景的交互，完成对物体的追踪，并能提供详细场景的三维几何信息。

1. 国外的 SLAM 技术

目前的主流产品都使用了 SLAM 技术，例如微软的 Hololens、谷歌的 Project Tango 和 Magic Leap 等。苹果的 ARKit 也使用了单目 SLAM 技术融合姿态信息，让普通设备实现 AR 功能，降低了 AR 的开发门槛。下面以谷歌 Project Tango 为例介绍。

谷歌 Project Tango API 提供了三个核心功能，即运动追踪（motion tracking）、场景学习（area learning）、深度感知（depth percetion）。

运动追踪输出实时的 6 自由度姿态。该模块提供滤波和优化两个框架，同时深度学习技术也被采用。Tango 采用的为 VIO（Visual-Inertial Odometry，视觉惯性里程计）算法，该算法使用 Fisheye 相机和 IMU（惯导测试单元）来实现 SLAM。

场景学习将场景中的特征输出并保存下来，可以方便场景的重新定位和漂移校正，从而提高追踪算法的精度。重新定位常用的方法有 DBoW2（3）、FabMap、相关性（PTAM）、Fern（Elastic Fusion）以及基于机器学习的算法。漂移校正则通过回环检测和 g2o、GTSAM、ISAM 等框架的全局优化来实现。

深度感知输出为点云。通过 API 调用，可以从 Tango 设备中得到原始点云。结合 motion tracking，可以将不同视角下的点云拼接起来，得到场景完整的点云。调用一些 App 可以实现距离测量、场景扫描等功能。注意到 Tango 的

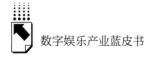

深度传感器的测量范围是 0.5~4m，不方便用于手势识别（一般小于 0.5m）。这部分主要对应于 SLAM 中的稠密地图重建。原始点云既可通过双目也可通过结构光、TOF 等深度传感器获取。点云拼接可以通过 ICP 或者运动追踪辅助实现。点云处理、网格生成可以通过 OctoMap、TSDF 重建、Poisson 重建实现。

2. 国内的 SLAM 技术

国内一些公司也是用了 SLAM 技术，比如亮风台的 HiAR SDK 和太虚 Void AR。其中 HiAR SLAM 已具有以下特点：

支持单帧、多帧、图片、点云多种初始化方式，毫秒级完成初始化；
稳定精准，移动背景鲁棒；
运行流畅，毫秒级重定位；
优化使用单目 SLAM 场景并保存，从而提升运算速度。

太虚 Void AR1.0 测试版也推出产品的新功能 VOID SLAM，该技术是专为高质量 AR 显示开发，暂时只对 iOS 系统开放，是基于单目摄像头能在现有手持设备和各种智能眼镜上实现 Hololens 的 SLAM 效果。

三　总结

AR 技术紧紧围绕感知和交互两部分在发展。经过多年来的技术积累，部分 AR 技术已经转换为产品呈现在了使用者面前，这也是近年来 AR 逐步受到世界关注的原因。相信随着软硬件技术的逐渐成熟，AR 的新浪潮终将到来。

2018年中国虚拟现实技术发展

淮永建　刘龙*

摘　要： 2018年中国VR产业从硬件到内容不断升级演变，其中的关键核心技术受到广大学者的深入研究，市场规模进一步扩大。按照虚拟现实所特有的技术特征从不同角度对实现的各个阶段进行处理，大致可以将这一技术划分为采集和建模技术、分析和利用技术、交换和分配技术、显示和交互技术、标准和评估系统。本文意在通过分析虚拟现实系统在不同领域的应用，总结出我国2018年虚拟现实技术的整体发展状况，同时，从硬件产业和VR内容产业两个大方面探讨分析了国内VR产业现状。

关键词： VR特性　VR技术现状　VR系统应用　VR产业现状

一　概述

（一）虚拟现实概念

虚拟现实（Virtual Reality，VR）作为计算机技术与应用之间的联系，其包括人机界面、人机交互、人机环境和增强现实。它是一种通过向不同领域辐射，逐步影响各行业运行质量和效率的基础研究方向。它基于计算机技术，可

---

* 淮永建，男，博士，北京林业大学信息学院教授博士生导师，主要研究方向：虚拟现象与虚拟景观、数据可视化、体感交互技术；刘龙，男，博士，北京印刷学院新媒体学院讲师，主要研究方向：数字媒体技术、虚拟现实技术、体感交互技术。

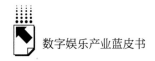

以近似模拟数字环境，在视觉、听觉和触觉等方面高度恢复一定范围内的真实环境。在此基础上，用户利用必要的装备与其进行具体交互操作，满足用户对环境的高度真实感受和沉浸式体验。①

（二）虚拟现实的主要特性

1. 多学科交叉融合

建模、绘制、人机交互等作为现代虚拟现实研究的核心内容，其广泛涉及视觉、听觉和触觉，该研究基于计算机科学和技术，但它需要整合来自不同学科的内容，诸如人工智能、电子学、心理学、传感器技术和光学等。因此，许多研究人员将虚拟现实的发展视为推动众多学科发展的重要因素。

2. 多领域高度交叉融合

将虚拟现实应用在不同的行业和领域时，会结合领域自身的特点，研究与不同的领域应用模型相结合的方法和技术以满足应用的需要。因此，长期以来与应用的高度交叉融合，成为虚拟现实发展的一个重要推动力。

3. 高度依赖计算资源与数据

为了给用户更好的体验感，更精确地描述客观世界和构想世界，虚拟现实需要对数据和用户交互进行高效处理，并逼真地展现内容，因此需要大量的计算和存储资源，也需要大量的数据和高效的分析处理能力，这也决定了虚拟现实研究的核心必须以计算机技术为基石。

二 国内 VR 市场概况

回顾过去一年来中国 VR 的整体发展态势，其在线市场仍然处于一个不断调整和优化的阶段，根据对国内消费者的购买倾向的调查，其结果表明大部分人群对虚拟现实的需求已经逐步向优质体验进行转移，同时，各大厂商也随之调整其新品的营销策略，使得市场的产品结构产生较大转变。根据 GfK 的最新零售研究数据，VR 在 2017 年国内在线市场的零售额达到 8.3 亿元，与过去相比增长了 11%。针对 2018 年中国 VR 发展的概况，市场调整已经基本完成，

---

① 赵沁平：《虚拟现实综述》，《中国科学》（下辑：信息科学）2009 年第 1 期。

销售额将重新进入增长期，预计在线市场的零售额将同比增长 41%，达到 11.7 亿元。

相较于 2016 年，两个价格段发生了最明显的变化，分别是 1000 元以上高价格段与 100 元以下低价格段。而随着消费的不断升级，数据统计显示 2017 年第四季度达 1000 元以上的头盔，其零售额占比达到 56%，相比过去上涨约 16 个百分点，而 100 元以下的头盔，其零售额占比为 12%，比过去下降了 9 个百分点。一体机与 PC 主机头盔作为 1000 元以上的代表产品，其在 2017 年的零售额分别占整体 VR 零售市场的比重为 24% 和 23%，在这其中，一体机零售额比上一年增长了 89%，整体势头强劲。多家预测机构对 VR 在 2018 年的零售额规模进行了预计，结果将比 2017 年增长 2.6 倍，其市场占比进一步达到 45%。

中国 2017 年虚拟现实（VR）产业市场同比增长 164%，整体销售额达到 160 亿元，突破了多项关键核心技术，使得其能够应用在不同的领域产生商业价值。而 2018 年全年，国内 VR 公司共完成 52 笔融资，总额约为 50 亿元。

三 国内 VR 技术发展现状

（一）国内 VR 技术现状

虚拟现实处理的数字化内容类型众多，从虚拟现实的技术特征角度来看，按照不同处理阶段，虚拟现实可以划分为采集和建模技术、分析和利用技术、交换和分配技术、显示和交互技术以及技术标准和评估系统五个方面。

1. 采集和建模技术

对物理世界或者人类创意进行数字化的技术是获取与建模技术的主要研究内容。在建模技术方面，郑潮顺[1]等利用 M Visioner 软件绘制腰椎的多个部位退变 VR 模型，用户戴上平片眼镜即可实现模型的 3D 立体化展示及病变观察，提高了操作的准确度和精度。在表面属性采集方面，孙试翼[2]等提出一种表面

---

[1] 郑潮顺、李春海、曾钢等：《腰椎退变虚拟现实模型构建方法及意义》，《中国骨与关节损伤杂志》2018 年第 1 期。

[2] 孙试翼、匡翠方、刘旭：《基于光场成像的表面三维重构》，《应用光学》2017 年第 2 期。

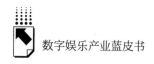

三维重构方法，主要核心技术是将高速运算与光场相机拍摄相结合，基于光场成像原理快速实现对物体三维表面属性的数据采集，进而重构出物体。

2. 分析和利用技术

分析和利用技术就是需要通过对数字化内容的深度分析及理解，实现在合适的时间、合适的地点向合适的人传输合适的内容的目标。近年来从国家层面先后提出多项计划和项目，诸如重大研究计划之一的——"视听觉信息的认知计算"（国家自然科学基金）、"数字内容理解的理论与方法"、"可视媒体智能处理的理论与方法"、"数字媒体理解的理论与方法"等项目（973 计划），而在 863 计划中也出现了多项有关分析与利用技术的重点项目。具体实施这些项目，推动了中国在该领域的研究进度，取得了多项国际高水平研究成果。张颖[①]等提出将建筑信息模型（BIM）和虚拟现实（VR）技术通过合理的方式有机结合起来的方法，对各类工程项目进行工程实证分析，验证了其两种技术结合的想法，对工程实现计算机信息化管理能够产生有效帮助。

3. 交换和分配技术

徐火顺[②]等提出了一种对虚拟现实业务进行视频直播的实现技术，主要基于网络协定电视（IPTV）和互联网应用服务（OTT）这两个相结合使用的系统，使用这项技术的用户通过机顶盒就可以在电视上实时观看 VR 直播视频，抑或通过智能手机 + 头盔、VR 一体集成眼镜等设备来完成 VR 视频的观看。袁伟[③]等提出了一种 VR 全景直播视频传输网关和方法，解决了用户无法接收广电 HFC 网传输的 VR 全景直播信号的问题。

4. 显示和交互技术

三维图形绘制技术主要沿着大规模场景绘制、物理引擎、虚实融合绘制等几个方面展开研究。周信文[④]等提出南昌地铁一号线虚拟漫游系统，在 Unity

---

① 张颖、张原：《BIM 与 VR 技术相结合的应用效果评估分析》，《中国科技投资》2017 年第 8 期。

② 徐火顺、叶剑章、尹海生：《大视频 VR 直播业务及其技术》，《中兴通讯技术》2017 年第 6 期。

③ 袁伟、邱沛、江梦梁：《一种 VR 全景直播视频传输网关和方法》（中国专利：CN106375844A），2017。

④ 周信文、俎晓芳、罗津等：《基于 Unity3D 的地铁三维虚拟漫游设计》，《计算机系统应用》2018 年第 3 期。

3D 引擎强大的界面交互技术的支持下，完成了三维模型场景构建并实现了地铁站内外全景的一体化漫游功能。

在虚实混合绘制技术方面，多家单位对摄像机实时定标展开了深入的研究，使国内在该方面的算法达到国际先进水平。张思①首先利用 Color Image Plane 视频墙实现了虚实融合场景的巧妙展示，随后运用骨骼追踪技术，实现了虚实融合场景中手与火焰之间的交互运动算法。

在显示技术方面，国内的主要技术进步体现在裸眼三维显示装置和头盔显示器方面，探索了多种三维成像机制，研制了多种三维显示原型装置。陈晓静②通过对光学引擎的研究开发出一款 40 寸固态体积式真三维立体显示样机，设计多种实验对真三维系统做了性能测试，最后进行了实际演示。

在人机交互方面，围绕自然、和谐交互这一趋势，在基于视觉、触力觉、传感器的交互方式等方面取得了进展。其中基于视觉的主要研究内容为跟踪定位和手势识别与处理。姚寿文③等充分利用零件几何特征和参数属性，基于 Leap Motion 建立了支持动态装配的几何约束算法以及策略，在 VR 环境下进行了实际应用。另外，在触力觉的交互方式研究上，钟兴建④分析了现有移动端触力觉研究的不足，设计并实现了一套专门用于移动终端的指套式触觉交互系统。

5. 技术标准和评估系统

在基础技术向标准转化方面，AVS 按照国际惯例，成为中国信息技术标准形成的典范。然而，总体上中国内容基础技术的研发还相对独立、分散和封闭；研发队伍规模较小，无法发挥群发效应；没有形成系统的和开放的数字媒体关键基础技术支撑和服务体系，难以发挥科技对数字内容产业发展的引领作用，带动中国数字内容产业的整体发展。同时，中国对这些自主技术的应用还缺乏政策的保护与引导，尚未营造出良好的发展环境。另外，在基础资源库开

---

① 张思：《虚实融合场景中三维火焰交互运动算法研究》，硕士学位论文，燕山大学，2017。

② 陈晓静：《40 寸固态体积式真三维立体显示器光学引擎设计及样机开发》，硕士学位论文，合肥工业大学，2017。

③ 姚寿文、林博、王瑀等：《传动装置高沉浸虚拟实时交互装配技术研究》，《兵器装备工程学报》2018 年第 4 期。

④ 钟兴建：《面向移动终端的指套式力触觉交互装置设计与 3D 形状的力触觉再现方法研究》，硕士学位论文，东南大学，2017。

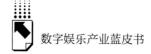

发方面，缺乏基本的国家规范和标准，三维模型库和素材库开发依然是"百花齐放"，许多成果难以共享和重复利用，至今没有建立起权威的国家级资源库。

而工业和信息化部为了继续推动虚拟现实基础理论、共性技术和应用技术的研究，于 2018 年发布的指导意见中，对近眼显示技术、感知交互技术、渲染处理技术及内容制作技术提出更高的要求。

（二）近年来的虚拟现实系统应用

1. 医疗领域

目前 VR + 医疗主要应用于临床手术、医疗教育、心理康复、个性健身等，不仅帮助医生以更低成本学习使用医疗器械、医疗知识，也为患者止痛，帮助患者恢复。郭立泉①等针对多人康复训练中存在的不足，开发了一个虚拟现实的康复训练系统，脑卒中患者通过康复训练场或是借助互联网自由组成康复训练小组进行群组康复训练，同时可以对日常生活情景游戏进行多人互动反馈，提高患病者的康复训练积极性，增强康复训练效果。

2. 工业领域

根据不同研究对象，广大研究人员开发了各种虚拟现实系统用来进行训练、培训等。例如，史耕金②设计并实现了一个基于 VR 技术的发电机检修工艺培训专家系统，该系统融合多种技术真实再现了检修过程，实现了人与虚拟环境的自然交互，最大限度地提高了用户的学习和培训效果。王昊③等设计并实现了一个具有高度沉浸感的虚拟拆装训练系统，其交互性良好。

3. 教育娱乐领域

虚拟现实技术的不断发展，为教育娱乐领域注入新的体验方式，吸引了许

---

① 郭立泉、王计平、郁磊等：《多人交互虚拟现实康复训练与评估系统》（中国专利：CN106420254A），2017 年 2 月 22 日。
② 史耕金：《虚拟现实在发电机检修培训系统设计中的应用》，《计算机仿真》2017 年第 7 期。
③ 王昊、曾鸿、倪文利等：《基于虚拟现实的船舶辅机设备拆装训练系统》，《江苏科技大学学报》（自然科学版）2017 年第 1 期。

多研究人员进行拓展研究。娄明英（Lou M）[1] 将绘画与虚拟现实相结合，构建了一套教学系统，提高了学生的整体设计能力。Dong J. [2] 等以徽州古建筑为例，将虚拟现实技术应用于古建筑修复，为今后的研究与应用提供了一些技术支持。

根据《中国虚拟现实应用状况白皮书（2018 年）》的数据，"虚拟现实＋"已经在更多的领域得到应用。如，由国内知名 VR 数字影像制作公司打造的 VR 电影《活到最后》；英伟达在 2018 年的 NVIDIA 年度 GTC 技术会议上推出一套基于云的自动驾驶汽车测试系统 DRIVE Constellation 仿真系统；2018 年京东宣布其面向 AR 领域的"天工计划"正式升级到 3.0 阶段，重点打造 AR 无界零售战略；2018 年贝壳找房正式向外界推出"VR 看房"功能，实现了虚拟现实技术与房地产行业有机结合，并落地成熟。

四　国内 VR 产业现状

2016 年 3 月中国发布的"十三五"规划纲要中提出，为了实现一批新的经济增长点，从而对大力推进虚拟现实等新兴前沿领域创新和产业化提出明确要求，在这一国家利好政策的鼓励下，诸如阿里巴巴、腾讯以及百度等互联网商业巨头们开始组织团队进入虚拟现实领域进行研究开发，同时一些中小型企业也组建了虚拟现实项目团队。而根据 2016 年 4 月发布的《虚拟现实产业发展白皮书5.0》（中国电子技术标准化研究院）可以分析出中国虚拟现实企业主要分为两大类别。一是某些依据传统软硬件或内容优势的成熟行业逐步向虚拟现实领域渗透。其中依赖硬件进行布局的大多为智能手机及其他硬件厂商；而从软件和内容层面切入的主要为动漫制作厂商、游戏开发企业和个人或者各种视频发布平台。二是新型的虚拟产业公司（初创型和生态型）。这些企业

[1] Lou M. A. , "Virtual Reality Teaching System for Graphic Design Course," *International Journal of Emerging Technologies in Learning* 9（2017）：117.

[2] Dong J. , "Research and Application of Virtual Reality Technology in the Restoration of Ancient Buildings in Huizhou," *Acta Technica CSAV* 1（2017）：289 - 299.

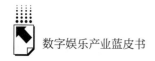

（以互联网厂商为领头羊，如腾讯、暴风科技、乐视网等）从硬件开发、发布平台、内容制作、生态保持等多个领域进行综合布局。[①]

（一）硬件产业

芯片作为一款科技产品的重要组成核心，将会对未来的虚拟现实发展产生重大影响，因此被各大芯片厂商列为行业布局的重要一环。目前，国内多家厂商着重在这一领域频繁展开行动，陆续针对一体机市场推出专业 VR 芯片。如瑞芯微的 RK3399、全志的 H8、炬芯的 S900VR 等。

中国多家公司在美国 CES 展上展出最新的研究成果。爱奇艺旗下首款 VR 一体机——"奇遇"被定义为全球首款 4K 超高清分辨率的移动 VR 设备，能够逼真地还原各种视觉场景，其分辨率参数具体为 3840×2160，806PPI；并且整个设备采用爱奇艺自主研发的智能 3D 立体声技术对声音进行定位，成为体验 VR 视频的一种全新向导；除此之外，它还是全球首款使用 6DoF、Inside-out 位置追踪系统的消费级 VR 一体机，搭载了国内体验最好的空中鼠标（延时低于 50ms），且运用 AI 技术打造交互系统"双儿"，同时根据用户体验不断改进。华硕通过与谷歌合作，推出了一款基于高通芯片的 AR/VR 一体智能手机 Zenfone，该手机的开发基于谷歌 Daydream 平台，并且配有 Tango 相机。国产 VR 厂商之一的小派科技则发布了单眼分辨率达到 4K（2×3840×2160），视场角度高达 200 度的 VR 头显，在这个设备中小派科技融合了 Valve 的 Lighthouse 技术和 Oculus 的基于相机的追踪技术，同时支持位置追踪技术和运动追踪控制器，使得设备的延迟保持在 18ms 左右。

（二）VR 内容产业

2017 年 7 月在北京举办了"虚拟现实内容制作中心新闻发布会暨中心启动仪式"，在会上，各位专家就目前国内基于虚拟现实产业发展的具体情况，提出国内虚拟现实行业内容严重匮乏、高质量的应用无法满足消费者需求等问题。目前，虚拟现实内容制作主要分为 VR 视频、VR 游戏和 VR 应用三大块。

[①]　中国电子技术标准化研究院：《虚拟现实产业发展白皮书 5.0》，2016。

在 VR 视频方面，ICEVE 2017 北京国际先进影像大会暨展览会在北京电影学院开幕，会上介绍了部分国内外 VR 视频、国内一些工作室制作的作品，诸如《遇见·新海诚的动漫世界》《哈尼姑娘》《拾梦老人》等都获得了好评，并获得国际大奖。在 VR 游戏方面，目前主要是一些小厂或个人开发者比较活跃，而诸如腾讯、网易这些大厂并没有大的动作。2017 年上半年《人类拯救计划》、《行者》和《除夕》在索尼"中国之星"计划发布会上的亮相，使得其开发者在不同程度上得到了索尼未来在渠道资源和发行上的鼎力支持。在 VR 应用方面，目前各公司都开发了针对不同领域的 VR 应用，但是内容相对单一，缺少"杀手锏"级的应用，一些互联网厂商正在全面布局，希望能制作出高质量的作品。

参考文献

中国电子技术标准化研究院：《虚拟现实产业白皮书 5.0》，2016。

中国通信研究院：《中国虚拟现实应用状况白皮书（2018 年）》，2018。

工业和信息化部：《关于加快推进虚拟现实产业发展的指导意见》，2018。

内 容 篇

Content Reports

B.7
2018年中国文化题材虚拟
现实作品分析

吴南妮　刘跃军*

摘　要： 中国文化是世界上最古老的文化之一，是人类文明的宝藏。国家发展战略提出实现中华民族伟大复兴的宏伟目标，重新审视中国经典文化与美学，重拾文化自信，虚拟现实行业发展以及文化保护和传播要求，使中国文化题材虚拟现实作品开发成为不容忽视的关注点。本文通过对2018年出现的中国文化题材虚拟现实作品的梳理和分析，着重对《敦煌飞天VR》作品详细解析，探讨中国文化题材虚拟现实作品的开发方式、形态和发展的可能性，探求时代背景下中国文化发展及传播的新途径。

---

* 吴南妮，广州美术学院视觉艺术设计学院讲师、中央美术学院设计学博士，研究方向为新媒体艺术设计、虚拟现实交互设计；刘跃军，博士、副教授、研究生导师，中国高校虚拟现实产学研联盟秘书长，沉浸式交互动漫文化和旅游部重点实验室执行副主任，北京电影学院动画学院游戏设计系主任，电脑动画教研室主任。

关键词： 中国文化　虚拟现实　《敦煌飞天VR》

一　研究背景

（一）时代背景与文化需求

中国文化是发源于数千年前的世界上最古老的文化之一，作为最古老的文明，中国文化的形式十分多样，对周边地区的哲学、美学、伦理和风俗传统等有着深刻的影响，[①] 流传至今的中国文化包括可见的物质形态文化，以及非物质形态文化，内容丰富，内涵深远。中国文化题材的 VR 作品，主要包括以中国建筑、绘画、古迹、故事传说等为主要视觉表达内容，以沉浸式体验、交互形态为感知方式，运用当下虚拟现实技术手段，结合中国美学特征和现代科技完成的影片、游戏、交互式 VR 作品，可以观看、体验、分享和传播，可以作为教育/培训、旅游观光等各种类别的内容主体。

党在十九大中提出实现中华民族伟大复兴的宏伟目标，重新审视中国经典文化与美学，重拾文化自信，构建中国精神成为时代发展的必然要求。政府工作报告中提道："文化自信是一个国家、一个民族发展中更基本、更深沉、更持久的力量"，"不断增强意识形态领域主导权和话语权，推动中华优秀传统文化创造性转化、创新性发展"，"不忘本来、吸收外来、面向未来，更好地构筑中国精神、中国价值、中国力量，为人民提供精神指引"。重新挖掘中国文化题材中的经典瑰宝，同时结合现代科技手段，对东方优秀传统进行挖掘、重构、呈现与再次传播，是时代发展到今天的必然趋势。

（二）行业发展与内容需求

根据《2017 中国虚拟现实（VR）行业研究报告》，中国 VR 市场规模增速加快，预计到 2021 年，中国将成为全球最大的 VR 市场，而其内容市场将超过 VR 头戴设备，成为占比第一的细分市场。消费级 VR 内容包括游戏、影

---

① 《中国文化》，维基百科，https://en.wikipedia.org/wiki/Chinese_culture，最后访问时间：2019 年 5 月。

视、直播以及其他四大类型，行业内主要的内容制造商将逐渐开始盈利。①

虚拟现实产业在经历了近年爆炸式的增长与回落之后，逐渐从硬件开发为主的发展进程转向内容开发。头戴式设备、摄像机等硬件的品质与适用水平是VR整体发展的影响因素，随着硬件设备不断进步，不受平台和空间限制的VR一体机逐步普及，对于优质内容的发掘将成为行业发展与市场培养的急切需要。VRCORE发布的《2018中国虚拟现实开发者报告》中对中国VR内容开发现状的调研显示，2017年，开发者开始试图集中力量开发更优质的产品，其中游戏仍然是C端内容的主力，有近6成的团队研发游戏内容；同时，大部分团队开始引进B端业务，在内容分布上，教育/培训项目居首，其次是文博/旅游以及艺术展示项目（见图1）。②

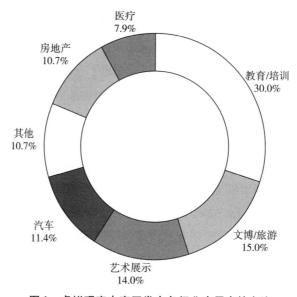

图1　虚拟现实内容开发在各行业应用中的占比

资料来源：VRCORE：《中国VR内容开发者现状如何？看〈2018中国虚拟现实开发者报告〉》，99VR视界，http://vr.99.com/news/05072018/205612269.shtml，最后访问时间：2019年5月。

---

① 艾瑞咨询、Greenlight Insights：《2017中国虚拟现实（VR）行业研究报告》，https://www.hiavr.com/news/industry/39386.html，https://nwew.hiavr.com./news/detail/39386.htm? type = 1，最后访问时间：2019年5月。
② VRCORE：《中国VR内容开发者现状如何？看〈2018中国虚拟现实开发者报告〉》，99VR视界，http://vr.99.com/news/05072018/205612269.shtml，最后访问时间：2019年5月。

除了游戏领域以外，VR 技术可以应用于教育、医疗、房地产、航天等诸多领域，目前看来，受到政府教育信息化支持的教育领域，由于国家政策层面的扶持，将会进一步推动市场规模的扩大。而无论是教育/培训，或者文博/旅游以及艺术展示，还是商业气质更加浓郁的营销项目，对优质内容的需求无疑为中国文化题材作品开发架构了广阔的需求与发展前景。

（三）文化保护及传播需求

随着社会发展，教育及精神文化水平的提高，一方面，对各种形态的中国经典文化的了解和向往成为大众越来越迫切的需求，从倍受追捧的文化旅游线路（如敦煌石窟参观线）、博物馆珍藏经典国画展（如故宫千里江山图展、中央美院八十七神仙图展）时的排队盛况可见；另一方面，拥有悠久历史的各种文化古迹、传统民俗、典藏经典作品也需要有一定的渠道被介绍、推送以及得到更广泛的传播。虽然在互联网时代，知识的传播已经有了前人不可比拟的独特渠道，但以屏幕为终端的传播方式仍然比较扁平与间接；实体形态洞窟壁画、宫殿、文物藏画等因受到地域、路程、展出场地、人员众多等因素的影响，观看体验无法令人满意。对于以上的问题和困惑，中国文化题材 VR 作品的出现，改变了大众的参观模式，以全新的、全方位的展示方式让受众实现近距离、全角度、无干扰、身临其境的欣赏，进一步在交互技术手段的支持下，用户能以更加主动的方式深入了解中国文化之美与智慧。同时，电子形态的作品结合互联网的形式，可以让从前或许是深藏山中的东方文化瑰宝能够走得更远，让更多人得以欣赏和体验。中国文化题材虚拟现实作品毫无疑问具有强大的开发需求及可能性。

二 中国文化题材虚拟现实作品分析

（一）中国文化题材虚拟现实作品的发布

中国文化题材虚拟现实作品的发布从渠道上来看，主要分为线上渠道和线下渠道。线上渠道通过互联网访问网页即可进行作品体验，主要包括各大厂商自行搭建的 VR 内容发布平台如 Steam、HTC Viveport 和 Oculus Home 等，以及网站发布，如百度百科数字博物馆、谷歌艺术计划、雅昌中国艺术品数据中心360艺术全景等。线下渠道需要观众在特定的场地进行体验，主要包括数字博物馆、VR体验店以及主题公园模式、少数美术馆画廊展览等。

线上体验作品充分发挥数字时代的媒体优势，在传播内容的丰富程度，以及传播范围的力度上占有绝对优势，打破地域与时间限制，可以使更多观众足不出户即可体验到中国文化之美，如在雅昌中国艺术品数据中心360艺术全景中，可体验各地博物馆画廊及藏品；线下作品往往和实地展览及参观相配合，比如故宫博物院端门数字馆，可以加深观众对相关文化题材的了解和理解，使展示和观看方式都更为丰富多样。线上和线下展示相结合，可以形成更为立体的综合展示，可以视为未来发展的方向之一。在以游戏发布为主的主流品牌平台如Steam、HTC Viveport、Sony PlayStation中没有将中国文化主题虚拟现实作品特别作为一个类别进行归纳。

（二）中国文化题材虚拟现实作品的形态与主题

自2017年第七十四届威尼斯电影节开始，虚拟现实作品被列入官方竞赛单元，并将VR作品体验区分为Stand-up展示体验、Installations装置体验和Theater影院体验三部分，可以作为虚拟现实作品体验方式的分类参考。当前中国文化主题虚拟现实作品的体验形式，以展示体验为主，支持观看或者少量的交互。目前可体验的作品中，相对于其他题材和形式的虚拟现实作品，中国文化题材的作品数量不多，重构的题材种类主要集中在以下几类。

1. 名胜古迹、建筑、文化、美学经典文化遗产虚拟参观

经典的古典皇家建筑及其相关故事内容，如故宫及故宫内的宫殿，有不同形式、不同展示方式的VR作品对其进行展示，主要由故宫博物院发起，在所有作品中占比最大；另外是敦煌洞窟，其代表如从数字敦煌的复原项目到《敦煌飞天VR》的自发尝试；其他的还有数字圆明园、恭王府VR、少林寺、西汉帝陵之长陵、乔家大院、山西应县佛宫寺释迦塔等VR作品；考古挖掘现场，近距离展示了平日不可多见的地下挖掘现场，如故宫博物院发起的明清御窑瓷器——故宫博物院与景德镇陶瓷考古新成果展的景德镇考古现场VR；探秘海昏侯大墓VR等。

全景图片是这类作品中使用得比较多，也最为有效的手段。高品质的全景

图片，以真实还原最佳的观赏视觉效果，忠实呈现了散布各地的中国古建筑文化精髓，从视觉效果的体验上来看，因为不受天气、人流、参观条件与方式、光线等的影响，其效果甚至有可能优于实地参观。

如百度虚拟现实博物馆中的秦始皇兵马俑，200亿像素图片的设置，使用户可以通过虚拟现实眼镜亲临陶俑的身旁，从各个角度仔细观摩，而在真实的参观中，观众只能从远处观看。故宫博物院端门数字馆中，自2003年《紫禁城·天子的宫殿》起，陆续完成了《三大殿》等五部虚拟现实作品，从建筑物以及场景的展示到非物质文化遗产的数字化虚拟再现，与文化氛围的表达相融合，不断深入探索故宫的文化内涵，并且作品在不断地增加与完善。数字虚拟的呈现形式，真实再现了场景的全部内容，360度无死角地观看当时场景的效果，给观者以身临其境的感受。

类似的案例如数字敦煌中呈现的敦煌洞窟，由敦煌研究院发起制作，提供了30个经典洞窟用以虚拟全景漫游观赏。同时，通过三维复原手段重建对象，为作品增加了呈现内容的丰富性、体验过程的交互性与趣味性，使对象的展现更为丰富立体，传播的效果更加深刻。如在V故宫中重建的《养心殿》《倦勤斋》《灵沼轩》，以三维重建技术为依托，为用户提供更为丰富的交互体验。其中在《灵沼轩》虚拟参观中，可以自行选择在复原场景和现实场景中进行交互游览，跨越时间长河，目睹故宫西式水中宫殿灵沼轩从前和现在时空交错的景致，融高度逼真的再现与对建筑及藏品的深度解析为一体，以全新视角展现故宫文化遗产之美。又如清华大学建筑学院团队耗时15年"恢复"圆明园原貌的数字圆明园，借助虚拟现实及增强现实技术，通过数字重建的手段重建万园之园——圆明园的景象，使人们再次有机会领略这座皇家园林的风采，包括其在不同时代的特点及风格变化。

2. 中国古典绘画的VR重构

古典绘画的虚拟现实重构，如VR宋徽宗《听琴图》①《清明上河图VR》，真正营造了人在画中游的体验。

---

① 《画中琴丨〈听琴图〉此时无声胜有声》，搜狐网，http://www.sohu.com/a/215196593_713703，最后访问时间：2019年5月20日。

VR《听琴图》由 SAFA Creative Lab 创作，利用 VR 技术和互动体验让参与者可以身临其境地"进入"《听琴图》中，在画中与宋徽宗一同品味瑶琴的精妙，领略中国画特有的氛围和气韵；《清明上河图 VR》是 2016 年发布的作品，由乐视 VR 出品中心创作，是"VR 文化复活系列"的第一部作品，乐视 VR 出品中心总监夏冰介绍，创作团队希望"能做一些有创意，具有探索性、创新性和文化传承性的项目，当时选取了一些可能非常适合 VR 展现的内容……我们定了三个方向，分别是中国的艺术品、历史事件，以及一些历史人物。艺术展示符合 VR 的表达形式，其中有些原型可供我们参考，更容易让大家接受。历史事件和人物我们也做尝试，但遇到比较明显的问题是，把一个历史事件复原，这其实挺难的。我们需要补充非常多的历史知识，而讲故事的方法在这些历史里面。所以，我们先从艺术开始"。[①]

短片选取了比较有标志性的建筑物——虹桥为观赏的起点，观众的视线随着船只而移动，从汴河移向街道，商铺行人、故事动作随之展开。

此类作品来源于二维平面图像（经典中国画），以中国画所用的水墨笔意为视觉风格的基础，在此之上用虚拟现实技术进行重构，在创作媒体技术变更的过程中增加了表现的维度（二维变为三维甚至多维），增加了动态故事情节，增加了声音和音效，另外也为加入其中的观众设定了角色与视角，以及对作品的参与（交互）程度。从作品整体性上看，还原原作的占比成分逐渐减少，创作与表达的可能性增多，但如何平衡两者的关系，相信会是引起争议的问题。从媒体技术更新的角度，仅仅用数字方式复制和还原原作只是虚拟现实极小部分的功能，虚拟现实技术拥有更强大的构建梦想场景的可能性，新的媒体技术带来更为开放的艺术可能性。此类题材无论是对于历史进程中的中国经典绘画的发展，还是对有待内容发掘的虚拟现实技术与艺术，都是极有价值的，可以用更开放的眼光期待当中迸发的艺术创作表达、作品完成度以及水平的逐步提高。

---

① 《专访清明上河图 VR 制作团队：如何带你穿越回千年前的汴梁？》，雷锋网，https：//www.leiphone.com/news/201609/mRppIEO7hoDjESA3.html，最后访问时间：2019 年 5 月。

3. 虚拟现实数字博物馆和画廊

如故宫数字博物馆，佛教艺术博物馆、V故宫、百度百科数字博物馆，谷歌艺术计划、雅昌中国艺术品数据中心360艺术全景等，提供了数以百计的博物馆、画廊、艺术家作品等的三维全貌交互体验，无论时间、地域、风格上的跨度都极大，可供虚拟参观的内容极为丰富。

雅昌中国艺术品数据中心，依托于自身多年经验和艺术资源积累，与惠普公司共同打造了专业、全面、权威的中国艺术数据库，利用云存储、云计算等前沿技术保存、展示、研究人类物质与非物质文化，再现艺术品原貌。已存储艺术品、艺术家、拍卖、艺术图书等数据达1.2PB，被誉为艺术领域的"四库全书"。

4. 游戏类

如PlayStationVR的《西游记之大圣归来VR（试玩版）》，Viveport的《赤壁之战VR》。调查数据显示，游戏是虚拟现实作品的主要类别，作品数量居消费级内容市场首位。以古典中国文化为题材的游戏开发尚处于起步阶段，但在玩家中人气极高，值得期待；《西游记之大圣归来VR（试玩版）》以电影《西游记之大圣归来》为视觉蓝本，在虚拟现实中以江流儿的视角，体验齐天大圣的奔跑、跳跃，以及挥舞金箍棒与敌人战斗的跃动感。《赤壁之战VR》是一部通过虚拟现实方式使玩家身临其境体验三国演义中的赤壁之战的作品，游戏包括船上战斗和在曹军本营展开的地面战斗；使用各种武器和敌人战斗，与勇猛的武将一决雌雄；含有多名BOSS战的故事模式和以获得高分为目标的挑战模式。目前看来，底蕴深厚的中国经典文学的吸引力是这类游戏魅力的基石。

5. 全景图

以全景虚拟现实方式为主的风光旅游，如美丽中国VR、珠穆朗玛VR等。以全景图片扫描为主要方式，以还原对象自然景观为主要视觉，以身处原地的虚拟旅游体验为核心内容，使观众不必经历旅途艰险而充分领略祖国河山之大气与精致，以预设的专业视角观看世界。

（三）中国文化题材虚拟现实作品的视觉架构方式

虚拟现实作品的视觉架构方式，有数字扫描、三维建模贴图和数据生

成三种。文化题材虚拟现实作品的数字扫描，采用三维全景①扫描和三维
扫描技术分别针对大型场景和小型物件进行数字采集；或者通过 MAYA 等 3D
软件构建立体模型，然后使用实物照片或者数字影像贴图，再现对象的立体造
像；数字生成则是通过编程数据构建场景中静态或动态的物件以及气氛、动效
等。文化题材的虚拟现实作品的交互方式以单人交互为主。

根据 2018 年 OmniVirt 研究报告②基于对 1000 多个活动视频完成、点击和
整体参与的分析，VR 全景内容在去年的参与度高于普通内容。使用 VR 全景
内容除了在传播上的影响力逐渐增强，其内容和质量也都在稳步提升，并且，
使用虚拟现实和 VR 全景的公司也越来越多。随着市场的稳定，硬件及软件水
平的提升、拍摄成本的降低，可以判断全景虚拟现实作品将会在更大范围内
普及。

三 《敦煌飞天 VR》作品研究

（一）设计背景

敦煌石窟不仅是世界上著名的艺术宝库，它保存了北朝至元代等十余个朝
代千百年间的大量彩绘艺术精彩画面，每一幅敦煌壁画都蕴含着神奇的故事。
但在当下环境中，敦煌壁画从保护到传播都遇到很大的问题。在虚拟现实技术
条件下，不仅可以对现实中存在的景观和物体，包括生态系统进行数字化复制
和模拟，还可以创造出任何人能想象出来的梦境世界。用虚拟现实重构敦煌洞
窟，可以从时间维度中凝固其当下视觉样式，降低风化侵害；从空间维度扩大
传播范围，抵御空间有限造成的参观体验不佳，让更多的人能够体验到敦煌石
窟壁画之美；并且通过再创造与交互手段，使沉淀着千年文化，内含着丰富壁
画故事以更容易让人理解和接受的方式，面向大众进行传达。

---

① 百度百科，三维全景虚拟现实（也称实景虚拟）是基于全景图像的真实场景虚拟现实技术。
全景（Panorama）是用相机 360 度拍摄的一组或多组照片拼接成一个全景图像，通过计算
机技术实现全方位互动式观看的真实场景还原展示方式。
② 《2018 年虚拟现实（VR）行业发展五大趋势分析》，VR 产业基地，http：//www.sohu.com/
a/231707248_ 508574，最后访问时间：2019 年 5 月。

（二）设计方案

1. 主要内容及交互方式

《敦煌飞天VR》是沉浸式交互动漫文化和旅游部重点实验室研发的首部可穿行、可体感交互的全沉浸式VR作品。同时也是中国首部经典壁画题材沉浸式交互VR作品。是目前各类平台所能找得到的临场感最强、仿真度最高、视觉特效和现场体验最为突出的文化非遗类VR作品。作品兼具逼真的身临其境的体验和神奇瑰丽的艺术创新两大特色。

《敦煌飞天VR》（见图2）近乎完全真实地呈现了莫高窟洞窟和壁画艺术作品，无论是精准的空间，还是精美的壁画、雕像，抑或是逼真的自然光影和手电光照。

图2　《敦煌飞天VR》虚拟现实洞窟以及摩尼宝珠交互场景画面

资料来源：沉浸式交互动漫文化和旅游部重点实验室提供。

2.《敦煌飞天VR》的研发

《敦煌飞天VR》是北京电影学院沉浸式交互动漫文化和旅游部重点实验室研发的首部非遗题材作品。该作品综合使用了国际最前沿的数字资源采集技术、三维动画技术、VR引擎技术、电影级视觉特效技术以及VR终端技术。

该项目由超过 15 年数字电影特效、三维动画和游戏交互技术实践经验的多名专家带队，超过十人的专职团队前后投入近一年的时间研发完成。

为获得精准的数字资源，团队多次到现场考察获取一手的海量数据。为最终在虚拟现实终端呈现高质量效果，团队使用多年积累的三维动画技术，重新创建三维模型，并绘制高清晰贴图（见图 3），进而实现高清晰度的视觉效果。为了让壁画中的飞天角色能飞出墙壁来到体验者面前，设计师以壁画飞天为原型设计制作出三维飞天角色，并力求角色的造型、服饰、纹理以及动作和身体都与壁画完全一致。

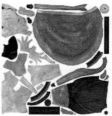

图 3 按照敦煌壁画原型设计制作的三维模型并绘制高清晰贴图

资料来源：沉浸式交互动漫文化和旅游部重点实验室提供。

为达到最佳的虚拟现实体验效果，选用国际顶尖的虚拟现实引擎系统，将设计制作完成的三维数据置于其中。使用专业的物理光照系统，模拟近似自然的逼真光照效果。当体验者在《敦煌飞天 VR》中拿着手电筒欣赏壁画和雕塑时，会感受到完全置身于现实洞窟一样的真实。此外，还创新性地使用电影视觉特效技术和虚拟引擎技术在三维空间中进行即时渲染视觉特效的设计和模拟，进而达到神秘梦幻的体验效果（见图 4）。当体验者在飞天的指引下站在莲花上缓缓升起，仰望璀璨耀眼的摩尼宝珠，耳边响起空灵而神圣的音乐，一种神奇的体验让人望而却步，却又流连忘返。

《敦煌飞天 VR》仍在不断的开发和完善中，对更多洞窟壁画及雕像的搭建、更好的视觉效果及交互体验的研发正在进行中。

3.《敦煌飞天 VR》的传播与获奖

《敦煌飞天 VR》完成后，获得了不少奖项和大型展览的邀请。其中包括

**图4　《敦煌飞天 VR》中电影视觉特效和虚拟引擎技术即时
渲染呈现的空间视觉效果**

资料来源：沉浸式交互动漫文化和旅游部重点实验室提供。

在国家会议中心的展出、国家大剧院的展出、日本东京的展出、法国巴黎以及
芬兰赫尔辛基展出等。由图5可见，国家大剧院中，人们正排队等候体验《敦
煌飞天 VR》。

图5　国家大剧院中人们排队等候体验《敦煌飞天 VR》

资料来源：沉浸式交互动漫文化和旅游部重点实验室提供。

如图 6 所示，不同国家的人体验《敦煌飞天 VR》并签名题词。

图6　不同国家的人体验《敦煌飞天 VR》并签名题词

资料来源：沉浸式交互动漫文化和旅游部重点实验室提供。

（三）价值与意义

在时间维度上，莫高窟中的壁画、雕像正面临风化和消失的必然问题，使用虚拟现实数字技术可以将这些艺术品毫厘不差地数字化到虚拟数字世界中，这些几乎与现实完全一样的数字虚拟现实内容可以无限保存下去。

在空间的维度上，现实的莫高窟不能都搬到另一个地方去展出。虚拟现实版的敦煌莫高窟可以极其便捷地被搬运到世界的任何地方进行展出。正如《敦煌飞天 VR》，已经在国家大剧院、国家会议中心、法国巴黎、日本东京、芬兰赫尔辛基等全球多地展出。关于洞窟物理空间的限制使得参观人数极大受限的问题，使用虚拟现实创建的艺术品可以上传到国际主流平台，全球每一台能运行虚拟现实的 PC 主机和手机等移动端都可以完美地呈现这些作品。关于馆藏艺术品读解和大众传播的问题，如同当年动画片《九色鹿》让大众真正读解到敦煌壁画《鹿王本生》的深刻内涵，同时也很可能由此而开始了解敦煌莫高窟一样，虚拟现实作品沉浸式交互的方式更容易打动人心，提升了传播和读解的有效性。

四 结论

通过对已有的中国文化题材虚拟现实作品的梳理和分析，触摸到当前作品创作的两种思路：一是用数字模拟和复制手段再现或还原中国文化精彩的视觉景观，如建筑、雕塑、壁画等艺术瑰宝，使可供虚拟参观的内容日趋丰富；二是充分利用虚拟现实技术的虚拟再现优势，结合交互手段，在不同程度的沉浸感中，呈现湮灭于历史长河中的有形或无形的景观和故事，通过梦想场景般的逼真视效营造更加立体的感知体验，传达的效果更加深入人心。

从国家发展进程、科技和艺术水平的整体提升来看，中国文化的传播深度和广度、被公众的接受程度都值得拓展，而且需要用符合当下时代的方式。虚拟现实作品更容易打动人心的传播和读解形式，无疑是培养年轻人对五千年优秀中华文化的自信和自强的重要方式，同时也是在更广阔的范围内去传播这些经典作品的绝佳渠道。契合大众的读解需要恰好是虚拟现实擅长的领域，也就是说虚拟现实技术除了可以真实地保存和再现物质或非物质形态的中国文化题材作品，更能够在其基础上进行与时俱进的艺术创作和大众传播，进而让更多的人读懂其深刻的内涵和艺术的价值。更多高素质、内容丰富、体验效果更好的中国文化题材虚拟现实 VR 作品出现，毫无疑问是发展的必然方向。

附录：中国传统文化 VR 作品的部分网址

故宫博物院，http：//www.dpm.org.cn/shows.html#temporary4。

V 故宫，http：//v.dpm.org.cn/。

全景故宫，http：//mob.visualbusiness.cn/gugong-pc/v1.0.52/index.html。

紫禁城 VR，https：//www.viveport.com/apps/49a4fc99 – 45f7 – 48b7 – 9079 –
636a4b68fb80。

故宫博物院 VR，https：//www.expoon.com/11355/。

数字敦煌，敦煌研究院 30 个经典洞窟，https：//www.e-dunhuang.com。

敦煌梦幻之旅，https：//www.viveport.com/apps/32878884 – 31f5 – 48f5 – ae21 –
091c53b314a2。

神游敦煌 – 莫高窟第 61 窟，https：//www.viveport.com/apps/8eca2664 – fb21 –
4abd – b802 – a516968ac5fc。

VR 敦 煌，https：//www. viveport. com/apps/29d22c2d – c29c – 4439 – 82aa – 751120b91735。

VR 兵 马 俑，https：//www. viveport. com/apps/2220d4be – 38bf – 4fbc – 93b9 – e74b90b2dcb9。

秦 俑 本 色，https：//www. viveport. com/apps/58ac6ad9 – c4fc – 4c15 – 908f – 0203f8bc041c。

数字圆明园，http：//jzqy. crystal5d. cn。

西 汉 帝 陵 之 长 陵 VR，https：//www. viveport. com/apps/a55cbbc6 – f436 – 4393 – 9af8 – 0855b2dd1fd3。

天 一 阁 VR，https：//www. viveport. com/apps/8c7f6172 – 4d5e – 4793 – afb4 – 280c04c47994。

中国福建泰宁甘露寺，https：//www. viveport. com/apps/1b6ecaf9 – dabc – 41ac – 9bf9 – 29336447ecf4。

少 林 寺 VR，https：//www. viveport. com/apps/35245a75 – ceb5 – 4634 – a9f5 – 89d3c7196541。

乔家大院 VR，https：//www. viveport. com/apps/39182549 – 8d78 – 4727 – 98d4 – 53a51b346cc7。

云山麓旅游 VR，https：//www. viveport. com/apps/a620ade0 – 1f3c – 4bbc – 90d9 – 024c9ba30d07。

秦 王 宫，https：//www. viveport. com/apps/d31e631e – 1360 – 4d68 – 93de – d33064cd81e4。

述说汉景帝，https：//www. viveport. com/apps/996bd378 – 1bb9 – 494e – 8611 – 15792d002fff。

清 明 上 河 图 VR，https：//www. leiphone. com/news/201609/mRppIEO7hoDj ESA3. html。

百科博物馆计划，https：//baike. baidu. com/museum/#% E5% 8D% 9A% E7% 89% A9% E9% A6% 86% E5% 9C% B0% E5% 9B% BE。

360 艺术全景，http：//www. artronpano. com/adminscene/frontMcList。

佛教艺术博物馆，https：//www. viveport. com/apps/125bef7d – fad2 – 43e0 – a44f – 97dd4c3d237f。

画 廊 VR，https：//www. viveport. com/apps/2c0aec40 – dd0f – 4ae4 – 8f7a – f214803fca70。

《西游记之大圣归来 VR（试玩版）》，http：//www. playstation. com. cn/playstation – vr/vrgame/Monkey_ king_ vr. html。

赤壁之战 VR，https：//www. viveport. com/apps/cd4637a8 – 7d91 – 4b5e – b32a – e6fb48b8d04a。

美丽中国 VR，基于安卓系统全景旅游 App 前往平台下载，http：//www. pc6. com/
  vr/281638. html。

微景天下，http：//www. vizen. cn/。

珠穆朗玛 VR，https：//www. viveport. com/apps/2518cf75 – 3ee1 – 442a – b863 –
  2235e8f3b303。

B.8
2018年中国本土 VR 内容企业发展

马天容*

摘　要：　本报告分析了中国 VR 内容企业的近三年发展情况，VR 游戏、影视、直播等成为 VR 内容的主要消费级，内容企业逐渐开始盈利，从经济文化、社会发展、问题与现状等各个方面来全面分析和解读中国本土 VR 内容产业。本报告将有助于更好地了解中国本土 VR 内容企业发展现状和趋势：C 端内容市场开发计划进一步降级，B 端市场成为内容企业的主要盈利点，制定和完善发展策略，制定统一内容制作标准，降低制作成本，改进技术和设备，掌握设计和技术核心，提高生产效率。

关键词：　VR 内容　企业发展　市场分析

一　VR 内容企业的市场分析

（一）国际 VR 内容市场概况

如图 1 所示，大部分人认为视频游戏（72%）是 VR 内容的主要应用领域，其次是电影和电视（57%），成人娱乐（43%）排名第三，而教育（41%）则排名第四。

如图 2 所示，47% 的人表示，他们对沉浸在另一个世界的感觉最感兴趣，

＊马天容，北京邮电大学世纪学院副教授，研究方向为虚拟现实。

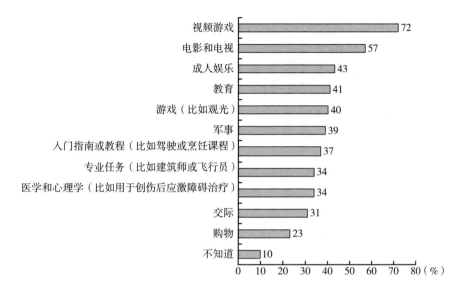

图 1　VR 内容的主要领域分布

资料来源："Statista Survey Fields of Applications for Virtual Headsets in the U. S. ", http：//www. statista. com/forecasts/790469/fields-of – applications-for-virtual-reality-headsets-in-the-us，最后访问时间：2019 年 1 月 20 日。

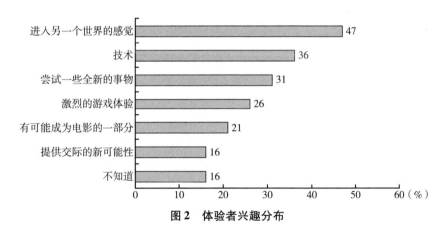

图 2　体验者兴趣分布

资料来源："Statista Survey Most Interesting Aspect about Virtual Reality in the U. S. ", http：//www. statista. com/forecasts/790471/most-interesting-aspect-about-virtual-reality-in-the-us，最后访问时间：2019 年 1 月 20 日。

其次是技术（36%）、尝试一些全新的事物（31%）、激烈的游戏体验（26%）、有可能成为电影的一部分（21%）。

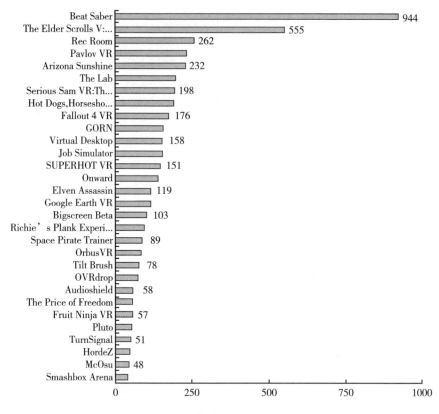

图3 Steam 平台 VR 内容 DAU 指数

资料来源：《虚拟现实（VR）行业市场统计分析数据报告》。

如图 3 所示，Steam 平台 VR 内容中日活跃用户指数排名前五的都为游戏内容，同时日活跃指数都在 200 以上，《节奏空间》（Beat Saber）高达 944，国际上多家大型企业在 VR 内容研发上进行布局。微软推出 VR 应用 Remote Assist、Layout，可实现远程协助、可视化布局；Oculus VR，在经过 2 年多的耕耘之后，成立影片工作室，名为 Story Studio，目标是将虚拟现实技术与电影相结合，呈现新的故事叙述方式，被称为"VR Cinema"，开始真正着手解决内容缺乏的问题。索尼也宣布他们将与诺基亚联手制作并发布虚拟现实内容，HTC 也成立 Vive Studios 致力于开发更多种类的虚拟现实应用。

VR 的长期发展性以及潜力是毋庸置疑的，这也是为什么尽管面对寒冬，Facebook、微软等国际顶尖企业仍在一掷千金。SuperData 公司 2016 年 VR 销售的4.07亿美元中有2.93亿美元收入来自游戏收费，未来5年，随着企业、媒体、硬件以及其他各方面的上升，硬件收入也逐步增长，到2020年VR产业产值预测将达280亿美元。

（二）国内VR内容市场概况

VR游戏市场前景看好，VR内容制作企业逐渐开始盈利。游戏、影视、直播、其他等四大内容类型成为VR内容的主要消费级。2019年消费级内容市场出现转折，VR行业主要内容制作企业开始出现盈利。预计2021年，内容消费市场规模将达278.9亿元人民币，在如此巨大的消费市场中，VR游戏市场规模为96.2亿元，占比将达35%，VR影视消费级内容市场规模达到87.9亿元，占比将超过30%（见图4）。

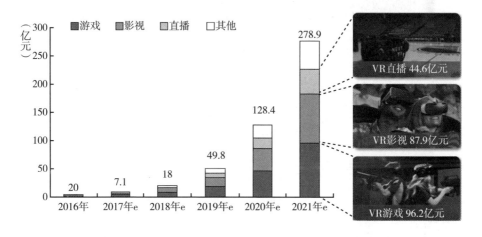

图4　2016～2021年中国VR消费级内容市场规模

资料来源：艾瑞咨询、Greenlight Insight《中国虚拟现实（VR）行业研究报告——市场数据篇》，www.iresearch.com.cn，最后访问时间：2018年7月。

VR技术支撑的广告营销形式趋于多样化（见图5）。2016年，借助VR技术的市场营销规模为0.3亿元，VR技术逐渐进入传统广告营销领域，如App内容的VR广告、VR直播广告、360度全景广告图片、360度全景广告视频、VR品牌体验活动等，VR＋广告营销市场表现出形式多样化特点。预计到2021年，VR＋广告营销市场复合年均增长率将达126.2%，VR营销市场规模预计将达到19.8亿元（见图6）。

图5　2017年中国VR营销形式

资料来源：艾瑞咨询、Greenlight Insight《中国虚拟现实（VR）行业研究报告——市场数据篇》，www. iresearch. com. cn，最后访问时间：2018年7月。

图6　2016～2021年中国VR营销市场规模

资料来源：艾瑞咨询、Greenlight Insight《中国虚拟现实（VR）行业研究报告——市场数据篇》，www. iresearch. com. cn，最后访问时间：2018年7月。

二 VR 内容企业概况

（一）VR 内容企业的发展历史

虚拟现实（Virtual Reality），简称 VR。VR 是利用电脑或其他智能计算设备模拟产生一个三维虚拟空间世界，通过系统提供给用户视觉、听觉、触觉等感官的模拟，让用户如同身临其境一般。

2017 年的 VR 行业经历了一个"寒冬"。因为用户数量一直没有爆发性的突破，整个行业都面临着严峻的挑战。对于 VR 内容企业来说，如何生存成为2017 年的主要课题，一些企业在 B 端进行尝试，而另外一些团队则坚持在 C端。目前 VR 硬件发展如火如荼，但在内容上出现了明显的短板，国内 VR 内容产品制作周期短、资金投入小等问题导致质量参差不齐、内容的深度以及广度不足，目前已经面世的 VR 内容产品中绝大多数应用偏轻度，用户黏性差。

对比 2016 年和 2017 年的数据可以发现，在 2017 年新加入 VR 内容制作的企业比例仅有约 12%，和 2016 年的 34% 相比大幅下降。可以确认，随着行业遇冷，VR 内容制作中新加入的企业数量在减少。

但也可以看到，2017 年继续从事 VR 内容开发的企业中有 28.05% 的企业已经有 3 年以上的开发经验（见图 7）。整个行业的成熟度大幅提高，大量有经验的企业成为这个行业的中流砥柱。

至于 C 端产品和 2016 年调查时的计划相比，2017 年大部分 VR 内容企业的 C 端产品的实际完成情况低于原先的计划［见图 8（a）］。而且在 2018 年 C端产品的开发意向中，C 端内容的开发计划有进一步降低的趋势。这一方面说明了 C 端市场的受冷，另一方面也说明了 VR 内容企业开始不盲目追求数量，试图集中力量开发更优质的产品，这一点在 2017 年作品的体验时长上也有体现，体验时长超过 1 小时的作品占比有所提升［见图 8（b）］。未来我们可以期待更多优质的作品出现。C 端消费产品价格用户消费比例占 82.1%，20 元以下低成本消费占比不足 10%，用户对于高质量作品认可度较高［见图 8（c）］。

在 B 端项目上，总体上来看，目前 VR 内容企业经手的项目主要是 1～3个月内完成的、金额在 10 万元级的项目，其中教育/培训项目最多，几乎占据

141

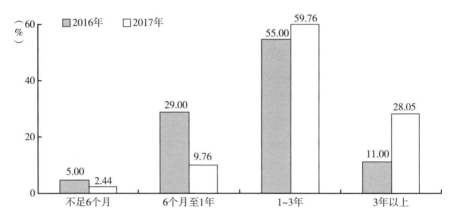

图7　VR内容开发企业运营时长分布

资料来源：《2018中国虚拟现实开发者报告》。

项目总数的1/3（见图9）。

可以看到，目前大部分VR内容企业接到的项目规模较小，经常可以预见的情况是很多项目是某个大项目的转包，项目周期短、金额小，缺乏与行业的深入结合。如果VR内容企业能够更深入某一行业，不断研发与深入研究，将有机会获得优质的订单。

2017年VR行业的"寒冬"一样带来了资本市场的"寒冬"。目前约有一半的VR内容企业依然处于未融资的状态。但是有1/3左右的企业依然在2017年获得融资，可以说明所谓资本"寒冬"只是资本趋向于理性，优秀的企业依然可以获得资本的青睐。而对于没有货的融资的企业来说，也找到了融资之外的生存渠道，使得企业继续发展。

2017年，虽然整个VR内容制作行业遇到了寒冬，但通过数据调查显示，整个行业依然在稳步发展。团队经过之前的技术积累，在VR内容的开发上已经拥有了一套完整的流程，并且通过在B端项目的拓展改善了企业的收入情况。在2018年，可以预见VR内容企业将进一步拓展业务范围，尝试更多种类的设备与技术。在2018年，B端项目依然会是VR内容企业盈利的主要手段，支持团队的发展。随着经验的积累与资金的充裕，VR内容企业通过不断的开发制作，在2018年有更加优秀完整的B端产品，以及为广大消费者提供更好体验效果的国产VR游戏等内容。

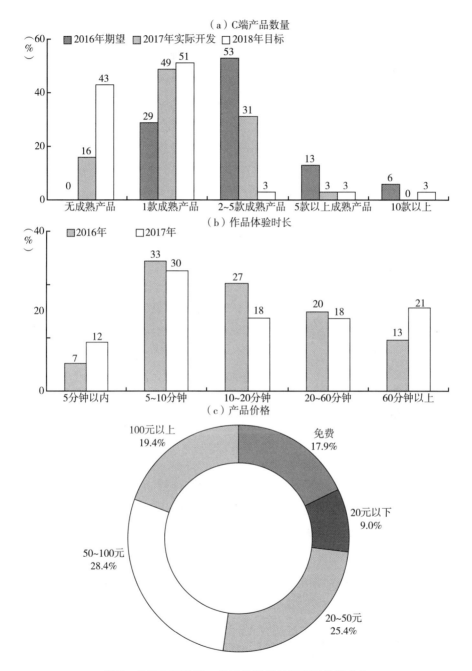

图8 C端产品数量、作品体验时长及产品价格分布

资料来源：《2018中国虚拟现实开发者报告》。

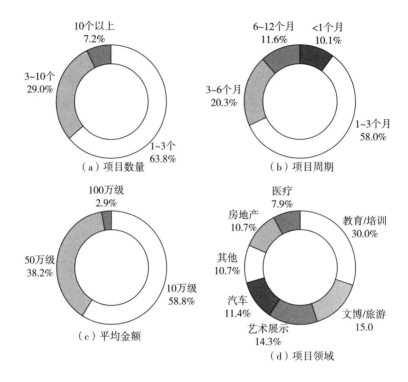

图9 B端项目上VR内容项目数量、周期、金额、领域分布

资料来源：《2018中国虚拟现实开发者报告》。

1. 经营业务构成

大部分内容开发企业接受了引进B端业务。84%的VR内容企业在2017年开展了B端业务，其中有18%的VR内容企业在2017年甚至没有做过To C内容。在B端业务中，教育/培训是最大的类别，有超过六成的VR内容企业制作过教育/培训类的内容。文博/旅游和艺术展示是排名第二、第三的类别。游戏依然是To C端内容的主力。在仍然有To C端内容研发的企业中，近六成的VR内容企业研发的是游戏。在内容方面，目前VR内容企业更多的还是试图打造全新的IP，初创团队想要获得知名IP的开发权并不容易。C端内容种类分布大致为VR游戏、VR应用、VR影视及其他；B端内容种类分布大致为医疗、教育/培训、文博/旅游、房地产、汽车、艺术展示及其他（见图10）。

144

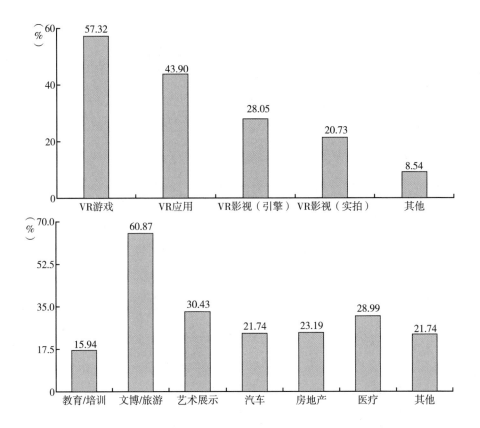

图10 C、B端内容种类分布

资料来源：《2018中国虚拟现实开发者报告》。

在游戏领域，射击类游戏继续保持绝对主导的地位。同时，线下大空间内容的占比已经达到12.4%，成为一个非常重要的游戏类别。而多人联机游戏则成为目前游戏的侧重点，七成VR内容企业已经尝试过制作联机内容（见图11）。

在影视领域，目前更多的开发团队依然在探索之中。很多开发者依然在尝试寻找一种适合VR的叙事方式。同时，全景技术已经广泛运用于旅游、直播等方面。

2. 主要经济指标分析

教育和培训市场的巨大需求是VR内容市场快速增长的主要原因，同时国

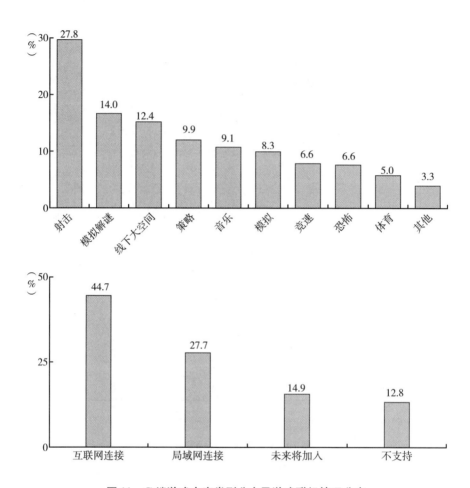

图11 C端游戏内容类型分布及游戏联机情况分布

资料来源：《2018中国虚拟现实开发者报告》。

家政策层面高度重视教育信息化，政策对VR教育的引导利好必会进一步推动市场规模的扩大。

教育/培训需求推动行业发展，未来五年VR内容市场规模年复合增长率将超300%。虽然目前企业级内容市场在VR市场规模中的比例不足1%，但未来五年VR内容市场增长速度将始终保持在高位，年复合增长率将达到355.0%。预计到2021年，中国VR企业级内容的市场规模将占整体市场的11%，达到87.75亿元（见图12）。

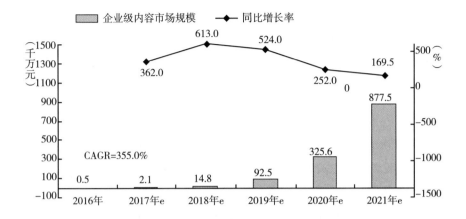

图 12　2016～2021 年中国 VR 企业级内容市场规模及增长率

资料来源：艾瑞咨询、Greenlight Insight《中国虚拟现实（VR）行业研究报告——市场数据篇》，www. iresearch. com. cn，最后访问时间：2018 年 7 月。

三　发展规划与前景

（一）中国本土 VR 内容产业发展前景

环境利好，科技巨头公司纷纷布局，行业之间的相互协作更加紧密，对 VR 内容的理解也会更加深入，VR 内容的质量也会大幅度提高。

宏观环境：政府"十三五"规划提出"大众创业、万众创新"，充分释放社会资源，为新技术、新产业、新业态的发展提供便利的外部环境。

资源方面：中国有着发达的制造业基础，大量资本和团队投入 VR 领域，为 VR 制造和布局提供了强大的技术支持与资金支持。强大的资金支持，使得从事 VR 行业的人员从满足物质需求转变为满足精神需求，促使中国本土 VR 行业从"短、平、快"转变到质量高、效果好、内容精良。

社会方面：伴随着经济的快速发展，中国的 VR 市场有着庞大的潜在用户群体，提供了广阔的市场需求。用户群体的急速扩张会直接促使 VR 行业的发展，如同供与需的关系。

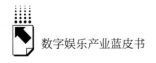
（二）中国本土 VR 内容产业发展的问题

中国本土 VR 内容产业发展目前仍存在问题，由于 VR 入门门槛较高，相比硬件，目前在 VR 的内容制作上，还不存在太激烈的竞争，目前的市场状态还是内容服务于硬件，市场供应严重不足。VR 内容领域的发展还存在以下问题需要克服。

1. 缺乏统一的标准

目前 VR 内容不仅有基于 PC 和手机的差别，各种外设和硬件配置也纷繁复杂。就算是同样基于手机的 VR 内容，也多是基于自身硬件设计开发，因为输入模式与操作模式的不同，难以简单地在不同设备之间通用。由于统一标准的缺乏，为适配不同应用平台，大大增加了内容的制作成本。

2. 制作成本高

VR 内容的应用领域非常广阔，目前主要的内容是游戏和影视领域。但由于制作成本高昂、拍摄制作设备技术不够成熟等原因，VR 内容仍处于非常匮乏的阶段。这里我们拿 VR 游戏与影视进行举例说明。

VR 游戏的开发费用非常昂贵，开发一款轻度的 VR 游戏的成本需要千万美元以上，开发一款中度或重度游戏的成本则又要翻上几番。这远高于手游以及端游的开发成本，按照目前的 VR 消费者数量，投资恐怕难以收回成本。基于目前这种状况，本土 VR 内容制作公司对 VR 游戏内容的制作望而却步。

VR 电影同样也面临着相同的情况，一部 VR 电影的制作成本是普通电影的 6 倍以上。在这里以 VR 特效电影的开山鼻祖《HELP!》为例，这种 5 分钟 VR 短片的制作成本高达 100 万美元。可想而知要制作一部完整版的电影需要多么高昂的成本。放眼整个电影市场，VR 影片数量极其少，内容也停留在以短片和预告片为主的初级阶段，形式也比较粗糙与稚嫩，质量良莠不齐。

3. 设备技术仍需改善

VR 设备是 VR 内容的载体，设备技术的升级可以刺激 VR 内容的质量提升。以 VR 影片内容为例，VR 影片的全景拍摄及动作捕捉的质量很大程度上取决于全景拍摄设备的质量，出于成本的考虑，国内公司制作时使用的多为两个或者多个超广角相机拼接成的双目、多目摄像机。即使价格昂贵、目标客户群体定位高端 VR 摄制团队的专业设备在许多时候也很难达到让人满意的成像效果。所以通过 VR 影片内容行业，我们可以看出 VR 设备的技术仍需完善，这样 VR 内容的质量才会上升，成本才会下降。

（三）中国本土 VR 内容产业发展的挑战

1. 设计

VR/AR 产业将带来所有行业的技术革命，就像计算机互联网和移动互联网影响着当今的各行各业。

但就目前的技术成本对于绝大多数行业来说较高，短短的几年时间，在工程、工业设计、建筑、教育、医疗等依赖于计算机图形图像技术的行业来说，VR 技术将带来显著的技术革命。同时，AR（增强现实）技术、HUD（抬头现实）技术、全息技术、MR（混合现实）技术，在未来的发展会更加迅速。未来，中国大量的设计师和技术团队将致力于研究怎样将虚拟内容从显示屏幕迁移至真实环境的物体表面。

2. 高效

在 VR 内容设计方面，其重要特性与其他媒介产品一致都是交互性。内容设计的重点应该放在设计出高效、实用、与现实世界一致的交互行为方式，交互技术怎样实现，怎样保持迭代是我们发展的机遇。通过内容设计将自己早已掌握纯熟的设计理念及技能运用到 VR 内容设计的产品当中，交互方式更高效、简单、易用、舒适、符合直觉。

3. 核心技术

数字内容的产品设计已经渐渐从二维世界走向三维世界。过去我们将数字内容产品设计的注意力集中在固定尺寸的二维屏幕上，也尝试在二维屏幕的基础上实现跨平台统一性的界面设计。

在 VR 的环境中，传统的二维屏幕不再存在，人们的数字视图没有边缘，而虚拟环境中的元素大小取决于它与虚拟世界的比例关系。越来越多的科技巨头们开始加入打造这样的虚拟世界。未来 VR 内容提供商和软件服务商所创造的虚拟内容将更好地依存于科技巨头们所提供的确定性较高的软硬件平台。这些确定性、稳定性较高的软硬件平台将制定出更加明确的行业标准及核心体验准则，内容和软件服务商依据这些标准原则将自己的内容和产品融入平台系统当中。

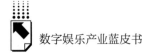

倘若中国本土 VR 内容企业缺少此类核心技术平台，它们则需要依附掌握核心技术的巨头公司，那么未来中国本土 VR 内容的制作就必须遵守掌握核心技术公司所制定的规则、技术，缺少自主性，同时商业成本和商业风险将更大。

参考文献

艾瑞咨询、Greenlight Insight：《中国虚拟现实（VR）行业研究报告——市场数据编》，http：//www. diankeji. com/news/28246. html，最后访问时间：2019 年 1 月 20 日。

iResearch，http：//www. iresearch. com. cn/Detail/report？id = 3016&isfree = 0，最后访问时间：2019 年 1 月 15 日。

《虚拟现实 VR 行业市场统计分析数据报告》，映维网，https：//yivian. com/vrstats，最后访问时间：2019 年 1 月 19 日。

《VR 行业发展前景》，中国报告大厅，http：//www. chinabgao. com/k/VR/32975. html，最后访问时间：2019 年 1 月 21 日。

教育篇

Educational Reports

B.9

2018年中国高校虚拟现实及相关专业研究

张泊平*

摘　要：　虚拟现实行业对VR人才的需求，催生了高校人才培养方向，促进了虚拟现实学科的发展。本文从行业需求的角度出发，研究了中国高校虚拟现实专业设置，研究了虚拟现实专业的人才培养模式，构建出以理论、实践、素质教育为主线的课程体系，以工程应用为主线的实践课程体系和以创新创业为主体的工程素养体系。本方案还只是一个理论框架，要想逐步形成既具有交叉融合，又具有创新特征的人才方案，还有很多的工作要做。本文抛砖引玉，以期为推动中国高校虚拟现实专业发展尽到绵薄之力。

* 张泊平，女，硕士，副教授，毕业于郑州大学，许昌学院数字媒体技术系主任，研究方向：计算机视觉、虚拟现实技术。

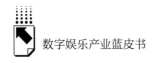

关键词： 高等教育　专业设置　虚拟现实专业

一　中国高校虚拟现实及相关专业研究概述

虚拟现实（Virtual Reality，VR）是拉尼尔在 20 世纪 80 年代初提出的。[①]虚拟现实技术利用计算机模拟一个三维空间，为用户提供视觉、听觉、触觉等感官的模拟，用户可以实时地、没有限制地观察三维空间的事物，让用户有身临其境的感觉。[②]

虚拟现实技术作为 21 世纪影响人们生活的重要技术之一，其应用已涵盖医学[③④]、教育[⑤]、科学研究[⑥]、数学[⑦]、影视娱乐以及军事等方面。虚拟现实综合运用了计算机图形技术、多媒体技术、网络技术、虚拟仿真技术、传感器技术、人机交互技术、立体显示技术等很多领域的技术，是一种在交叉领域应用的计算机技术。

虚拟现实的硬件成本高、内容水平有限等问题，导致其出现之初未能得到普及。直到近几年，Oculus、HTC、索尼等大公司不断研究和探索，让普通消费者有了消费 VR 产品的机会，虚拟现实行业迎来爆发期。2016 年 VR 行业经历了资本的火热和行业的寒冬，被称作"VR 元年"。2017 年 VR 市场趋于冷

① 胡小强：《虚拟现实技术与应用》，高等教育出版社，2004。
② 张泊平：《虚拟现实理论与实践》，清华大学出版社，2017。
③ Henderson A., Korner-Bitensky N., Levin M., "Virtual Reality in Stroke Rehabilitation: A Systematic Review of Its Effectiveness for Upper Limb Motor Recovery," *Topics in Stroke Rehabilitation* 2 (2007): 52 –61.
④ Krijn M., Emmelkamp P. M. G., Olafsson R. P., et al., "Virtual Reality Exposure Therapy of Anxiety Disorders: A Review," *Clinical Psychology Review* 3 (2004): 259 – 281。
⑤ Park K. M., Ku J., Choi S. H., et al., "A Virtual Reality Application in Role-plays of Social Skills Training for Schizophrenia: A Randomized, Controlled Trial," *Psychiatry Research* 2 (2011): 166 – 172.
⑥ Bryson S., "Virtual Reality in Scientific Visua Lization," *Communications of the ACM* 5 (1996): 62 – 71.
⑦ Song K. S., Lee W. Y., "A Virtual Reality Application for Geometry Classes," *Journal of Computer Assisted Learning* 2 (2002): 149 – 156.

静，不论是 VR 硬件开发、VR 内容制作，还是其他更基础的领域，投资人都在潜心研究，以解决 VR 行业发展中遇到的根本问题。如何让客户拥有一个完美、真实的感官体验，是 2018 年 VR 行业需要解决的根本问题，也是 VR 行业的经济增长点。① 随着 VR 技术在城市规划、房地产、教育、影视等各个领域的影响，资本市场对于 VR 行业的看好，使得 VR 创业公司层出不穷，这也导致了 VR 行业人才的缺乏。

市场研究机构 IDC 发布的最新报告，预计到 2020 年全球增强现实（AR）和虚拟现实（VR）市场营收将从当前的 52 亿美元增长至 1620 亿美元，这意味着未来五年全球 AR/VR 市场年增长率将高达 181.3%。报告显示，中国 VR 行业人才需求位居全球第二，仅次于美国。根据 Gartner 预计，2018 年底 VR 设备销量将达 2500 万台。市场普遍认为，伴随面向消费市场的硬件和内容的批量上市，多家巨头在 CES 和 MWC 中屡出新品就是一个特别的信号。预计到 2020 年，全球头戴 VR 设备年销量将达 4000 万台左右，市场规模约 400 亿元，加上内容服务和企业级应用，市场容量将超过千亿元。② 在如此大的市场需求面前，VR 行业人才是市场的宠儿，图 1 是市场人才需求调研的统计图。

从图 1 中可以看出，虚拟现实市场需要 36% 的三维建模工程师、31% 的平面设计师，也需要 16% 的交互设计师，17% 的前期策划、市场推广、项目管理等人才。技术型人才占据了 VR 行业的半壁江山，虽然 2018 年下半年有很多人离开了虚拟现实行业，但是，高端人才的供不应求是整个行业的现状，也是亟待解决的问题。

虚拟现实行业对 VR 人才的需求，催生了高校人才的培养方向，造就了虚拟现实学科的发展。在 2018 年 1 月，教育部刚刚公布的全国高校 612 个新工科项目公示结果中，虚拟现实类专业成为热门专业。③ 本文主要从行业需求的角度研究中国高校虚拟现实专业及相关专业设置，研究虚拟现实专业的人才培

---

① 《IDC 报告发布：预计 AR/VR 市场将现高速增长》，中研网·市场分析，http://www.chinairn.com/scfx/20160817/095740480.shtml，最后访问时间：2019 年 1 月 24 日。
② 《首届全球虚拟现实与增强现实中国峰会开幕》，《信息技术与信息化》2016 年第 9 期。
③ 《未来传媒业技术人才需求调查显示：新兴岗位 VR/AR 领域占比三分之一》，搜狐网，http://www.sohu.com/a/224402362_805099，最后访问时间：2019 年 1 月 24 日。

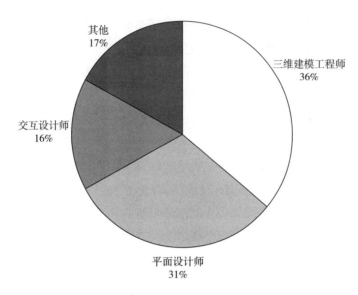

图1　市场人才需求调研

养模式、课程体系设计、实践教学体系设计，以期为推动中国高校虚拟现实专业发展计算机科学与技术的二级学科，尽到绵薄之力。

二　高校虚拟现实专业发展现状

（一）国外高校虚拟现实专业发展状况

国外对于虚拟现实技术的研究起步较早。同时，国外虚拟现实技术的教育也处于领先地位。第一个虚拟现实设备是1962年在美国由电影摄影师摩根·海灵格（Morton Heiling）设计的"全传感仿真器"（Sensorama Simulator）。[①]首个VR和AR专业也于2016年在美国加州圣何塞的科格斯维尔（The Cogswell College）开办。随后，美国爱荷华州立大学（Iowa State University）、华盛顿大学、澳大利亚迪肯大学及英国格拉斯哥大学（The University of Glasgow）、伦敦大学学院（University College London）、斯塔福德大学

---

① Burdea G. C. , Coiffet P. , Virtual Reality Technology, John Wiley & Sons, 2003.

（Staffordshire University）等大学相继开设了虚拟现实相关专业，旨在培养学生对虚拟现实技术理论的理解、应用以及实践设计操作能力。例如斯塔福德大学的虚拟现实设计专业（Virtual Reality Design），其专业课程包括导论、虚拟现实、人物设计、布景设计、动画及动作捕捉、增强现实、摄影制图法（photogrammetry）、建筑及物品可视化以及超现实，学生最后将以游戏设计的形式完成最后的学业。"澳大利亚的迪肯大学已经将 AR 技术作为新型教育工作必备的专项技能之一，在医学院的医疗课程上引入一款 AR 应用，它将人体重要器官的图像显示在智能手机上。"迪肯大学在 2018 年 7 月设立虚拟现实的硕士研究生专业，为虚拟现实培养更多的实用性人才。伦敦艺术大学（UAL）旗下的伦敦传媒学院（LCC）宣布欧洲第一个专门的"虚拟现实"（VR）专业硕士学位课程已于 2018 年 10 月开班，学院同时宣布该专业本科课程将在 2019 年开始招生。[①] 除此之外，还有很多大学针对 VR 技术开设了相关课程。比如美国华盛顿大学的计算机专业就与微软 HoloLens 团队合作，开设了全球首个 VR/VR 相关课程，并且授课方式也在不断完善。

（二）国内高校虚拟现实专业发展状况

国内虚拟现实专业开设较晚，目前很多大学基本没有虚拟现实这个专业，某些高校比如清华大学和浙江大学，已经在计算机专业和数字媒体专业方面开通了虚拟现实技术基础与应用课程，但专业体系的课程还比较少。在教育部 2012 年的学科划分中，数字媒体技术在计算机学科之下，教育部成立了"动画、数字媒体专业教学指导委员会"。目前，虚拟现实专业还没有上升到二级学科的概念，但是随着虚拟现实专业的发展，不久将被国家纳入学科教育中。

虚拟现实专业虽然还没有被正式列入学科层面进行建设，但有很多相关专业已经开设了虚拟现实相关课程，这些专业可以分为计算机、光学、电子、生物学、机械、通信工程等几个专业。早在 2012 年，三十多所高校联合成立了"中国 VR 艺术研究中心"，[②] 北京电影学院党委副书记孙立军担任主任，这应

---

① 李霄鹏：《英国开设全欧首个"虚拟现实"专业》，《中国教育报》2018 年 11 月 9 日，第 6 版。

② 刘胜男、邹轶凡：《国内首个虚拟现实艺术专业方向的四年摸索——专访南京艺术学院传媒学院副院长盛瑨》，《中国传媒科技》2015 年第 8 期。

该是既与大学融合又与行业接轨的一个虚拟现实专门机构。2016年10月，中国传媒大学联合厦门大学、内蒙古师范大学、北京信息科技大学、河北传媒学院等国内数十所高校，成功召开了中国首届高校虚拟现实学科建设研讨会，并发布了国内首个虚拟现实课程标准（草案），① 许多高校即将开设虚拟现实新学科，同时，也在尝试利用虚拟现实技术变革传统教学，2017年被称为高校虚拟现实专业建设的元年。②

2018年9月，教育部发布的《普通高等学校高等职业教育（专科）专业目录》，在职业教育中增补了虚拟现实应用技术专业。新增补的虚拟现实应用技术专业大类为电子信息大类，专业类为计算机类，2019年将正式开始招生。③ 我们相信，虚拟现实本科教育也正在孕育生长，不久的将来也会纳入本科招生专业中，虚拟现实教育正在步入正轨，走向标准和普及。这会让越来越多的人正确认识虚拟现实技术，也会促进这一技术的快速发展。

但是，虚拟现实专业目前还缺少一个标准化的专业建设及人才培养方案、课程体系及实践课程体系，系列教材、师资队伍等系统性建设，也无先行经验可供借鉴。如何进行人才培养，如何构建实训体系，如何建设师资队伍，目前还存在很多问题。

三　高校虚拟现实专业建设

虚拟现实技术是一个交叉领域，涉及人工智能、计算机科学、数字媒体技术、数字媒体艺术、通信工程、电子学、传感器、人机交互、计算机图形学、传播学等学科，是许多相关学科领域交叉、集成的产物，知识领域主要包括计算机仿真、自然技能、环境感知和传感设备等方面的知识。虚拟现实专业建设应该紧紧围绕虚拟现实技术行业发展，在办学层次上可以覆盖应用型本科和专科两个层次。面向市场需求确定培养目标，依据培养目标确定课程体系，按照学科发展构建重素质、强能力、多方向、助就业的人才培养模式，建立渗透式

---

① 《2017年虚拟/增强现实白皮书》，http：//www.sohu.com/a/195540376_673855。
② 艾瑞咨询、Greenlight Insights：《2017中国VR虚拟现实行业研究报告》。
③ 教育部网站，http：//www.moe.gov.cn/。

实践教学体系，不断开发理论联系实际的系列特色课程。

根据目前虚拟现实行业对于人才的需求，虚拟现实专业人才培养目标定位为：培养德、智、体、美全面发展，具备虚拟现实基本理论与基础知识，具有虚拟现实与增强现实专业思想与专业知识，掌握虚拟现实、增强现实技术相关专业理论知识，掌握虚拟现实系统开发能力，拥有虚拟现实、增强现实项目交互功能设计与开发、三维模型与动画制作、软硬件平台设备搭建和调试等能力，拥有VR美术设计、VR游戏开发、VR动画设计、全景影视、AR开发等工程应用能力，能够从事虚拟现实、增强现实项目设计、开发、调试等工作，能在政府机关、企事业单位等部门从事虚拟现实相关开发与制作的应用型高级专业人才。

毕业生应具备以下能力：[①]

（1）具有对新知识、新技能的学习能力和创新创业能力；

（2）掌握虚拟现实、增强现实技术相关专业理论知识；

（3）具有虚拟现实、增强现实主流引擎交互功能开发能力；

（4）具有虚拟现实、增强现实三维模型、动画设计与制作能力；

（5）具有搭建和维护虚拟现实、增强现实常用软硬件设备或平台的能力；

（6）具有全景图片、全景视频的拍摄和后期处理能力；

（7）具有虚拟现实、增强现实技术应用的实践能力。

（一）虚拟现实专业人才培养模式

虚拟现实产业是国家战略性新兴产业，虚拟现实专业建设应根据国家新兴工科专业建设背景，针对虚拟现实行业特点和人才培养现状，以理论、实践、素质教育为主线，构建人才培养体系，把基本技能、专业技能、综合技能、职业技能作为人才培养的核心。[②] 在人才培养模式上，应充分利用政府、国内外行业企业、科研院所、国内外高校的优质资源，共建共享教学平台，打造虚拟现实专业教育的新生态，形成校企结合、产学融合的多主体协同培养的人才教育共同体，构建多主体协同培养的新模式、新机制。

---

① 搜狐网，http：//www.sohu.com/a/257792277_106610，最后访问时间：2019年1月24日。

② 吴国玺、孙艳丽：《地方性院校应用型人才培养模式研究——以许昌学院城市与环境学院为例》，《河北民族师范学院学报》2013年第3期。

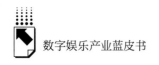

（二）构建以理论、实践、素质教育为主线的课程体系

虚拟现实专业课程体系建设应该结合学科特点和专业特色，注重理论知识和实践能力的培养，充分考虑社会人才需求和学生个性化发展之间的关系，注重学生工程素质和科学素养的课程设置，增加工程教育课程在专业上的开设比例。在夯实专业知识的基础上，扩大选修课的比重，形成极具特色的课程体系。[①]

虚拟现实专业课程体系包括通识类课程、专业基础课程、专业核心课程、专业选修课程、实践类课程、创新类课程。技术学科课程涵盖了视频、音频等媒体采集与处理、人机交互工程设计、新媒体处理软件二次开发等技术，主要包括计算机学科基础类课程、图形图像应用技术类课程，如计算机程序设计基础、计算机网络原理、数据结构、数据库原理与应用、计算机图形学、数字图像处理、计算机视觉、数字音视频处理、人工智能、VR 动画设计、VR 游戏开发、全景影视、AR 开发等。艺术学科包括美术基础、VR 美术设计等。美术基础包括设计素描、设计色彩和三大构成等课程；VR 美术设计包括 VR 三维模型制作、VR 场景制作、VR 角色制作等课程。人文社科主要包括传播与文化、计算机文化、游戏文化等。在教学实践中，课程体系建设必须拓宽通识类基础课程，强化专业基础课程，精选专业选修课程，不断完善实践课程，构建专业创新课程，实现创新型人才的培养。[②]

1. 开设通识类基础课程

开设马克思主义基本原理、毛泽东思想、邓小平理论、政治经济学、道德修养与法律、体育与健康等课程，加强外语、计算机、数学、普通物理等课程教学。外语应贯穿教学的始终，数学应开设高等数学、概率与数理统计、线性代数等多门课程。[③]

---

① 张泊平、李国庆：《地方本科院校卓越工程人才培养模式研究——以许昌学院数字媒体技术专业为例》《河南科技学院学报》2012 年第 6 期。

② 廖琪男、廖玉等：《面向应用的数字媒体技术专业课程体系的构建》，《计算机教育》2009 年第 18 期。

③ 张泊平、李国庆等：《基于创新型人才培养的数字媒体技术专业课程体系优化》，《全国数字媒体技术专业建设与人才培养研讨会论文集》，2011。

2. 加强专业基础课程建设

在控制总课时的前提下，应当分别设置虚拟现实技术专业导论、高级语言程序设计、美术基础、图形图像设计基础、动画设计基础、数码影像技术、面向对象程序设计、数据结构、多媒体数据库、计算机网络、计算机组成原理、计算机图形学、数字图像处理及应用等。

3. 拔高专业核心课程

专业核心课程应包括三维数字建模技术、三维动画技术、虚拟现实技术、VR 动画设计、全景影视、VR 游戏开发、VR 移动开发、AR 开发、互动媒体系统设计等。

4. 精选专业拓展课程

专业选修课程应开设离散数学、算法设计与分析、计算机辅助几何设计、数字内容制作、动画运动规律、游戏设计与开发基础、游戏策划、UI 设计等选修课程。

5. 重视实践课程

实践教学课有实验、实训、实习三种形式，应保证足够的课时。根据目前虚拟现实专业建设方法和手段的更新，应当加强和完善实践类课程建设，主要包括实验课程、实习课程和实训课程的建设，包括专业课程实习、独立实验课（VR 动画课程设计、VR 开发课程设计、AR 开发课程设计）、模块化项目训练、专业实习、毕业设计。同时引进优质资源，加强实训平台和资源共享平台建设，引进企业工程师，走进课堂，让学生零距离感受企业项目。

6. 构建创新型课程

为提高学生的学习产出能力，有必要开设信息技术前沿、文献阅读与写作、毕业论文写作、科技论文写作等创新型课程，提高学生的创新创业能力。课程设置如表 1 所示。

表 1　虚拟现实专业课程设置

课程类别	课程内容
创新类课程	知识创新课程、信息技术前沿、文献阅读与检索、毕业论文写作、科技论文
实践类课程	课内实验、课外实验、独立实验课（VR 动画课程设计、VR 开发课程设计、AR 开发课程设计）、实验周（模块化项目训练）、专业实习、毕业设计

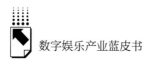

续表

课程类别	课程内容
专业选修课	动态网站开发、动画运动规律、虚拟现实技术、离散数学、算法设计与分析、计算机辅助几何设计、数字内容制作、动画运动规律、游戏程序设计、移动游戏开发、游戏策划、UI 设计
专业核心课	三维数字建模技术、三维动画技术、虚拟现实技术、VR 动画设计、全景影视、VR 游戏开发、VR 移动开发、AR 开发、互动媒体系统设计
专业基础课	虚拟现实技术专业导论、高级语言程序设计、美术基础、图像处理基础、三维动画设计、摄影摄像技术、面向对象程序设计、数据结构、多媒体数据库、计算机网络、计算机组成原理、计算机图形学
通识类课程	马克思主义基本原理、毛泽东思想、邓小平理论、政治经济学、外语、计算机、高等数学、概率与数理统计、道德修养与法律、体育与健康

数据来源：徐赛华：《数字媒体技术专业 VR 虚拟现实方向人才培养模式的研究》,《电脑知识与技术》2016 年第 12 期。

（三）构建以工程能力为主线的实践课程体系

围绕虚拟现实专业人才市场需求进行实践技能训练，突出具有创新能力的高素质应用人才培养，建立虚拟现实专业，涵盖 VR 艺术设计基础、VR 开发基础、VR/AR 开发实践的"三位一体"的实践教学课程体系，如图 2 所示。VR 艺术设计基础课程教学的目的是培养学生平面设计能力、三维设计能力、交互式媒体设计能力、网络新媒体设计能力，重在加强学生在艺术素养方面的训练，主要包含数字设计素描、设计色彩、三大构成和空间造型课程。在培养学生手绘技法的同时注重手绘和电脑绘画的结合，培养学生数字内容的艺术设计能力。[1] VR 开发基础实践课程主要包括计算机基本编程、面向对象的程序设计、图形图像处理类实践、VR 游戏开发引擎、人工智能等实践，注重培养学生脚本编程和网络环境开发能力的训练。通过系统性训练，提升课程体系的综合性，强化课程体系的设计性与创新性，围绕学生的专业产出能力、创新人才培养模式，构建实践课程体系。

---

[1] 淮永建、王立臣等：《"数字媒体艺术"专业实践教学体系建设》,《计算机教育》2009 年第 19 期。

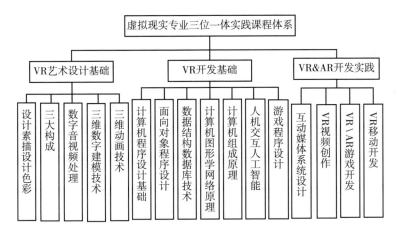

图2　数字媒体技术专业实践课程体系

（四）虚拟现实专业课程之间的联系

上述课程体系中，专业基础课程是为拓宽学生的视野做准备的，也是专业教育过程中的强化基础环节。理论课程体系基于虚拟现实专业教育的完整性和系统性，实践类课程体系相对独立，但又与整个教学计划有机融合。整个课程体系突出以学习产出、创新创业为主体的工程素养教育，课程之间的关系如表2所示。

表2　虚拟现实专业课程体系

课程类别	课程内容	作用
研究类课程	创意和设计课程开发、具体创意、策划、规划、管理、实施和运作	升华
实践类课程	比赛、VR开发课程设计、VR动画课程设计、AR开发课程设计	活化
技能类课程	基本技能、综合技能、专业技能、职业技能	支撑
原理类课程	计算机程序设计、数据结构、计算机组成原理、多媒体数据库、计算机图形学、三维数字建模技术、数字图像处理、计算机图形学、角色设计与动画、非线性编辑、影视后期合成	奠基

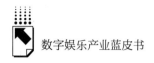

四　虚拟现实专业建设总结

高校虚拟现实专业建设还只是一个理论框架，要想逐步形成既具有交叉融合又具有创新特征的人才方案，还有很多的工作要做，这项工作才刚刚开始。在实践中以学生为中心，按照企业需求培养人才，构建虚拟现实专业、科学的课程体系，注重素质教育的培养，并且持续改进、顺势应变、深化改革，虚拟现实专业才会发展得更快。在建设过程中，可以利用多种资源，探索校企合作机制，构建多主体协同育人模式，拓宽就业通道，才能使毕业生在社会变化中居于主动地位。

参考文献

工业和信息化部：《关于加快推进虚拟现实产业发展的指导意见》，http：//www. miit. gov. cn/n1146295/n1652858/n1652930/n3757021/c6559806/content. html。

《2018 年我国 AR/VR 行业收入规模预测分析》，中国产业信息网，http：//www. chyxx. com/industry/201801/601713. html。

《数据 | 2018 年游戏产业年报》，搜狐网，http：//www. sohu. com/a/297137193_120099899，最后访问时间：2018 年 12 月 23 日。

《2017 中国 VR 虚拟现实行业研究报告》，VR 网，https：//news. hiavr. com/news/detail/39386. html？ type = 1。

VRCORE 开发者社区：《2018 年中国虚拟现实开发者报告》，http：//awards. vrcore. org/，最后访问时间：2019 年 1 月 24 日。

HTC VIVEPORT，https：//www. viveport. com。

B.10
2018年中国虚拟现实人才培训研究

张帆　朱晴　赵广毅　李舜曼*

摘　要： 本文围绕虚拟现实方面的人才培训教育，收集、整理虚拟现实在教育产业领域的相关数据。通过分析国内外虚拟现实教育市场数据、虚拟现实产业环境和政策等，总结中国虚拟现实产业的发展前景和遇到的问题。得出，虚拟现实可作为传统教育理念的补充，提高教育的实践性。同时，也要从虚拟现实的软硬件以及内容开发、政府扶持政策等方面下功夫。

关键词： 虚拟现实　虚拟现实教育　虚拟现实教育政策

一　虚拟现实在教育领域的应用

（一）虚拟现实在国内高校教育中的应用

虚拟现实技术的存在可以为学生提供更加逼真的模拟学习环境。此外，对所获知识的理解将更深入，实践能力将得到提高。运用虚拟现实技术，学生可以与别的学习者进行更立体的沟通与交流，具有更好的体验感，对所学知识进行巩固，提升了学习兴趣。此技术弥补了高校在课程教学条件上的一些不足，使学生可以更好地去体验、掌握与提升他们的专业技能。

---

* 张帆，浙江传媒学院新媒体学院数字媒体技术（数字游戏设计方向）讲师、系副主任，虚拟现实与游戏设计实验室负责人，研究方向为游戏技术、数字娱乐交互技术；朱晴，2015级浙江传媒学院新媒体学院数字媒体技术（游戏方向）学生；赵广毅，2016级浙江传媒学院新媒体学院数字媒体技术（游戏方向）学生；李舜曼，浙江经贸职业技术学院学生处辅导员，助教，研究方向为教育心理学。

西安工业大学的虚拟现实工程技术研究中心，在虚拟现实、虚拟仿真与虚拟制造等方面具有不小的研究优势，他们集中优势进行虚拟人的技术研究、虚拟现实引擎的设计与实现等。

北京航空航天大学计算机系是国内最早进行虚拟现实技术研究的单位，主要研究方向是虚拟现实与可视化新技术，他们将这些技术应用于飞行员训练的虚拟现实系统、虚拟现实应用系统等的平台开发中。

清华大学和国内的几所知名高校在虚拟样机上同样有着比较成熟的研究成果，例如在工业仿真中，以数字化的虚拟样机技术对模型进行各种动态性能分析，并且改进设计预案。这样做不仅减少了产品研发的成本，也提高了产品的质量。

浙江大学 CAD&CG 国家重点实验室也在此领域有所涉足，他们开发出一套桌面型的虚拟建筑环境实时漫游系统。这个系统利用简洁的交互方式，采用层面叠加的绘制技术和预消隐技术，使得画面传输快且逼真。

北京电影学院和北京师范大学于 2016 年 12 月成立了 VR 教育战略合作体，拟在虚拟现实领域探索、建立、拓宽基于虚拟现实技术的应用领域，并形成一套普适教育范式。[①]

浙江传媒学院自 2012 年开始尝试挖掘利用 VR、AR、手势识别、体感识别等技术，结合心理学、教育学、动画、影视等，研究、开发关于儿童行为习惯培养的软件。通过这些软件，能够在一定程度上对培养儿童的日常良好行为习惯提供辅助作用。

（二）虚拟现实在国内中小学教育中的应用

北邮李铁萌等人设计并开发了一款 AR 识字软件，针对幼儿园儿童的学习问题，系统可以发掘幼儿园儿童的识字能力和增强他们对生字学习的记忆效果；青岛海逸学校开展的"VR 海洋教室"等，把虚拟现实技术带进课堂，许多学校都有过类似的教育尝试，但是规模小，尝鲜意味很重，大多未被报道。但这类尝鲜教育处于一种粗放式、体验式的状态，与主科教育无缘但与素质教育挂钩。

---

① 强跃：《国内外虚拟现实技术的发展及教育应用》，http：//www.docin.com/p - 710861518. html&isPay = 1，最后访问时间：2018 年 12 月 20 日。

（三）虚拟现实在国际教育领域的应用

VR 技术正在进行全球化的发展，作为 VR 技术的发源地，美国的创新研究方式在世界上占有一席之地。VR 作为一种创新技术，也被引入美国的部分院校的教育中，并且 VR 带来的可视化对于一些抽象内容的传达有显著作用。将 VR 技术引入教育，也为其他国家的创新教育提供了一些思路。

1. 美国建立虚拟网络学校

（1）1997 年，美国佛罗里达州作为 VR 教育的开创地，创立了全球第一个为 K－12 所有年级提供相关学习课程的虚拟网络学校，其注册学生已遍及美国 35 个州。州立 VR 虚拟学校已成功为 74 万人提供虚拟教学服务，达到在校人数的 13％，而在佛罗里达州，借助 VR 技术指导学习的学生比例甚至高达 48％。大量学生通过网络教学进行学校课程的学习和知识的获取，虚拟学校的教学信息化程度达到非常高的水准。[①]

（2）自创立到 2014 年，美国拥有州立虚拟网络学校的州已达到 25 个。互联网的高速传播和信息的快速流通让虚拟学习不再是一个遥不可及的梦。即使不在学校，学生们也能够以 VR 技术的方式体验到逼真的讲堂氛围。而凭借着互联网强大的传播能力被传递到各个角落，越来越多的开放性内容也开始登上网络舞台。

2. VR 应用于考古教学研究

美国北达科他州立大学考古技术研究实验室（NDSU Archaeology Techn0109ies Laboratory）开发的名为 "On－A－Slant" 的虚拟考古（Virtual Archaeologist）项目能够通过虚拟现实技术生动再现 1837 年前后，美国上部大平原区域居民的生活状况。学生通过 "虚拟考古" 软件技术，就像在真实场景中考古一样。通过这样的方式来进行考古的学习，既避免了初学者犯错造成历史文物的损坏，又能积累更多的实地考古经验。

3. VR 应用于医学教育研究

加拿大萨斯喀彻温大学的创新技术远近闻名，在世界上享有盛誉。他们也通过 VR 技术来向医学院的学生授课，而其研究表明，通过结合虚拟现实技

---

① 《现代教育技术》，VR 教育网，http：//www.vrjiaoyu.com/mall.cnki.net/magazine/magadetail./XJJS201708.htm? tdsour tag＝s_ pctim_ aid，最后访问时间：2018 年 12 月。

术，仅仅课堂时间 8 分钟的 VR 情景学习，就能够将学生学习的准确度提高 20%。萨斯喀彻温大学的 VR 情景学习作为加拿大的第一起 VR 教学实验案例，极大提高了学生的学习效率，同时沉浸式与交互式的学习还能让学生的学习热情得到提升。

4. 谷歌 VR 教育计划 Expeditions 将把虚拟现实技术带入课堂

谷歌也针对 VR 设备发布了 Daydream 一体化头显。除 VR 之外，谷歌还宣布了与增强现实相关的技术发展与信息，Expeditions 的目标是将 VR 技术跟教育结合起来，这样学生就能够更加真实地感受课堂氛围，VR 能够拉近学生与课堂的关系。

Expeditions 可允许学生通过谷歌 Cardboard 来一次虚拟校外实地考察，再加上 AR 功能后，学生将能够在教室里看到数字对象叠加在现实之中。

（四）虚拟现实在其他教育领域中的应用

VR 不只在学校教育中可以找到用武之地，其应用的领域很广，主要还应用在健康、娱乐、文化、医疗、工业和军事等各个领域。从医学研究、政治宣传到青年创意工具，VR 都可以用来作为更加真实高效的教育指导的一项工具。

当下许多行业也趁着 VR 技术的热潮，抢先占据 VR 教育市场。比如巧克互动针对英语学习设计与开发了 VR class 这一虚拟教学软件；新东方和乐视则强强联手，进军 VR 全景式教学；凤凰传媒推出"100 唯尔教育网"。

而在国际教育领域，VR、AR 技术的潜力也十分可观。如美国流行的研究报告[1]称，使用称为 Mobis（移动物体识别系统）的 AR 应用程序能够测试自闭症学生在治疗过程中注意力是否持续和选择性增加，以此增加研究与自闭症相关的多种解决方案的机会，同时 VR 也是帮助自闭症儿童学习社交互动和非语言暗示的有效工具；此外，相关研究论文表示，用于 3D 人体器官模拟的学习应用相关的 VR 认知和理论，能够降低高昂的实验成本；而澳大利亚未来学校博览会上 Smart Stone 和 Pico 联手展示了 Microorganism、Pollination、Water Cycle、The Heart and Circulatory System 等优质 VR 教学内容，覆盖生物、自然科学等领域。

---

[1] "Understanding the Potential of AR and VR for Autistic Children", http://virtualrealityforeducation.com/understanding-the-potential-of-ar-and-vr-for-autistic-children/，最后访问时间：2018 年 12 月 17 日。

这些技术为师生带来耳目一新的沉浸式学习体验，改善了教学效果。

当今社会需要新鲜的技术推动教育的发展。真实、互动、情节化，这些都是 VR 技术独特的魅力所在。将 VR 技术引入教育，引入课堂，跟真实情境相结合，实现远程学习、协作学习等多种功能，能够解决很多曾经或许难以解决的教育问题，这就是创新式教育的价值。

二　2018年虚拟现实教育产业分析

（一）国际虚拟现实教育产业分析

1. 国外 VR 市场概况

（1）AR/VR/MR 行业风险资本投资概览

由图 1 可以看到，2017～2018 年，AR、VR 的创企公布融资额投入情况，总体来说逐步上涨，全年波动相对较大。其中 2017 年 5 月和 10 月、2018 年 3 月分别出现了融资高峰期，且融资总体数值居于高位（见图2）。

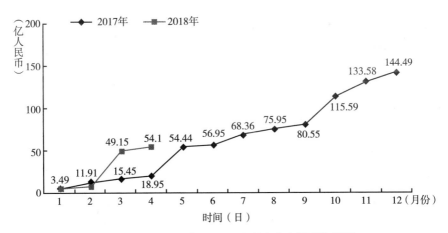

图1　2017～2018 年 AR、VR 创企公布投融资总额

资料来源：《全球 AR - VR 创企公布投资金额》，映维网，https：//yivian.com/news/chart/ar - vr - capital - total，最后访问时间：2018 年 4 月。

由此也表明，目前全球对 VR、AR 技术的较高期望和未来发展的较大不确定性。

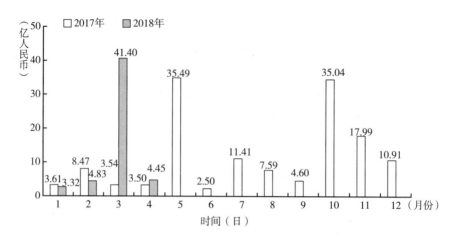

图 2　AR、VR 创企公布投融资

资料来源：《2018 年 AR/VR/MR 行业风险资本投资概览》，映维网，https：//
yivian. com/2018 - xr - fund，最后访问时间：2018 年 4 月。

（2）全球虚拟现实软件和硬件市场规模稳步提升

据统计数据预测，从 2016 年到 2021 年的六年内，消费者虚拟现实软件和
硬件市场将席卷全球。2018 年，消费者虚拟现实市场预计将达到 45 亿美元。
市场发展的速率，在 2017 ~ 2018 年有较以往飞速的提升，而到 2021 年，将达
到 190 亿美元（见图 3）。

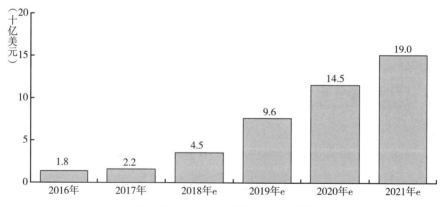

图 3　2016 ~ 2021 年虚拟现实消费预测

资料来源：Statista，https：//www. statista. com/Forecast augmented（AR）and virtual neality
（VR）market size worldwide from 2016 to 2021，最后访问时间：2018 年 4 月。

从图3中可以看出，虚拟现实软件和硬件在全球范围内都在稳步扩大市场，2018～2021年，预计都会有不小的上涨，而上升速率的波动相对较小。

2. 国内虚拟现实教育产业发展趋势

从VR教育在Google上的搜索热度随时间变化的趋势来看，从2015年起，用户对于VR在教育领域的内容有了明显的关注度提升。这之后虽然存在波动，但不难看出，2017年前后用户对于VR教育的关注度在整个时间线中达到相对的峰值。

整体而言，VR教育在全球的关注度从2016～2017年的骤长，往后略微呈下滑趋势，但依然有一定的关注度。

3. 产业预测

Technavio发布了2018～2022年全球教育行业虚拟现实市场的新市场研究报告，据Technavio的分析师预测，教育行业的全球虚拟现实市场在2018～2022年的复合年增长率为43%（见图4）。

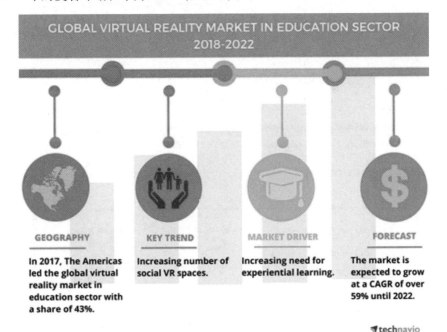

图4　全球教育虚拟现实市场预测

资料来源：Business Ware，https：//www. businesswire. com/news/home/20180223005844/en/Global – Virtual – Reality – Market – Education – Sector – – Global Virtual Reality Market in Education Sector – Social VR Spacs on the Risel Technavio，最后访问时间：2018年4月。

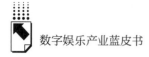

4. 用户调查

在全年龄段用户数据调查过程中发现，在对虚拟现实技术感兴趣的人群中，26％的用户对虚拟现实教育感兴趣。可见 VR 在教育领域依然有期望值，中期发展还任重道远。

以美国高校为代表，以下是高校师生群体对 VR 在教育方面应用的一些调查。

一些国外的学校瞄准了 VR 在教育领域的应用价值，对于 VR 在教育领域的发展趋势做了针对性的用户调查。调查显示，多数人对 VR 技术的理解还停留在了解阶段，而确实有一少部分人已经开始研究或试图把教育和 VR 联系起来（见图 5）。

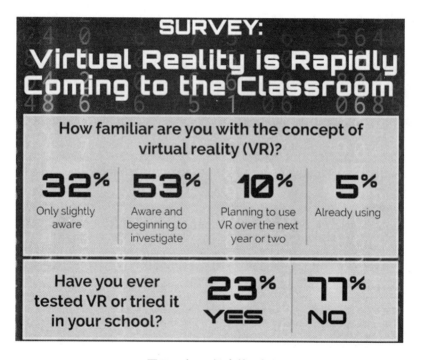

图 5　对 VR 概念的了解

资料来源：Extreme，https：//content. extremenetworks. com/extreme – networks – blog/virtual – reality – surging – into – the – classroom – 2 virtual Reality Surging Into the Classroom，最后访问时间：2018 年 4 月。

而在 VR 教育领域，该技术和设备的应用十分广泛，几乎涉及大部分类别的课程教育，调查数据显示，其中有超过半数用户表示对 VR 针对科学技术方向的教育有过体验（见图6）。

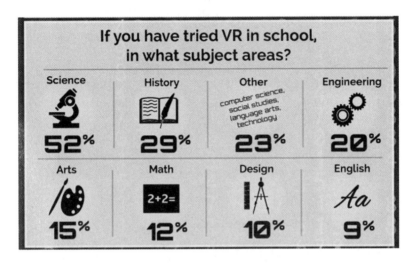

图6　VR 在哪些领域有过应用

资料来源：Extreme，https：//content. extremenetworks. com/extreme – networks – blog/virtual – reality – surging – into – the – classroom – 2 Virtual Reality Surging Into The Classrom，最后访问时间：2018 年 4 月。

同时，调查学生中仅有6%的学生表示所在学校有 VR 技术用于教学的保证，而有55%的学生表示希望学校能够使用 VR 进行教学，相对的，拒绝 VR 技术引进校园的学生数仅占4% （见图7）。

从 VR 设备在学校的引进程度和学生对于 VR 教学的期望值来看，VR 技术在教育层面还有很大的发展空间。

（二）国内虚拟现实教育产业分析

1. 中国 VR 市场概况

（1）市场规模增速加快，中国将成为全球最大的 VR 市场

2016 年，中国的 VR 市场为 34. 6 亿元。在未来五年内，VR 市场将以不低于80%的复合年增长率增长。据估计，到2021 年，中国将成为全球最大的虚拟现实市场，整个行业规模将达到790. 2 亿元（见图8）。

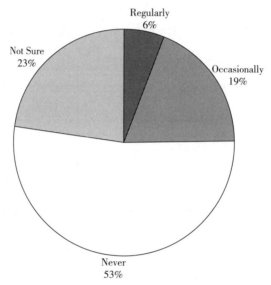

How often does your school use VR?

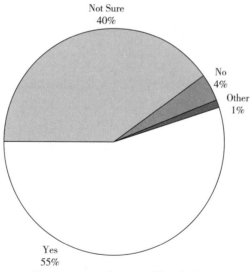

Do you expect or plan to use VR in the future?

图 7　学生对使用 VR 教育的意见

资料来源：Extreme，https：//content. extremenetworks. com/extreme －
networks － blog/virtual － reality － surging － into － the － classroom － 2 Virtual
Reality Surging Into The Classroom，最后访问时间：2018 年 4 月。

图 8 2016～2021 年中国 VR 市场规模

资料来源：艾瑞咨询、Greenlight Insights《2017 中国虚拟现实（VR）行业研究报告——市场数据篇》，https：//www. hiavr. com/news/industry/39386. html，最后访问时间：2018 年 4 月。

（2）内容市场将成为占比第一的细分市场

2016 年，中国 VR 市场最大的细分市场是 VR 头戴设备，市场规模为 20. 5 亿元，占总量的 59. 2%（见图 9）。目前的 VR 内容市场（包括消费级内容、企业内容和 VR 营销）将在未来五年内快速增长，预计 2021 年的市场规模为 386. 4 亿元。这种现象意味着 VR 内容市场将达到整体市场规模的近 50%，内容市场将成为 VR 市场中最大的细分市场。

（3）未来几年虚拟现实市场仍有很大发展空间

2015 年及之前，国内虚拟现实产业的重点主要集中在硬件领域，但 VR 硬件的发展受限于缺乏内容。2016 年，VR 应用市场受到市场的广泛关注，尤其是 VR 游戏和 VR 视频领域。随着 VR 应用范围的不断增长，预计到 2019 年 VR 应用市场规模将达到 94. 2 亿元（见图 10）。

2. 国内虚拟现实教育产业发展趋势

从近三年来国民对 VR 教育的关注度来看，虚拟现实教育产业在 2016～2017 年有一个井喷式的增长，而在 2017 年之后有明显的下滑，前景还待观察（见图 11）。

VR 教育，即将 VR 技术应用到教育中，它反映在可以构建虚拟学习环境、

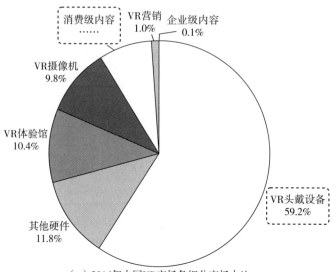

（a）2016年中国VR市场各细分市场占比

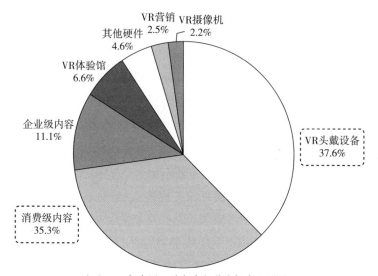

（b）2021年中国VR市场各细分市场占比预测

图9 2016 年中国 VR 市场各细分市场占比及 2021 年预测

资料来源：艾瑞咨询、Green light Insights《2017 中国虚拟现实（VR）行业研究报告——市场数据篇》，https：//www.hiavr.com/news/industry/39386.html，最后访问时间：2018 年 12 月。

虚拟实验基地，创造虚拟学习伙伴，建立虚拟仿真校园和进行虚拟实验等方面。将 VR 自身"沉浸性"的特点带入教育中能够打造一个充满科技感的课

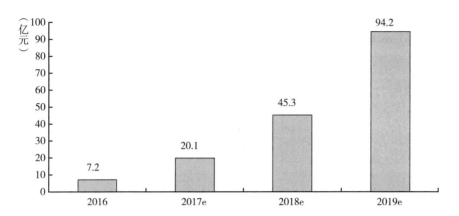

图10　2016～2019年中国虚拟现实市场规模预测

资料来源：《2017年中国虚拟现实行业发展现状及市场前景预测》，http：//www. chyxx. com/industry/201704/513476. html。

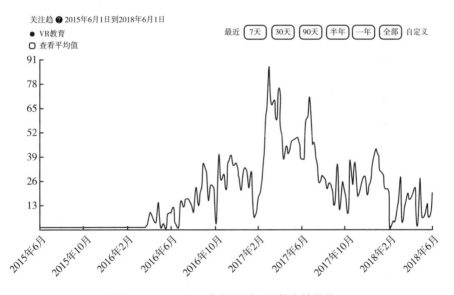

图11　2015～2018年国民对VR教育的关注

资料来源：《VR教育关注度预测》，360趋势，https：//index. so. com/result？query＝VR％E6％95％99％E8％82％B2&period＝30，最后访问时间：2018年6月。

堂，以更好地理解书本当中的知识，创造更多的兴趣点。近年来，国内教育投入占政府支出和家庭收入支出的比例越来越高。从图12中可以看出近年来互联网教育的市场规模在稳步提升，VR教育作为互联网教育的一员，其未来几年的市场规模可见一斑。

图12 2016～2018年中国互联网教育市场规模预测

资料来源：《VR行业发展报告》，搜狐网，http：//www.sohu.com/a/114794965_372427。

（三）国内外虚拟现实教育市场的比较分析

中国的VR教育仍处于入门阶段，相比于很多其他国家在VR上的资产投入与产品研发，国内还尚有进步的空间。其市场的表现为教育行业的投资在整个虚拟现实市场中的占比，相比国外还较低，覆盖面不够广泛，应用具有局限性。

分析国内发展不如国外的原因：其一，中国VR技术自主研发能力弱，VR先进技术长期被国外垄断，基础硬件和核心技术依赖进口；其二，由于与教育产业挂钩，中国的VR教育将重点放在了技术环境及应用研发上。

但国内VR教育人口基数大，且教育投入占政府支出和居民收入支出的比重越来越大，拥有良好的发展前景。从长远来看，VR教育在中国仍有很大的发展空间，VR教育要能利用好VR技术的核心优势，将相较于传统教育所特有的优越性积极发挥。VR教育的发展能够提高教学水平，使得教育不受时空限制，从而让学生可以进行更多的交互实验。教师不再受限于传统的课本教学，而把虚拟环境注入教育环境中，这样可以激发学生的学习兴趣。结合网络技术，构建虚拟校园，可以实现远程教学，节省大量人力、物力。同学们可以通过网络在虚拟校园中进行学习、在线聆听课程、进行模拟实验等。人们相信，在不久的将来，VR教育因其众多优势必将在教育领域占据一席之地。

三　虚拟现实教育产业环境及政策分析

（一）虚拟现实教育产业环境分析

此前，由于昂贵的价格和不够成熟的技术，虚拟现实硬件产品的使用率相对较低，而近年来VR技术领域的飞速发展和大公司拥有的规模经济都大大提升了VR设备的可承受性。VR教育产业飞速发展，根本原因来自社会的需求。Technavio的市场研究报告指出，直到2022年，VR设备和虚拟现实系统的可承受性增加才是全球教育行业虚拟现实市场的主要增长动力之一。

Technavio的市场研究分析师预测，到2022年，教育行业的虚拟现实市场的复合年增长率将超过59%。比如美洲，越来越多地使用现代技术和基础设施改进技术，导致消费者对VR设备和VR系统的需求增加。这些地区的虚拟现实硬件产品采购量的逐步上升，都将有望推动教育行业虚拟现实市场在整个估计期内的增长，让教育+虚拟现实的普及成为可能。高盛集团也曾做出预测，截至2025年，VR教育将覆盖K-12和教学软件领域，VR技术运用于教育事业被认为有着巨大的市场发展空间。

就现阶段而言，由于VR教育还处于行业起步期，无论是虚拟现实设备的硬件技术和价格劣势，还是传统教育方式的普遍性都使教育市场与新技术契合度暂时相对较低，都暗示VR+教育的组合与大规模的推广还有一定距离。但是随着技术不断发展，在硬件性能趋同、教育多样化发展的背景下，虚拟现实技术强大的内容交互能力和超真实的体验将反过来构成差异化竞争力，VR与教育产业形成联动关系，必将进一步带动教育事业与VR技术的相互发展。

（二）国际虚拟现实教育产业政策分析

VR与教育之间相辅相成的关系，能够带来诸多益处，它的沉浸式体验很可能意味着学生们能够以一种新的方式进行日常的学习。我们的任务，就是把

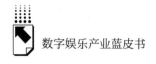

"实现 VR 与教育相结合"从一种概念，发展成为真正能够在各所学校实现的技术，这是一项艰巨的任务。

以目前的科学技术发展强盛的美国为例，其在虚拟现实教育产业的相关政策值得探讨。

1. 美国对虚拟现实教育行业的经济资助以及研发现状

美国工业界人士已经看到 VR 技术在教育方面的潜力和机遇，并鼓励有志之士将机遇变为现实。因此，通过财政支持的形式，小企业公司和合作伙伴创造了更多的商业教育科技产品开发机会。

（1）国家科学基金会。VR 技术在诸多领域都有较普遍的应用，国家科学基金会（NSF）的一些部门也资助过诸多与 VR 技术相关的项目。工程学部（ENG）下设的产业创新与合作处（IIP）和民用、机械与制造创新处（CMMI）以及教育与人力资源学部（EHR）下设的大学本科教育处（DUE）都为虚拟现实的发展研究提供了较多资助。

（2）美国国家航空航天局。美国国家航空航天局（NASA）下辖多个技术中心用于进行 VR 相关的研究，每年也能够获得高达 6 亿美元（2008 年）的国家资助，其中包括智能系统和网络技术等。探索技术理事会下辖的人机综合处（HSID）对于 VR 相关应用的研究最为深入，主要包括虚拟航空建模仿真、虚拟环境界面等。

（3）国防部。美国国防部（DOD）主要进行国防科研，其对 VR 技术的研发和应用相当重视。在武器操控训练、大规模军事演习等军事需求面前，VR 技术成为虚拟实践研究的主力军。

（4）其他部门。联邦的民用航空医学研究所（CAMI）开发了首个 VR 空间定向障碍示范器（VRSDD）。教育部也针对部分重要 VR 研究项目进行了资助。美国加州政府则将 VR 技术写入宽带网络发展计划，促进其相关应用的开发。

2. 美国虚拟现实技术领域相关政策和计划

（1）面向 21 世纪的信息技术（简称为 I）。I 计划在科学工程领域的高性能计算技术研究中就涵盖了包括计算机模拟在内的多种虚拟现实技术。这一行动计划将重点支持三大信息技术领域的研究。

（2）网络与信息技术研发计划（NITRD）。布什政府的科技政策强调大力推进高新科技，而在一个信息时代，数字信息科技无疑受到广泛的关注。布什政府每年投入高资助额大力支持网络与信息技术研发计划（NITRD）。

（3）国防部制定建模与仿真总体规划采购计划。1995年美国国防部就将VR技术当作核心技术进行相关研究，投入大量资金支持，在制定战略规划指南时又重新更新了该规划。2006年美国国防部针对建模与仿真技术，又新发布了建模与仿真总体规划采购计划。

（4）能源部制定长期核技术研发规划。2000年能源部核能研究咨询委员会（NERAC）制定了长期核技术研发规划。明确提出应重点开发、应用和验证虚拟现实计算模型和仿真工具，或将针对核能工厂系统研制相应的VR平台。

（5）《2006～2011财年战略规划》。国家科学基金会曾指出要"吸引更多公众了解当前的科学研究和新技术"，大幅加强了VR的投入研究力度。

（6）21工程院公布"世纪工程学面临的14项重大挑战"报告。2008年2月，美国国家工程院（NAE）公布"21世纪工程学面临的14项重大挑战"的报告。VR技术作为一种新兴技术被列入其中。

（三）国内虚拟现实教育产业政策分析

1. 国家级层面对虚拟现实教育行业的政策

（1）工信部《2016年虚拟现实产业发展白皮书》。在2016年9月，工信部发布的《2016年虚拟现实产业发展白皮书》中提到，中国虚拟现实产业目前正处于爆发前夕，其爆发式的增长速度预示着虚拟现实产业即将进入持续高速发展的窗口期。但目前来看，VR技术主要用于军事领域和高校研究，在教育等领域的投入还不足，未来应努力在不同行业发光发热。

（2）国家发展改革委员会印发《关于请组织申报"互联网＋"领域创新能力建设专项的通知》。2016年8月，国家发改委指出，中国要建设虚拟现实技术的国家实验室。针对中国虚拟现实发展水平不高等问题，建设虚拟现实技术应用创新平台，支持内容捕获、数据建模、传感器、触觉反馈、新显示、图像处理、环绕声、（超级）高清晰高处理性能终端，对虚拟现实测试等技术进行深入研发和工程化，实现行业公共服务水平的提升。

（3）国家发展和改革委员会发展规划司《国家教育事业发展"十三五"

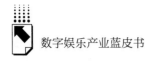

规划》。大力推动信息技术与教育教学的融合。支持各级各类学校建设智慧校园，综合利用虚拟现实等技术探索未来教育教学新模式。

2. 各地对虚拟现实教育行业的政策

（1）甘肃省科技厅《甘肃省"十三五"科普发展规划》。《甘肃省"十三五"科普发展规划》中指出，要深入对全省科技馆的布局优化，推进市级、县级科技馆的建设，推动虚拟现实等技术在科技馆展览教育中的应用。

（2）泸州市政府《关于加快大数据产业发展的实施意见》。推进建设 VR 安全教育训练中心和 VR 全行业应用体验中心；建立体验平台，管理各类精品资源，发布资源应用信息等；发展 VR 电商；搭建 VR 开发平台，建立 VR 双创中心，鼓励创业者对 VR 内容的创新和创造；大力发展 VR + 行业，为各个行业提供 VR 解决方案，将虚拟现实技术覆盖到医疗、交通、教育等多行业应用。

（3）贵州·贵安新区打造 VR 产业聚集高地。贵安新区发布了十项扶持政策对虚拟现实产业的发展进行概念性规划，按照"一廊、一带、一镇、N 区"的模式，打造高水平世界级的 VR 产业集聚区、国内领先的 VR 产业生态链示范区和 VR 产业创新发展示范区，塑造贵州品牌。[①]

（四）国内外虚拟现实教育产业政策比较分析

1. 制定虚拟现实技术发展规划，完善政策体系

美国从发展计划、发展路线、发展战略等多方向出发，在信息技术领域已形成比较完备的结构体系，各个环节相辅相成，共同促进，为 VR 技术的发展提供良好的发展环境。

《国家中长期科学和技术发展规划纲要 2006—2020 年》、863 计划等重大发展规划都标注了 VR 技术领域，但相对比较笼统，缺少细节层面的技术细分与规划，作为一个高发展前景的热门技术，VR 在国内的发展之路仍很曲折。因此，应着重细化研究多领域的应用 VR 技术，结合中国国情进行长远角度的战略规划，同时结合国家的政策与社会的需求，更多地考虑技术领域的深入发展策略。

---

① 《盘点国内政府对 VR 行业的支持政策》，搜狐网，http：//www.sohu.com/a/197399278_
　　100024859，最后访问时间：2018 年 6 月。

2. 注重虚拟现实技术的应用，促进产学研结合

美国作为一个科学技术相对先进的国家，基于 VR 技术的市场化需求与技术性发展，开始朝着 VR 技术社会化的方向推进，首先实践于国防、航天等部门，医疗、教育等领域紧随其后，社会的核心需求为 VR 技术的创新研究与市场化提供了广阔的发展空间。

美国在 VR 技术的研究方面也是产学研结合的模范，美国高校纷纷响应国家研究机构与相关企业，联手开展 VR 技术的科研与实践，在教育市场获得了正向积极的回应，持续推动教育业的发展。

相较之下，中国 VR 技术的实践应用仍存在一些问题，如 VR 技术面向市场的局限性，技术与设备市场化速度缓慢，技术不成熟等。

VR 技术还在起步研发阶段，作为新兴的技术力量，我们要合理利用，深入学习和开发，同时协调各个企业机构与政府组织强强联手，共同进步，杜绝过度浪费，注重实践，全面促进生产、学术、科研共同发展。

四 中国虚拟现实教育产业发展前景和问题

（一）中国虚拟现实教育产业前景

VR 技术主要应用于模拟培训、医疗、教育、旅游、娱乐、航空航天、房地产等行业。虚拟现实的特征和核心是为体验者打造一个沉浸式的虚拟空间，从中体验到现实生活中无法见到的、超现实的全新环境。VR 与教育的结合，可以改善受教育方在传统教学方法中难以参与和难以互动的问题。如果教室以真实模拟的形式呈现和互动，可以提高学生的主动性，增强教学的实用性和现实性，满足教师和学生对 3D 立体呈现和实用性的需求。

根据 VR 全产业链结构图（见图 13），可以看到越来越多的产业涉及 VR 的应用，而教育也不例外。虽然相比游戏和影视业还资历尚浅，但随着技术的发展，教育相关领域和虚拟现实技术的对接能够越来越契合。

（1）自身优势：打破传统教育理念，提高教育实践性。将虚拟现实技术结合教育产业，相对于传统的教育方式和教育理念而言，又有新鲜血液注入。它极大地丰富了教育方法的多样性，大大提高了教育过程的实用性。即使

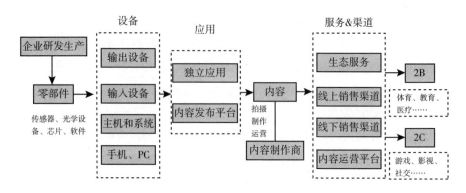

图 13　VR 教育应用生态链

资料来源：《2016 年中国 VR 教育产业发展现状及应用前景规模分析》，www.chyxx.com/industry/201605/419467.html，最后访问时间：2018 年 6 月。

是良好的教学内容，教师也需要先进的技术来将之表达，以便学生能够更好地接受它。虚拟现实硬件设施和软件环境的应用可以使教师更容易解决学生在学习中出现的一些问题；对于学生来说，虚拟现实增强了他们在学习过程中的参与感，让学生能够在实际体验中去思考问题，避免了传统的填鸭式被动教学。

（2）应用前景：形成教育和技术的良性循环。虚拟现实的技术和教育相联系，不仅促进了教育领域的提高，虚拟现实技术的普及，也将教育的话题拉到全新的高度。虚拟现实和教育结合，能够让学生通过技术，与仿真空间、仿真对象进行交互，通过除了听觉以外的感官更多地接触，对对象产生更加深刻的印象。当这个领域相对成熟以后，虚拟现实相关的人才和先进技术得以反过来作用于教育环境，使人才培训在这一方面更加高效，知识的传达更加简明而迅速。形成一个教育和虚拟现实技术的良性循环链（见图 14），不论是对于今后技术还是教育层面的发展，都将有非常好的促进作用。

（3）经济基础：教育经济的稳步提升使 VR + 教育受益。VR 技术的爆发式增长是通过其逐渐与各个周边产业联动去打造产业链，构建出一个更具创新性的闭环。譬如教育领域，作为踏入多元社会的必经之路，由于多方向性的需求，拥有非常高的市场地位。教育因庞大的经济市场对 VR + 教育也会产生相当大的影响。

（4）宏观利好：政策支持发展，形成虚拟现实技术趋势和需求互助的增

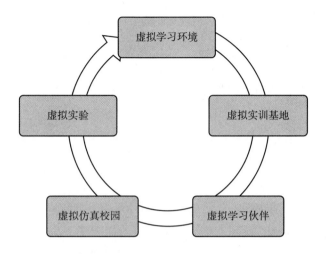

图14　虚拟现实投入到教育产品的应用前景

资料来源：《2016 年中国 VR 教育产业发展现状及应用前景规模分析》，www. chyxx. com/industry/201605/419467. html，最后访问时间：2019 年 6 月。

益圈。国家政策支持教育信息化，尤其是大力支持虚拟仿真实训系统的开发与应用，让虚拟现实技术在人才培训和教育方面形成巨大的推动趋势。在政策出台之前，国家也一直非常重视教育信息化的建设，随着近年来政策的逐步完善，信息化的现实需求的目标实现并非遥不可及。越来越多的技术领域向虚拟现实的研究拓展，同时技术的稳步革新也让更多的社会教育者去思考：如何用先进的设备和技术尽可能地去满足广大教育领域随着信息多样化而日渐提升的教育需求。两者互相推动，互相促进，能够形成一个互助的增益圈。

（二）中国虚拟现实教育产业的问题与挑战

尽管 VR 教育具有诱人的前景，很多学者也对 VR 教育抱有很大的期望，但是 VR 教育的普及依旧存在很多问题。新技术融入教育总是需要较长的时间，所有 VR 教育行业人都应该直面这些问题，多去思考，多去尝试，寻求突破问题的办法。

（1）硬件设备昂贵，用户体验不理想。一套 VR 超级教室的成本为 40 万～100 万元，考虑到早期 VR 教育的内容并不丰富，如此低的性价比将导致许多学校放弃行动并保持观望。但随着时间的推移，VR 设备的硬件成本下降到一个合理的范围，VR 教育就会像今天的手机一样，实现大范围普及。VR 的介入使得业界相关领域有了质的飞跃，国内目前有不少机构与企业正在尝试 VR + 教育。但是，相对于国外更多将技术和资源投入教育和研究领域，鼓励学生积极拓展、学习新技术，国内的 VR 公司虽然不少，然而，主要方向仍然是游戏和电影、电视。分析其原因，对比国内外 VR 的发展，国内大多数 VR 软件和硬件技术还不成熟，在硬件和技术方面仍然落后于国外，用户体验不佳，使得在教育领域难以应用和大规模推广。

（2）内容制作成本高、周期长。内容是 VR 教育的核心，技术的大范围使用离不开内容的发展。就现有信息来看，目前尚未建立大规模的 VR 内容体系。不同制造商对内容开发重视程度不一，但综合来看没能让人真正满意。一方面，商家在市场上引入的 VR 教育内容过于烦琐；另一方面，教师也不可能亲自制作 VR 教学内容。这使得学生在今天完成一个非常新颖的 VR 课程后没有跟进 VR 教学内容，明天只能继续传统教育，之前的 VR 课所留下的印象就会慢慢变淡。

（3）教师接受新科技有难度。作为一项新科技，想让教师能够接受并且熟练地使用 VR 技术进行教学需要经过一个系统的过程。一个具有高门槛的新技术，年轻教师能够快速接受，但是很多老教师却存在难以运用这项新科技的问题。三星调查报告显示，91% 的老师认为，VR 教育的成功很大程度上取决于对教师的培训；37% 的老师表示，他们希望使用 VR 技术但不知道怎样操作。数据显示，43 岁以上的老师对自己在课堂上使用 VR 技术持不自信的态度，其中 63% 的老师认为他们需要更多的技术培训来让他们的 VR 教学得以实现。这需要学校和 VR 公司加强合作，开设教师培训课程，以推广VR 教育。

（4）教育部门对 VR 的认知程度。政府有关部门，如教育部门和财政部门，作为行政机关，是教育政策、教育计划的执行者，为学校提供资金支持。这些权威人士的态度及其对 VR 教育的认识将直接影响 VR 教育的普及和发展。目前，教育部和省、市教育部门已经就教育行业中虚拟现实技术的使用发布了相关政策，并提供项目支持。从 2016 年的浙江高考作文题《虚拟与展示》和国家教育机关首席执行官刘延东谈到的对 VR 的态度中，我们可以感受到国家相关部门已经注意到 VR 教育的执行。只有教育部门充分认识到 VR 教育的巨大前景，并引入相关的扶持政策和投入大量的资金，才能真正迎来 VR 教育的爆炸性增长。因此，希望教育和财政部门尽快出台相关政策，加大资金投入，扶持试点 VR 教育实践。①

---

① 《VR：中国 VR/AR 教育产业述评及未来趋势》，搜狐网，http：//www.sohu.com/a/111104426_476693，最后访问时间：2018 年 6 月。

政策篇

Policy Reports

B.11

中国"十三五"战略性新兴产业
规划与虚拟现实产业发展

南　华*

摘　要：《"十三五"国家战略性新兴产业发展规划》明确了2016～
　　　　2020年科技革命和产业变革的方向，大力构建战略性新兴产
　　　　业新系统，以及产业集群的融合性发展，虚拟（增强）现实
　　　　出现在多个重点工程的规划发展中。在此背景下，虚拟（增
　　　　强）现实产业链提升、互联互通发展，虚拟（增强）现实产
　　　　业在实体经济和消费领域的融合发展不平衡，在技术与装备、
　　　　内容与形式、行业标准等方面竞争渐趋激烈。

关键词：　战略性新兴产业　虚拟（增强）现实　融合发展

---

*　南华，西安外国语大学艺术学院。研究方向为视觉文化、影视艺术。

2016 年 11 月 29 日，国务院下发了《关于印发〈"十三五"国家战略性新兴产业发展规划〉的通知》，《"十三五"国家战略性新兴产业发展规划》指出，战略性新兴产业代表新一轮科技革命和产业变革的方向，是培育发展新动能、获取未来竞争新优势的关键领域。"十三五"时期，要把战略性新兴产业摆在经济社会发展更加突出的位置，大力构建现代产业新体系，推动经济社会持续健康发展。

一 《"十三五"国家战略性新兴产业发展规划》与虚拟（增强）现实技术的应用

《"十三五"国家战略性新兴产业发展规划》（以下简称《规划》）的规划期为 2016 ~ 2020 年，对数字文化创意产业提出战略性发展要求，包括创意数字文化创意技术和装备、数字文化创意内容与形式，以及数字内容创新发展工程，并对数字文化创意产业的源头产业与产业规模、创新能力和竞争能力，以及新的数字文化创意产业体系提出指导意见。作为重点工作，创意数字文化创意技术与产业由工业和信息化部、原文化部以及国家发展改革委等多家部委负责，组织实施数字文化创意技术装备与创新提升工程。原文化部、工业和信息化部、国家新闻出版广电总局，以及国家网信办，负责实施数字内容创新发展工程，包括数字文化创意内容与形式等。

在以上战略布局中，《规划》多次提到虚拟现实（Virtual Reality，简称 VR）技术的应用。虚拟现实技术代表了一种新的科技范式，这一科技范式不仅对原有产业结构具有优化和提升的功能，而且可以广域应用到军工与民用、生产与消费等诸多领域。因此，《规划》明确指出虚拟现实技术与"互联网 +"工程、大数据发展工程、人工智能创新工程、重点领域智能工厂应用示范工程、创新设计发展工程等融合发展的路径。

换言之，虚拟现实的价值更多体现在其虚拟技术与现实产业的互动问题解决得好不好上，它影响到虚拟技术在各个领域落地应用的质量。作为计算机仿真技术的一个重要发展方向，虚拟技术可用于创建虚拟世界，并以融合多源信息、交互式的三维动态视景和实体体验行为使用户沉浸在虚拟世界中。因此，虚拟现实具有虚拟仿真性、多感知性、实时交互性、沉浸性（与现实世界隔绝）的特点。随着虚拟技术的发展，如何将虚拟世界与现实世界连接并进行互动的问题被提出来，仿真技术进而由虚拟现实技术发展到增强现实（Augmented Reality，简称 AR）技术阶段，AR 是利用实时计算摄影机捕捉到（固定/移动）位置及角度，叠加相应图像、视频、3D 模型，其目标是把虚拟的拟像与现实世界真实的图像叠加显示在同一帧画面，使用户在两者之间融合互动。

因此，从这个角度而言，如果说计算机仿真技术是元语言，那么虚拟现实技术则带有计算机应用语言的特点，既可以满足现实世界的逼真再现，也可以满足拟像的虚拟创造。虚拟技术的应用可分为 C 端和 B 端，与 C 端的融合发展在视听领域（游戏、影视、直播与广告等）、设计领域（数字、仿生、体验等）开创新的市场格局。例如，游戏领域 Pokémon Go 开创了手游新时代。虚拟现实技术 B 端与工业、军事、医疗、教育等行业领域的深度融合，可以拓宽该领域传统的认知模式、接受模式与创新模式，具有划时代的意义。例如，微软与 Autodesk 合作，以虚拟现实技术将汽车设计和制造带入智能时代。

增强现实技术是指定现实环境中虚拟现实技术的纵深发展，具有能够对真实环境进行增强显示输出的特性，在医疗研究与解剖训练、精密仪器制造和维修、军用飞机导航、工程设计和远程机器人控制等领域，AR 表现出比 VR 技术更加明显的优势。民生方面也不乏应用，例如，足球赛事转播，在大赛开始之前，解说员可用 VR 来演示预估双方对垒技战术。而在转播足球比赛的过程中，如果辅以 AR 装备（音视频信号传输、接收装备），则 AR 技术可将双方球队技战术虚拟动态，比对、叠加到现场实时捕捉的球员跑位数字电视画面中，使得观众可以以沉浸式观看体验现场球赛，甚至获得进入场地角逐的真实感。

整体来看，VR 与 AR 是虚拟技术递进发展的应用与开发，VR 通过隔绝式的音视频内容带来沉浸感体验，对显示画质要求较高，它可以是大量拟像的创造体验，充满神奇的想象；AR 强调虚拟信息与现实环境的"无缝"融合，对感知交互要求高，几乎可以获得现实的超感体验。当下 VR 技术应用侧重于 C 端市场个体化体验，AR 技术侧重于 B 端市场垂直应用。从发展的角度来说，增强现实技术是虚拟现实技术向前推进的阶段，二者有关联也有区别，本文暂将 VR 与 AR 并称为虚拟（增强）现实技术。

虚拟（增强）现实自身是一个完整的产业链，产业链上某个环节的滞后或者不协调发展不仅影响产业自身的健康发展，而且影响虚拟（增强）现实与其他产业的融合发展与智慧生产。虚拟（增强）现实产业链包括工具/设备、平台、系统与内容等，相互促进又相互制约。对 B 端客户而言，仅有广域应用的硬件发展，没有具体领域软件技术和底层系统的开发与支持，将严重影响虚拟（增强）现实与现有产业结构的结合。同样，对 C 端客户而言，如果仅有技术进步，没有良好内容开发和应用体验，也无法在消费市场打开局面，任何一个环节发展滞后都将影响虚拟（增强）现实产业自身和跨产业融合发展的进程。2017 年虚拟（增强）现实产业链受到很大关注，但是各关键环节发展不均衡。整体来看，产业硬件终端市场率先爆发，但是软件、内容和应用市场发展相对滞后。产业规模增长平稳，以大型科技公司为中心，中小企业协作发展的模式逐步建立。另外，虚拟（增强）现实技术行业标准仍在探索中，国内外相关知识产权的发展与完善需要进一步得到关注。

二 虚拟（增强）现实技术与"智慧制造"产业升级

2017 年以来，中国虚拟（增强）现实技术在提升传统产业结构、智能制造的核心技术等方面，规模性发展尚未完全形成。但是 2018 年中国虚拟（增强）现实产业生态链初步形成互联互通、业态发展、区域分化明显的特点，整体呈现以下特点。

（一）积极落地

各地陆续推出施行政策与规划（如长沙《虚拟现实产业发展规划》等），成立相关产业联盟（如深圳的虚拟现实产业联合会等），以及开展相关学术论坛，打造以企业为主，产－学－研联合作业的新型业态（如武汉的 VR/AR "数字艺术展示与体验"和"数字艺术创作、生产与消费"国际论坛、光谷 VR/AR 产业联盟等）。

整体来看，2017 年 VR/AR 企业与其他产业融入发展不均衡，与 C 端消费服务行业的融入发展相对顺利。从理论上讲，B 端实体经济客户对 VR 的需求非常大，其目的主要是以智能制造来降低生产、培训成本和提高服务质量。而且 B

端市场容量大，可应用至军事（尖端武器开发、远程协作与严肃游戏训练等）、工业（飞行器、汽车的研制与开发，交通运输等）、商业与社会服务（房地产、电子商务、旅游体验等），以及医疗与教育（数据模型与模拟训练）等诸多领域。此外，当下国内 B 端服务商因鲜有与国外同行正面竞争的机会，因而在地域与价格方面具有一定优势，但是 B 端的这一优势目前并没有完全体现出来。

虚拟现实在释放传统产业产能，例如产品设计、医疗健康、远程协作、运营巡检等方面应用广阔，因此，从理论上来说，虚拟（增强）现实技术在上述制造、教育、文化、健康、商贸等领域具有广域发展前景。但是，从实际融入度来看，因 B 端客户专业性要求相对较高，VR/AR 服务商在向 B 端客户提供硬件设施、内容体验的同时，通常需要实时提供整体的解决方案，包括研发满足各行业技术需求的专用引擎与开发平台等。目前存在的问题恰恰是，虚拟（增强）现实技术与 B 端实体经济融入的过程中，缺少能深度理解客户行业，为客户提供细分与定制业务的 VR/AR 企业。

例如，VR 在教育领域和旅游领域的市场潜力大。教育方面的应用目的在于增强教育的沉浸式体验和现实中难以呈现的场景式教学。沉浸式教学主要是利用 VR 沉浸感、交互式特点建立人文历史、自然科学、工程技术的虚拟课堂，这一点在配合以学生为中心的教学理念的转变、翻转课堂功能实现等方面非常有意义。并且，VR 技术可以进行史前时代、深海或太空景观难以呈现的直观教学，以及自然灾害等科普教学等。例如，HTC Vive 可以通过虚拟搭建场景教学，帮助医学院进行人体器官解剖，让学生佩戴 VR 头显进入虚拟手术室观察人体各项器官、神经元、心脏、大脑等，并进行相关临床试验等。但是虚拟（增强）现实在教育领域实际的硬件、软件、内容、服务等在国内还没有进入产业型融合发展、规模开发的阶段。

（二）陆续建立相关产业基地

就发展趋势来看，2017 年投资热点集中在感知交互技术设备方面，体验效果持续提升，C 端着力相关产业领域的消费市场培育。2017 年国内加紧打造中国·福建 VR 产业基地、数字福建（长乐）产业园、青岛 VR/AR 产业创新创业孵化基地、中国·南昌 VR 产业基地、红谷滩新区 VR 产业园、中国郑州 VR/AR 孵化器、中国西部虚拟现实产业园、贵州省贵安新区 VR 产业基地、北斗湾 VR 小镇、光大 We 谷－东莞虚拟现实产业基地、中国·潍坊虚拟与现实文化产业园等虚拟现实科技和产业集聚区。2017 年，初期行业进入门槛相对低，随着已建设产业集聚区的经济带动效应显现，更多地区建设产业基地、孵化器、小镇、产业园等形式的集聚区，推动虚拟产业投资。[①]

2018 年，虚拟（增强）现实产业获得全产业链清晰的发展路径。与虚拟（增强）现实技术和其他产业融合发展的初始阶段相比较，虚拟（增强）现实产业生态健康发展，逐步形成内容应用、终端器件、网络通信/平台，以及内容生产系统等完整产业链条的发展。内容应用重点体现在智能创造与传统产业的融合创新上，终端器件主要为体验设备与关键器件。网络通信/平台可开拓 5G 新的应用领域，实现云化虚拟现实（Cloud VR），以助推虚拟现实的实际应用，提升体验质量。内容系统生产方面，主要涉及操作系统、采集系统和引擎开发等，2018 年，睿悦、微鲸、通甲优博等企业在这方面表现突出。

（三）积极拓展具有广域融合需求的体验设备

VR 设备产业化趋势明显，但是具体产业融合受到技术发展和体验效果不佳的掣肘。虚拟现实技术（VR）主要包括模拟环境、感知、自然技能和传感设备等方面，经过传感器、CPU、总线、显卡等硬件设备，最终连接显示器呈现画面，设备质量与内容适配程度都会影响用户的体验效果（如图 1 所示）。

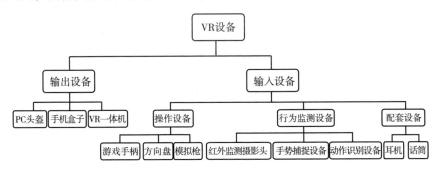

图 1　VR 输入/输出设备

---

① 《2017 年虚拟现实产业发展呈现十大发展趋势》，工业头条，http://www.gongyetoutiao.com/xw/html/7039.shtml，最后访问时间：2017 年 2 月 17 日。

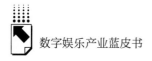

目前数字文化创意技术和装备在虚拟现实技术产业化发展方面，还需要解决好显示、声音、感知反馈，以及语音等仿真问题，这些问题的每一项都影响到虚拟现实效果的仿真性能，如头动与视觉延迟控制技术、目差与眩晕控制等。主要终端设备如图 2 所示。

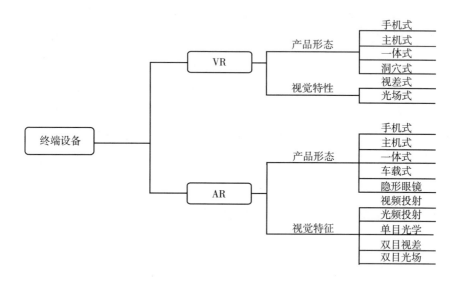

图 2　VR/AR 终端设备

整体而言，目前存在的技术问题主要汇聚在近眼显示、感知交汇、网络传输、渲染处理，以及与之相应的 B 端内容制作等方面。虚拟现实体验效果的技术屏障与设备成本直接影响到 VR 与其他产业的融合发展。相较而言，B 端产业 VR 需求对发展主导国家新兴产业形态的影响较大，但是受制于开发成本，以及当前硬件技术与设备适用，应用端产业发展缓慢。例如，HTC Vive 是 Oculus Rift2 的强劲对手，它通过头戴式显示器、两个单手持控制器以及 Lighthouse（一个能于空间内同时追踪显示器与控制器的定位系统）来提供良好的沉浸式感受，但是 HTC Vive 仅一款智能眼镜起步价已逾 5000 元人民币，对普通消费者而言，成本偏高。

2017 年以来，影响虚拟（增强）现实技术融合发展的交互、触感反馈技术逐步提升，体验质量因之提升。2017 年 VR/AR 设备引人瞩目，首先，VR 头盔有 Oculus Rift、HTC Vive，以及 PSVR 多款可供选择，微软 Windows Mixed

Reality 方案的 MR 头显因广泛兼容和较低体验门槛获得厂商们的支持与采用，加上微软的原生内容，Windows Mixed Reality 方案的 MR 在市场上有明显优势。其次，AR 设备在手机式和主机式方面有突破。联想 Mirage 是首款全沉浸式 AR 游戏设备，通过手机屏幕显示反射叠加到环境中，几乎没有延迟，也深受影迷喜爱。Mate2 AR 虽然需要连接 PC 进行工作，但是其 90 度视场角、2560×1440 分辨率、强大的手势识别系统对解决与现实融合的问题效果突出。另外，2016 年引领潮流的 Facebook 旗下的 VR 企业 Oculus，在 2017 年推出 Rift2 产品，Oculus 已经决定将该双目透镜头从游戏领域推广到医疗、建筑、电影、旅游等更广泛的应用领域。2018 年 1 月，Oculus 宣布与中国合作伙伴小米在中国发布 VR 设备 Mi VR，由小米为 Mi VR 供给软件需求，Oculus Go 则仍由 Facebook 提供软件。HTC Vive 是 Oculus Rift2 的强劲对手，HTC Vive 的定位系统运用 Valve 专利，以一体式为客户提供沉浸体验。Rift2 需要借助摄像头，而 HTC Vive 的定位系统 Lighthouse 则以激光和光敏传感器来捕捉运动对象，其在 Vive 控制器、房间范围定测系统方面领先一步，因此无线头显 HTC Vive Focus，成为 2017 年终端设备亮点之一。另外，在眼动追踪和虚拟现实硬件结合开发方面，Tobii VR4 for Vive Kit 表现突出，为创建沉浸式体验内容提供了保障。

（四）以开拓手机终端叠加性能为主

虚拟现实与移动互联网的联系主要体现在终端形态与应用软件上。比较有利的一面是，虚拟（增强）现实技术终端形态是多样化的，虽然，从体验效果上来说，主机式 VR 最能体现交互性能，但是其屏幕成本位居诸多器件成本首位。因此，相较而言，在从移动先行向人工智能先行的迁移过程中继续深挖手机技术的叠加性能，成为设备开发端的主流选择。例如，Facebook 在 2017 年开发者大会上表示手机将是首要的 AR 体验平台，谷歌的 Daydream 和 Tango 项目都围绕手机拓展 VR，苹果意在通过手机构建全球最大的 AR 平台。在应用软件方面，手机 App 已经开始 VR/AR 化，根据尼尔森统计，2016~2018 年美国下载 TOP 10 App 中，绝大多数持续具备虚拟现实功能。相应的，手机虚拟技术应用的优越体验又对手机续航、云端负载等性能提出新的技术要求。

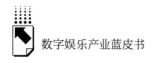

（五）游戏领域产业门槛升高，市场分化较快

据《2017 年中国游戏行业发展报告》，2017 年多款客户端游戏推出 VR 版本，热门 VR 游戏超过 800 款。[1] 在设备方面，游戏游艺积极引进 VR，但是 VR 游戏设备市场高端和低端产品分化较大。VR 元年伊始，较低品质国产 VR 对国内市场负面影响较大。但是随着国内受众市场的培育，以及产品价格档次逐渐提升，市场分化比较明显。例如，国内核心玩家倾向于选择 Oculus、HTC Vive、Gear VR、PS VR 等高端进口游戏硬件设备，以及小米 VR 眼镜、华为 VR、暴风魔镜 5、大朋 M2 一体机等国产高端体验设备。非核心玩家更青睐搭载内容的国产 VR 设备，中低端和多功能的国产 VR 眼镜仍是 VR 消费市场走量主体产品。因此，综合来看，随着国内 VR 企业技术的升级，国产 VR 游戏设备的市场份额和认可度也持续增长，VR 游戏及设备销售收入约为 4.0 亿元，同比增长 28.2%。[2]

2018 年游戏领域支持 VR 逐渐成为主流。与 2016 年的 VR "元年"、2017 年 VR "遇冷" 不同，2018 年游戏领域在市场分化阶段 VR + 发展获得认同。2016 年支持 VR 设备的游戏共有 749 款，2017 年有 1110 款，2018 年规模下降，总量为 1048 款。但是 2018 年的统计不包括版本更新或 DLC 追加 VR 支持机能的游戏。因此，从总量上来说，2018 年与 2017 年基本持平，从发展趋势与升级趋势来看，高端游戏市场对 VR 的需求与中、低端市场不同，国内外游戏领域对 VR 的重视程度有增无减，这预示着目前是一个游戏产业升级、分化的过渡阶段，VR/AR 成为撬动这个市场发展的新的驱动力。

三 虚拟（增强）现实技术与数字文化创意

虚拟（增强）现实技术在数字文化创意内容与形式方面，开发较为活跃，呈现以下特点。

第一，C 端消费内容生产有领先 B 端实体经济内容生产的趋势。如上所

---

[1] 文化娱乐行业协会信息中心与中娱智库，2017 年 11 月联合发布。
[2] 文化娱乐行业协会信息中心与中娱智库，2017 年 11 月联合发布。

述,多家业内公司加大基础硬件端的设备研发投入与软件引擎开发,软硬件的改进引发市场对内容端的需求。首先,艺术与技术创新融合的内容将会反创造(增强)现实技术的进步,引发泛娱乐市场热度。VR 技术的沉浸式体验特征受到泛娱乐领域的青睐,这与 3D 技术在未成熟之时引发影视、游戏行业最先试水的发展经历类似。其次,新的 VR/AR 技术增长继续为想象力的释放,以及内容创造提供保障,也为内容生产提供突破口。2017 年 10 月,数字技术大展《EXPO 2017》在东京召开,来自世界各地的开发者带来了更多最新 VR/AR 技术应用,包括搭载可变形的膜状镜头的可变焦点型广角 AR 显示器 Membrane AR,全天球实时立体可视系统 TWINCAM,以及可以在 VR 空间里享受逼真立体声音响的 SYMMETRY 立体声音响空间构筑等设计,为 C 端泛娱乐带来更大的内容创新空间和市场,当然,精准的视听技术也为 B 端行业更加多样化的内容生产提供了可能。

第二,消费端内容开发以泛娱乐领域的游戏内容开发为主。数据显示,2017 年虚拟(增强)现实泛娱乐领域消费级内容开发占主导地位。预计 2021 年 VR 消费级市场规模达 278.9 亿元,其中 VR 游戏占比接近 35%,预计市场规模为 96.2 亿元。根据各大平台 VR 泛娱乐领域内容统计,虚拟(增强)现实技术应用的内容开发整体增速较快,2017 年上半年增长量已经接近 2016 年全年增长量。2018 年,全球 VR/AR 行业共有 156 家公司完成了共 161 笔融资,总金额约为 252 亿元人民币,其中国内发生 52 笔,融资总额约为 50 亿元人民币,消费端内容开发为融资主流。①

VR + 内容开发在泛娱乐领域受欢迎程度继续提升,国内游戏市场格局没有明显改观。泛娱乐领域增进原因在于 VR 设备极大提升了游戏的沉浸式体验,这一优越体验又得到索尼、Value 以及其他游戏工作室的跟进投入,促升市场对 VR 游戏保持较高热度,因而内容开发逐渐摆脱传统游戏,主力开发 VR + 等新款游戏。例如,叠加音乐节奏的游戏《Beat Saber》成为游戏市场的新宠。但是国内市场截至 2018 年,客户青睐的 VR 游戏以国外开发为主的格局没有明显改观。

---

① 《2018 全球 VR/AR 行业融资 161 笔约 252 亿》,钛媒体,http://www.tmtpost.com/nictation/3682268.html。

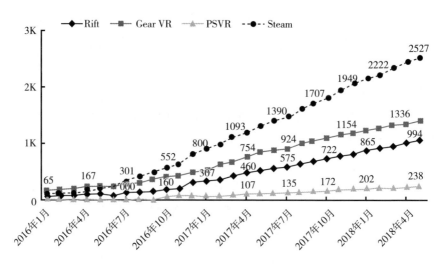

图 3　各平台 VR 消费内容（款）总数

资料来源：《虚拟现实 VR 增强现实 AR 行业市场统计数据分析报告》，映维网，https：//yivian.com/vrstats，最后访问时间：2019 年 5 月。

第三，虚拟（增强）现实技术在直播领域应用。VR/AR 技术在直播领域的应用目前为电视直播、演唱会直播，以及事件直播。该直播技术体现为 360 度全景观看与交互体验，播出画面采用 VR 分屏技术，降低消费者体验成本，观众戴 VR 设备观看也能获得极高品质的现场体验感。据统计，直播领域的观众有强烈意愿成为可以体验超验感觉的付费消费者，全球 VR 直播市场以年 30% 的增速提升，预计将于 2021 年突破十亿美元。

第四，内容生产重新组合。Facebook 于 2017 年 5 月宣布关闭虚拟影视内容生产的 Oculus Story Studio 故事工作室，以重新分配资源，旨在通过投资的方式而不是生产的方式继续资助虚拟现实影视内容。2017 年 10 月 Vive Focus 发布时，宣布了一个开放性的内容平台 Vive Wave 计划，Vive Focus 在国际市场发售搭载 Vive Wave，并邀请全球开发者来创作内容。HTC 一方面宣布和 Pico、爱奇艺等数家硬件厂商合作，允许其在 VR 设备中直接内置 Vive Wave 应用，打造开放性平台；另一方面也在联络开发者和内容供应商，不断完善和扩充内容。[1]

①《Vive Focus 进入国际市场，HTC 生态意图凸显》，知乎，https：//zhuanlan.zhihu.com/p/38689986，最后访问时间：2018 年 6 月 29 日。

四 虚拟（增强）现实技术发展与行业标准

随着全球化进程的加快，行业标准与规范逐渐成为话语权的一个重要制高点。2017 年 3 月初，经达拉斯地方法院陪审团裁决，Facebook 旗下的 Oculus 因被判关键代码侵权须向 ZeniMax 赔偿 5 亿美元。虽然 Oculus Rift 的销售不受影响，但内容开发本来就是 Oculus 的短板，禁令一旦生效，使用该代码的游戏禁售，Oculus 也不可以继续发放被控侵权代码给内容开发者使用，同时导致 Facebook 旗下业务重组。行业失范的恶果由此可以窥豹一斑。

（一）虚拟（增强）现实技术国内标准的发展

虚拟（增强）现实产业自身属于发展阶段，面对国际竞争，国内该领域的工具/设备、平台、系统与内容等各个环节需要在发展进程中尽快实现互联互通，研发 VR 产业技术标准，加快融资，加大开发力度，克服初期阶段缺乏标准的不利因素，为虚拟（增强）现实产业的规模发展扫清障碍。在跨行业合作中，虚拟（增强）现实技术与行业融合发展，也在结构和标准方面生发新的可能。例如，VR、AR 技术"无边框、无剪辑、无景别"视听内容与现有影视内容生产标准相去甚远，需要为新的内容研发新的创作标准。

虚拟（增强）现实行业标准的发展，国内外稍有不同。国内表现为组织联合推动，国外由生态型公司引领。2016 年 4 月，工业与信息化部电子技术标准化研究院发布了《虚拟现实产业发展白皮书 5.0》。2017 年 4 月，虚拟现实"国际合作·开放共赢"高峰论坛·暨行业标准发布大会在北京举行，中国电子技术标准化研究院党委书记林宁代表中国电子技术标准化研究院和虚拟现实产业联盟标准委员会正式发布了虚拟现实头戴式显示设备通用规范联盟标准，① 这个标准可以对各类 VR 头戴式显示设备的设计、生产、检验和实验等方面进行规范和指导，该工作得到包括中国电子技术标准化研究院、北京理工大学、小米科技有限公司，以及北京暴风魔镜科技有限公司等 11 家标准起草

---

① 《中国电子技术标准化研究院发布我国虚拟现实首个自主制定标准》，新华网，http：//www. xinhuanet. com//tech/2017 – 04/06/c_ 1120761987. htm。

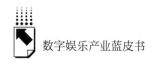

单位的大力支持。2018 年，工业和信息化部发布《关于加快推进虚拟现实产业发展的指导意见》，明确提出"建立标准规范体系""加快重点标准研制"，以及"开展检测认证工作"等。

（二）虚拟（增强）现实技术国际组织标准的发展

行业标准的制定，实际上是行业发展和市场博弈的结果，在众多面市的标准提案中，愈最大化满足市场主体的普适性、愈最大效度释放行业发展潜力的，愈有可能成为公认的标准，从而获得行业话语权和发展制高点。作为新的科技范式，VR/AR 以其强大的技术影响力愈来愈成为撬动"智慧生产"和传统产业结构更新的强大动力，它的行业标准与未来发展引起全球性关注。英国数字媒体技术革新合作中心，以及对新的产业结构和标准感兴趣的其他国际标准化组织都已启动虚拟现实技术标准的制定工作。就现阶段来看，OpenXR 最受生态型主导企业谷歌、微软、索尼等青睐，从而有望成为 VR/AR 行业标准。OpenXR 标准由 Khronos Group（2000 年成立的一个国际会员制、行业性非营利性组织，目前共有 140 多名会员，其中 30% 是亚洲会员）在 GDC2017 上宣布，已经获得 Valve 的 SteamVR、Oculus 平台、谷歌 Daydream、Unity 引擎、虚幻引擎等众多 VR 底层技术的支持，[①] 统一了主要软硬件平台兼容标准，便于开发者开发多平台使用内容，扩大了使用者的产品选择范围。

另一个有影响的组织是 2016 年 12 月成立的 IEEE，目前，该组织已经有《虚拟现实与增强现实标准：设备术语与定义》、《虚拟现实与增强现实标准：沉浸式视频的术语与质量分级》、《虚拟现实与增强现实标准：沉浸式视频的文件与流格式》、《虚拟现实与增强现实标准：身份验证》以及《虚拟现实与增强现实标准：环境安全》等 5 项国际标准提案正式获批立项，2017 年 3 月增至 8 项。[②]

VR/AR 标准制定时机是否完全成熟值得商榷，因为国内产业链上游并不十分健全，下游市场还处于早期阶段，技术属于攻关阶段。但是国内市场体验

---

① 《Khronos 宣布统一 VR 标准 OpenXR》，搜狐网，http：//www.sohu.com/a/127498441_536852。

② 《国内外组织纷纷涌入 VR/AR 标准领域正在上演一场战争》，VR 网，https：//www.hiavr.com/news/detail/21763.html。

不佳的 VR 眼镜乱象丛生,标准问题凸显并被推到前台,加之国际市场对国内市场的影响,VR/AR 标准的组织研发与市场培育成为当务之急。因此,就 VR/AR 标准制定而言,提升虚拟(增强)现实产业自身发展水平,促进虚拟现实以智慧生产与其他产业结构的融合发展,与同 B 端实体经济结构和 C 端消费市场结构的博弈息息相关,不可偏废。

B.12
中国科技与信息化政策
和虚拟现实产业发展

陈 薇*

摘 要： 如今，伴随着互联网的快速发展和全球化步伐的不断加剧，呈
现在我们面前的是一个科技与信息互融共进的时代。当信息化
建设的浪潮此起彼伏，虚拟现实产业首先走在了时代的前列。
它将科技与生活互融，将传统与现代互联。在这个信息爆炸的
时代，虚拟现实本着从实体经济建设的角度出发，围绕供给侧与
应用链双重发力，完善科技管理体制，关注核心技术，融合产业
发展，加速产业生态链，践行信息化建设，健全产业发展环境。

关键词： 科技与信息化 虚拟现实产业 产业融合发展

一 中国科技与信息化政策发展分析

（一）中国科技与信息化政策发展概述

中国科技与信息化发展建设已然成为 21 世纪中国现代化进程的基石和保
障，2018 年 5 月，习近平总书记在为全国科技工作者召开的两院院士大会上
发表了"深化科技体制改革，充分释放创新潜能"的重要讲话，[1] 在讲话中充

---

* 陈薇，北京邮电大学世纪学院艺术与传媒学院副教授，研究方向为动画、数字媒体艺术。
[1] 《全面深化科技体制改革——三论学习贯彻习近平总书记两院院士大会重要讲话》，光明网，
www.gmw.cn，最后访问时间：2019 年 1 月 25 日。

分强调了科技体制机制改革的重要性，为中国信息化发展指明了道路和方向。

中国处于工业经济向信息经济转型的现代化进程中，正在经历信息革命，需要遵循科技创新规律，将科技引领与信息化保障充分结合。首先，为了贯彻"十三五"国家科技创新规划，有关部门提出"双轮驱动"的重要政策，结合"两个创新"即科技创新和制度创新展开工作。其次，整个信息化系统由互联网创新推动建设，在建设中驱动落实"四个全面"战略布局，科学构建信息化的系统工程。再次，部署科技与信息化人才培养战略，重视人才、挖掘人才、培养人才，建立健全科学宏观的管理机制，为培养科学技术人才服务。最后，全球信息化建设浪潮已呈现多维度发展模式，跨界融合、加速创新、多元发展、技术引领等都将成为推动经济社会全面发展的重要因素。中国科技与信息化政策在顺应新世纪、新政策、新方向的前提下，努力开拓、锐意进取，必将取得阶段性成果。

（二）国内科技管理与信息化改革策略分析

依据全国深化科技体制改革的指导思想，全面贯彻深入学习习近平总书记系列重要讲话精神，其中特别提到以激发创新、问题导向、整体推进、开放协同、落实落地为基本原则，中国科学技术管理部门先后出台了《国家科技计划管理暂行规定》《科技评估暂行办法》等相关规章制度，总书记讲话告诉我们中国正在构建合理的、可持续的科学技术管理宏观调控机制，在制度范畴下逐步形成目标明确、层次分明、手段多样的管理机制，促进科技创新体制优化发展。

首先，高校、企业、政府和科研机构是科技管理体制创新的主体，有关管理部门须针对科技计划、重大科技项目及相关科研管理单位进行方向引导，分层管理，评估与监督。

其次，整个科技体制改革注重过程化管理，充分考虑产学研用的融合发展，在实验创新中推动科学技术成果的有效转化。

再次，重视且加大对人才的经济投入与政策支持，正确引导，转变思路，激励机制明确，鼓励年轻有为、肯干肯钻研的技术人才做科研。

最后，整合优势资源与产业，形成科技创新生态链，优质的科技创新生态圈建设离不开协同创新，离不开国际化的接轨，放眼未来，整合优势，形成新

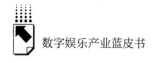
力量，科技创新生态链必将越来越完善。

综上所述，中国科技管理与信息化改革任重而道远，不仅需要具有对现有体制的清醒认识与剖析，而且要紧跟时代，研究当前经济形势，结合新技术、新理念在新机制的指导下敢于创新，敢于改革，为中国社会主义的信息化建设做出应有的贡献。

（三）国内外科技与信息化比较分析

1. 国外科技与信息化发展分析

进入 21 世纪，科技与信息化就像一张巨大的网络，它无缝衔接世界各地的任何角落，以移动互联网、云计算、大数据、物联网、人工智能等为代表，国家信息化建设的速度越快，经济社会发展的水平就越高。

在这场全球化的网络信息竞争中，全世界迸发了两个表现特别突出的国家：美国和日本。据统计，美国作为全球信息技术革命的发源地，21 世纪初期的风险投资在进入互联网的创业领域后，自 2002 年开始，美国进入新一轮的信息技术和产业变革发展期，为了确保美国在 21 世纪的信息化与高科技领域处于绝对领先地位，克林顿任总统期间曾在财政预算中拨出 3.6 亿美元直接用于信息技术领域的研究，而这一行动计划被命名为"面向 21 世纪的信息技术"。无论从哪个角度观察，美国在信息技术研发、市场创新、商业收益等方面一直处于世界领先地位。另一个国家是日本，早在 20 世纪 60 年代，日本政府就十分重视信息产业的发展，时至今日它已成为整个日本的支柱产业。据不完全统计，日本信息产业在 1995~1998 年、1998~2001 年、2001~2004 年、2004~2007 年、2007~2010 年、2010~2014 年的六个时间阶段内实际 GDP 增长的贡献率一直呈正值分布，无论是从信息产业规模、产业结构，还是从产业劳动力而言，日本政府实施了"先发制人"的措施，在实际发展中得到良好的印证。

由此可见，美日两国将信息产业确定为主导产业，对本国的实际 GDP 增长率做出重要贡献，而这两个国家的成功经验对全球许多国家的科技与信息化发展有重要的启发作用。

2. 国内科技与信息化发展应用

目前中国科技与信息化发展正处于转型时期，在高速发展的经济社会中呈现科技与信息技术互联的状态，一方面将颠覆传统信息产业的发展模式，另一方面将加速工业社会向信息社会迈进的速度。随着移动互联网、大数据、云计算等的广泛运用，全社会俨然已经形成了一个庞大的数字化网络媒体，地球村的人们不再遥遥相望，传统工业社会体制下的传播交流方式已被互动新奇的体验方式所替代。

中国科技与信息化发展的整体水平较之于信息产业强国还存在一定的距离，主要表现在以下几个方面：其一，加速核心技术研发的优化升级，实现核心技术创新引领；其二，加快信息化基础设施的改革建设，信息普及程度较低，尤其城乡发展差距较大；其三，促进信息数字化的发展，逐步实现数字化生活，网络和数字产品充实到日常生活的方方面面；其四，加大网络信息改革力度，促进网络创新协同发展，着力解决信息资源共享开放的难题；其五，推进信息化共建共享建设，加强网络空间法治建设；其六，改善网络安全布局环境，加强网络安全健康发展；其七，全面推进信息改革，改善信息化发展环境，提高中国综合国力和经济发展实力。在高效完成工业化建设任务的道路上，面对新的历史机遇，构筑国际竞争新优势，加快信息化发展，推动中国社会主义现代化新发展。到 2020 年，中国科技与信息产业将得到突飞猛进的发展，部分核心技术将达到国际领先水平。

二　科技与信息化和虚拟现实产业

（一）科技与信息化政策导向下的虚拟现实

21 世纪是开放的、数字化的信息时代，世界各国在科技领域奋发图强，以绿色、智能、泛在为特征的群体性技术革命正在兴起，新一轮的科技变革和产业革命在各个角落不断渗透。其中，虚拟现实产业成为全球科技发展的一支生力军，近些年在各行各业呈现方兴未艾之势，中国相关部门大力加强虚拟现实产业布局，在国家重大规划中就相关政策做出具体部署。习近平总书记在十九大报告中强调了虚拟现实产业在全球新一轮产业技术变革中的特殊分量，需要政府和有关部门进行政策引导，在关键技术的研发、核心内容的创造、生态结构的构建、人才培养的形成上加大支持力度，提升科研成果。

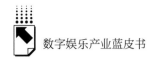

在科技与信息化政策的导向下，未来数十年虚拟现实将实现爆发式增长，虚拟现实与未来信息社会相融合，中国必须紧跟政策导向，紧跟全球发展步伐，加速发展先进科学技术，围绕经济发展生态链重点拓展教育培训、娱乐游戏、影视内容、新闻出版、投资路演、VR＋动漫、人工智能、VR 标准、先进制造、文化旅游等领域。

（二）虚拟现实的科技信息化标准应用

2018 年 5 月 21 日，世界 VR 产业大会新闻发布会在北京召开，这次盛会针对大力发展虚拟现实产业提出重要举措，在推动 VR 核心技术研究、标准制定、行业应用方面，使虚拟现实的科技信息化标准得到不断修改与完善。

在计算机领域，VR 被认为是继 PC 和手机之后的下一个通用计算平台，但由于行业发展的限制，缺乏 VR 行业标准，全国各地的专委会正在大力推进 VR 标准的制定。在 2017 年，工信部电子技术标准化研究院、虚拟现实产业联盟标准委员会牵头发布了《虚拟现实头戴式显示设备通用规范》，它的出现也成为中国虚拟现实领域首个自主制定的标准，虽然一经出台受到很多业内人士的批评，但在 VR 标准制定领域向前迈出一大步。2018 年虚拟现实产业联盟继续服务于企业与行业，加大力度，开拓创新，成立应用专委会对 VR 产业内容进行研讨与探索，汇集多方意见，形成初步共识，先后搭建了《VR 健康防护体系》《VR 融资项目库》《VR 投资方资源库》；先后发布了《2016～2017 年中国 VR 市场年度报告》《2016～2017 年中国 VR 投融资年度报告》《2017 年中国 VR 产业投融资白皮书》《2018VR/AR 产业发展及投资价值》等研究成果。

（三）虚拟现实与产业融合发展

虚拟现实技术可以将多种信息源进行交汇融合，它作为当今引领全球产业变革的一支重要力量，跨界融合了多个技术平台与领域，产业创新呈现高速发展之势。虚拟现实作为新兴的科技技术在数字媒体行业中扮演着不可或缺的角色，如今各行各业对虚拟现实、增强现实以及混合现实等技术充满渴望，融合发展过程中最稀缺的仍然是内容与创意，是传播产品的好故事、好点子。

虚拟现实产业要实现可持续发展，首先要做到核心技术的创新与突破，实现与产业的融合贯通。中国在虚拟现实与产业融合发展过程中不断发展自身关键技术，在产品研发方面部分技术取得了可喜的成绩与突破。第一，交互技术研发，中国解决了用户体验时 VR 头盔被线缆束缚的问题，并且开发出全球首款 VR 眼球追踪模组。第二，光场技术研发，中国光场拍摄系统经过不断实验研发出高精度三维建模，精细度能突破亚毫米级。第三，终端产品研发，由国内自主研制的 VR 眼镜在"太空之旅"中已成功应用到航天员的心理调节方面。2017 年，工信部在《产业关键共性技术发展指南》中又将近眼显示技术、GPU 渲染技术、感知交互技术、通信传输技术、内容生产技术等五大核心技术列入该项指南中。VR 与 AR 作为新兴领域新技术，正悄无声息地进入各领域各大产业，如教育培训、医疗健康、网络社交、数字娱乐、数字旅游、房地产以及未知的领域等，中国各大城市也悄然登陆了虚拟现实大市场，各省各地将虚拟现实作为重点打造产业，积极申报省部级、国家级创新中心，全面推进 VR 产业融合发展。

三 科技与信息化和虚拟现实的发展与困惑

（一）新政策下虚拟现实的发展前景与机遇

随着"互联网＋"技术在全球以方兴未艾之势突飞猛进地奔跑，经过 20 多年的发展，中国站在了世界数字化网络发展的前沿领域。其中，虚拟现实产业被打上了"数字化"的烙印，在这趟高速行驶的列车上破旧立新，业已成为推动全球经济发展的举足轻重之角色。在科技与信息化融合发展的大好蓝图下，虚拟现实技术已成为全球信息产业最热门的新宠之一。一方面旨在响应国家构建安全健康的信息技术体系，提高全民科学文化素养；另一方面旨在促进数字娱乐产业下新型产品形态发展，推动虚拟现实产业的全新升级。

为全面推进信息化建设，加速生态体系构建，国内有关部门和科学技术专家制定了一系列开展 VR 技术研究和扶持的政策措施。2018 年围绕该产业，中国还成立了虚拟现实产业联盟，为产业化标准与产品研发提供了强大支持；同时中央支持各地方 VR 产业发展，密切与地方开展合作交流，提供政策支持；各地方专委会深入开展工作，制定 VR 各项标准，提供共性技术支持；大力开

拓国际交流市场，为中国虚拟现实企业寻求合作与机遇；推进 VR 教育培训，加强产业顶层设计，让更多的群众熟悉虚拟现实存在的价值。

工业和信息化部为推动 VR 产业发展进行了工作部署，在新形势下对虚拟现实的发展充满了憧憬与机遇。工信部提出到 2020 年，中国虚拟现实产业链条基本健全，在经济社会重要行业领域的应用得到全面深化，将建成若干个产业技术创新中心，核心关键技术创新将取得显著突破。[1] 中国工业和信息化部站在产业发展的制高点，加强该领域的目标规划和顶层设计，大力支持核心关键技术的研发，注重产学研用全方位合作，提供技术攻关、成果转化、信息交流等综合服务，促进虚拟现实行业标准修订工作，锁定重点领域示范工程建设，最终实现产业聚焦、技术创新、标准引领。

未来虚拟现实技术在全球各行业的借力发力将是不可预期的，在政治、经济、军事、医疗、文化、教育、旅游等领域因其丰富的交互性、拓展性和体验感，必将成为各行各业备受青睐的研究项目。

（二）新政策下虚拟现实发展面临的挑战与问题

同时，在新形势与新政策下，虚拟现实产业也面临诸多挑战与困境。市场供需能力评估不准确，产品低端且同质现象频繁出现，软件开发技术受限，场景体验缺乏认同感；VR 产品的平台兼容性能较差，市场缺乏对同类产品的统一标准与规范；原创内容与行业应用不足，产业链结构断裂，高品质内容和高流行度游戏画质缺失；交互方式较为落后，技术层面难以做到完全替代，缺乏一定可操作性；资本投资暴涨速退，"资本寒冬"引发小微企业供血不足，价格不亲民，导致刚需受挫；新技术的顶层设计匮乏，VR/AR 内容提供跟不上，需要产业协同作战。

参考文献

赵越：《科技管理体制创新与信息化建设》，《科技风》2016 年第 5 期。

---

[1] 《工业和信息化部关于加快推进虚拟现实产业发展的指导意见》。

王建：《科技管理信息化的基本问题及发展策略》，《科技传播》2013 年第 6 期。

王健美、张旭、王勇、赵蕴华：《美国虚拟现实技术发展现状政策及对我国的启
示》，《科技管理研究》2010 年第 14 期。

李龙霞、杨秀丹：《日本信息产业发展现状分析及启示》，《情报工程》2017 年第 3
期。

温晓君：《虚拟现实产业发展需冲破四重困境》，《市场观察》2017 年第 7 期。

孙立军、刘跃军、牛兴侦主编《中国游戏产业发展报告（2017）》，社会科学文献出
版社，2017。

中共中央办公厅、国务院办公厅印发《国家信息化发展战略纲要》，中央政府门户
网站，www. gov. cn/xin wen/2016 - 07/content - 5095336. htm，最后访问时间：
2019 年 1 月 25 日。

《中共中央办公厅、国务院办公厅印发〈深化科技体制改革实施方案〉》，中央政府
门户网站，politics. people. com. cn/n/2015/0942/clool - 27631349 - html，最后访问
时间：2019 年 1 月 25 日。

行业应用篇

Industry Application Reports

B.13

VR + 新闻*

——虚拟现实（VR）技术在新闻报道中的应用

杨　珂　蒯光武**

摘　要：　虚拟现实（VR）技术依托计算机技术，通过模拟现实场景，
　　　　　　为受众营造身临其境的直观感受，这与新闻报道一直追求的
　　　　　　"真实感""现场感""参与感"不谋而合，从而为VR技
　　　　　　术进入新闻业提供了前提和可能。2015年，VR被正式引入新
　　　　　　闻领域，形成一种新的报道形式——"VR + 新闻"，这是技
　　　　　　术革新的产物，但又不仅仅限于技术层面的升级，同时它也
　　　　　　促进了新闻的制作方式和编辑思维的革新。本文试图从新闻
　　　　　　制播角度，分析VR新闻独特的呈现方式与创新性的编辑思

＊　本文为广东省教育改革项目"虚拟现实（VR）与扩增实境（AR）场景下的传播教育改革"
　　成果报告之一。
＊＊　杨珂，中山大学南方学院文学与传媒学院讲师；蒯光武，北京师范大学、香港浸会大学联合
　　国际学院客座教授。

维，探究目前 VR 新闻发展的优势及遇到的挑战，从而为未来的新闻报道提供借鉴和启示。

关键词：　VR 新闻　画面景别　长镜头语言　编辑思维

在新闻业发展的历史进程中，每一位新闻人都致力于为受众提供更加真实的新闻内容，从时空上缩短新闻与受众之间的距离，从最初的动画、图表的使用，到现场报道与演播室技术的结合，实现了事实与新闻报道之间时间差的压缩，增强了新闻的可视性、可听性和可感性。但这些技术对于空间上的缩短并不明显。2015 年，虚拟现实（VR）这项技术被引入新闻领域，到 2018 年，VR 技术已经普遍运用于各大媒介平台的新闻报道手段中，从空间上弥补了受众无法亲临现场的遗憾。

虚拟现实技术是依托计算机技术，通过模拟现实场景，利用视觉、听觉、触觉等多种传感设备，为受众提供多感知体验，令受众有身临其境的直观感受，这与新闻报道一直追求的"现场感""参与感""真实感"不谋而合，从而为 VR 技术进入新闻业提供了前提和可能。VR 技术与新闻相结合，形成了一种新的新闻报道形式——"VR＋新闻"，这是技术革新的产物，但又不仅仅限于技术层面的升级，同时它也促进了新闻的制播方式和编辑思维的革新。

一　"VR＋新闻"的制播方式

VR 技术的引入，令"VR＋新闻"展现出与传统新闻制作的不同，其独特的新闻制播方式具体体现在对于全景画面、长镜头语言，及创新时编辑思维的运用中。

（一）全景摄像机展现全景画面

VR 新闻使用的设备区别于传统新闻，VR 视频需要一台配备多个方向的摄像头、展现四方位甚至是全方位的全景摄像机，同时在拍摄之前即需进行定焦，并提前设定好摄像机的整个移动轨迹。因此在整个拍摄过程中，摄像机没

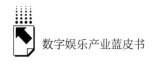

有镜头光轴及焦距的变化，要实现景别的转换，依靠的仅仅是机位调度及画面内的人物调度，来展现不同被摄主体在画面中所处的位置范围和大小。

在拍摄进程中，VR新闻要求记者站在其中的一台摄像机的正前方，避免在多个摄像机镜头的接缝处产生画面畸变。后期再利用缝合技术，对整个新闻实现整体、客观的把握，从而实现全景画面的展现。

（二）长镜头语言实现一镜到底

长镜头语言对于蒙太奇剪辑语言而言，是指从开机到关机，长时间持续拍摄的一个完整的镜头。因为节目时长及新闻效果的限制，以及新闻制作组创作意识的影响，在传统新闻视频的制作中，一般很少用到长镜头。但在VR新闻中，一方面为了减少视觉不适感，另一方面更是对真实性的追求。镜头间的切换成为极少数，长镜头成为主流，而场景之间通常采取硬切或黑场过渡的切换方式。

这种一镜到底的处理方式，使受众在体验VR新闻的过程中，通过自主抬头、转头或低头等行为，主动去选择自己想观看的视角，从而达到还"权利"于受众的目的。

（三）互联网新媒体延展编辑思维

VR技术在带来新闻生产革新的同时，在新闻编辑方面也为传统网络编辑提供了新的延伸方向，为未来新闻编辑拓宽了思路。从传统网络的内容拼接整合，到更加注重原创的编辑模式，VR新闻将"编辑"的内涵延展至新闻的整个过程中。从前期新闻题材的选取，到中期拍摄过程中场景的设置，以及最后剪辑缝合过程中互动特效的添加，都隐"编辑"于其中。

传统的网络新闻编辑着重强调的是"受众本位"思想，要求新闻记者在制作新闻作品的过程中"尽力满足受众的信息需求"，而在VR新闻中，传统把关人地位消失，将"人人皆为记者"体现得更加淋漓尽致。

通过这种独特的新闻制播方式，制作者可以通过虚拟现实技术，制作出任何想要模拟的"新闻现场"，受众在这样的"新闻现场"中进行360度全方位的全景自主体验，令"VR＋新闻"的报道形式较之传统电视新闻视频与网络新闻视频而言，更能带给受众直接参与式的体验。

二 "VR + 新闻"的特征

VR 技术具有三个核心特征，即沉浸、交互及想象，可称为"3I"。麦克卢汉强调"媒介即人的延伸"，VR 技术通过调动受众全身的感知功能，使其有置身其中的立体空间体验，为观众提供了一种前所未有的沉浸式和体验式的新闻获取方式。① 新闻可以更好地实现其真实性、现场感与参与性的特征。

（一）VR 新闻更具真实性

VR 新闻提供给受众的是沉浸式的 3D 体验，与普通 3D 眼镜不同，通过新闻制作者运用 360 度全景摄像机及计算机图形学等技术制作出的 VR 视频，受众所感受到的是 360 度无死角的 3D 体验带来的另一个平行的真实世界。这种"场景还原"的叙事方式，结合长镜头语言，令受众"亲身"来到被还原的场景中，"亲历"整则新闻事件，自己获取有用的信息，有效保证了信息在传播过程中的完整性。②

2015 年 12 月，各大媒体对"深圳重大山体滑坡事故"进行了 VR 报道，包含财新传媒的《深圳垮塌事故现场黄金 72 小时营救》《生死线上的人家》等六条 VR 新闻系列报道，以及新华网的《虚拟现实带你"亲临"深圳滑坡救援现场》等。这一系列报道将滑坡事故现场的真实环境完整展现在受众面前，受众置身其中，通过自由探索和移动，可以近距离看到现场垮塌的房屋、受伤的群众、忙碌的救援人员与医护人员，感受现场的氛围。此时灾难事故对于受众来说不仅仅是一张图片、一段影片，而是真正发生在自己身边、自己切身体验了整个过程的事件，从而产生之前没有过的情感体验和情感共鸣。这种真实性，是"记者视角"永远无法带来的。

（二）VR 新闻更凸显现场感

VR 新闻将受众从传统的屏幕前，直接搬到新闻事件发生的"现场"，真

① 王卫明、陈信凌：《高级新闻采编实务》，合肥工业大学出版社，2017，第 7 页。
② 巩琳萌：《"虚拟现实 + 新闻"来袭：传统主流媒体需要做好哪些准备》，《新媒体研究》2016 年第 12 期。

正以"现场亲历者"的第一视角感受事件的进展。此时 VR 新闻带来的场景再现更具感染力和冲击力，通过专用的 VR 显示器（VR 头盔、VR 眼镜等），受众往往看不到 VR 新闻作品以外的事物，他们完全沉浸在新闻之中，仿佛是新闻事件中的某一个人。[①]

2018 年平昌冬奥会期间，英特尔公司与奥林匹克广播服务公司（OBS）共同录制了 30 场奥运比赛，AR 导航、5G 网络甚至 VR 直播等纷纷登场，这是目前规模最大的 VR 赛事直播，观众无须守在电视旁，戴上 VR 眼镜即可享受与众不同的视觉盛宴。每场赛事中现场设置的 3 到 6 个摄像机，为体育迷打造一种 360 度 VR 环境，比以往任何时候都更靠近运动员。用户可以通过 True VR 体验，参观整个奥运场馆，而佩戴有 VR 头显的用户还将能够"飞跃"冬奥会赛场，从而真实地感受不同地点的具体场馆布局。用户可以在 VR 直播中切换来自六个机位的多个视角，获得个性化的观赛体验，将自己沉浸于赛场内，这种 VIP 待遇，是即使亲自买票入场观看，也无法实现的。

（三）VR 新闻更强调参与性

在 VR 新闻的沉浸式体验中，受众不再是置身事外的旁观者，而是来到现场的参与者，这种身份和角度的改变是 VR 新闻带来的最大变革。[②] 在传统新闻中，往往是以第三人称进行叙事，记者对新闻事实进行先一步了解、分析和解读后，再将重组后的新闻信息画面展现给观众，通过画面与记者的解说，观众以脱离事件本身的全知视角去看整个新闻。

而 VR 新闻中媒介角色隐藏于幕后，其把关人的作用不再凸显，通过长镜头及全景摄像机的拍摄，观众佩戴 VR 设备后可以选择任何一个自己喜欢的角度、焦点和景别，任意放大或缩小，如亲临现场般环视、俯瞰和仰视。从这一点上，VR 新闻完全颠覆了以往新闻受众的被动地位，使受众获得前所未有的主动权，从而能够与新闻事件形成更加强烈的"情感共鸣"。

从 2016 年的两会起，中国各大媒体纷纷引入 VR 新闻理念，2018 年的两

---

① 王卫明、陈信凌：《高级新闻采编实务》，合肥工业大学出版社，2017，第 138 页。
② 胡卫夕、胡腾飞：《VR 革命：虚拟现实将如何改变我们的生活》，机械工业出版社，2016，第 110 页。

会期间，各大媒体更进一步对人工智能、VR、AR 等新技术综合应用，为受众营造出沉浸式的视听体验，大大提高了两会报道的新闻生产和传播效率。大型全景式视频直播，集信息采集、发布于一体的"钢铁侠"多信道直播云台，更加轻便的可穿戴设备"小红帽"，将全景相机与红色头盔相结合等这些 360 度全景的报道模式愈发纯熟，成为两会报道的重要特色；通过 H5 与 VR 技术相结合的方式，研发出多种产品，令两会在原本严肃的政治报道中加入了活泼生动的元素，提供真实的新闻场景，受众取代传统的新闻记者，通过点击和转动头部等方式，自主探索和发现，"亲身"体验两会的氛围，了解提案的内容，例如新华网结合 3D 立体画和折纸动画等表现手法创作的创意短视频《跃然纸上看报告》，对《政府工作报告》进行了 3D 可视化呈现，腾讯新闻的动画短视频《350 秒速览最高检工作报告！干货都在这里了》，将二维码印在《最高检工作报告》上进行宣传推广，等等；此外，河南日报报业集团与腾讯联手打造的"AR 读报"、新华社"小新"的 AR 新功能，开创了两会 AR 新闻的新纪元，实现场内、场外的联合互动。

传统新闻由于受到摄像机框架、视频边框的限制，通过有限的采访、有限的摄像、有限的剪辑，以及有限的屏幕向观众展现了有限的新闻信息。而 VR 技术通过"场景再现"的方式，赋予新闻内容以"有限"最大化，使受众体验到更加真实、现场感更强、参与性更突出的新闻事件。

三 "VR + 新闻"所面临的挑战及发展前景

目前，虚拟现实技术更多地运用于游戏、广告、影视与教育等产业中，作为一种跨领域、跨专业的新型新闻报道方式，VR 技术在国内新闻媒体中的应用仍然处于初级阶段，在面对极大挑战的同时，"VR + 新闻"同样具有巨大的未来发展前景。

（一）VR 新闻所面临的挑战

随着 2015 年 11 月，《纽约时报》在其 VR 新闻客户端"NYT VR"上推出的新闻纪录片 *The Displaced* 获得巨大的成功，国内外新闻媒体在报道中首次引入"VR"的概念，世界 VR 新闻技术开始了井喷式发展。截至目前，VR 技术

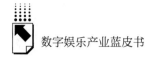

已经在新闻领域运用了整整两年，但在硬件及软件的配备上仍不完善，皆面临着极大的挑战。

1. 硬件上，制作成本高，技术不成熟

VR 新闻大多通过互联网平台进行传播，因此网络的宽带网速是影响 VR 新闻发展的关键，关系到 VR 新闻能够同步播出，是否会出现延时现象等问题，而目前中国的宽带网速亟待加强。此外，VR 新闻使用的是一套专业设备，包含前期拍摄的全景摄像机、中期制作的专业计算机设备，以及后期播放的 VR 播放器、VR 眼镜或头盔等，这套设备对于受众体验 VR 新闻视频至关重要。

首先，VR 新闻要比普通新闻视频的设备成本更高。VR 新闻需要一套与传统新闻完全不同的设备，这就需要新闻制作单位单独进行购买，一套全景摄像机的售价大致在几千至几十万元不等，建设一间全套 VR 新闻实验室也需几十万元人民币的投入。VR 芯片制造商 AMD 合作事务副总裁罗伊·泰勒曾经说过，优质的 VR 内容每分钟的制作成本可能高达 100 万美元。[①] 即使如《纽约时报》这样的老牌媒体，仅仅制作 19 段 VR 视频内容，就已经耗资几百万美元，这样的成本投资量，对一些媒体来说着实力不从心。

其次，制作 VR 新闻所需要投入的时间成本、人力成本，及技术成本相较于传统新闻也更高。新闻制作单位要培养一位全方位的 VR 编辑人员需大量的投入，《纽约时报》这样发展较为成熟的 NTY 团队中，也只有一位全职的 VR 编辑，他需要与报社里多达 30 个部门进行合作，负责在前期对参与报道的记者进行技术培训，以及解决后期制作技术上的问题。较少的人员配置，同时也影响了新闻制作的时效性，在制作 *Vigils of Paris* 的过程中，NTY 的整个团队成员面对这一重大突发事件时，从初期拍摄，到中期制作，以及最后的推波展示，总共花费了整整五天的时间。由此可见，目前整个新闻界对于 VR 新闻中的技术掌握熟练程度，远远无法满足受众对于新闻与日递增的严苛要求。

---

① 《优质 VR 内容一分钟制作成本高达 100 万美金》，通信世界网，http：//zhuanti. cww. net. cn/uc/htm/2016/8/9/201689108203123. htm，最后访问时间：2016 年 8 月 9 日。

最后，VR 设备的重量和质量影响受众的体验效果。2017 年 8 月 4 日，中国互联网络信息中心（CNNIC）发布的第 40 次《中国互联网络发展状况统计报告》结果显示，截至 2017 年 6 月，中国网民在单位通过电脑接入互联网的比例为 38.4%，而在网吧上网的网民为 17.3%，有 17.1% 的网民在公共场所接入互联网，另外还有 14.5% 的网民在学校通过电脑上网。在这些场所中，佩戴 VR 设备观看显然不切合实际，并且容易引发安全隐患，VR 设备的重量也会影响其携带方便性与佩戴的舒适感。而较为便携的 VR 眼镜在市面上的销售价格和质量参差不齐，从几美元到上百美元不等，不同品质的观看设备，对于画面清晰度影响颇深。

2. 软件上，内容质量不高，新闻深度不够

由于受到硬件条件的限制，全景新闻视频难以开展大规模推广，在一定程度上影响了其可持续发展，导致目前很多新闻制作单位对于 VR 新闻的投入不够多。而另外，传统网络新闻的编辑思维仍然影响着 VR 新闻的发展，面对"原创性"新闻的严苛要求，网络新闻编辑无法再沿用原本拼接整合的编辑流程，使很多互联网平台播出的 VR 新闻缺乏优质的新闻内容，新闻深度不够。

目前中国的 VR 新闻尚处于初级阶段，技术不甚成熟，大多仅限于 360 度全景视频的制作，对于国外制作的大型新闻纪录片仍无法独立完成。同时 VR 技术无法展现画面内的细节，对于人物、场景、环境等的要求较为特殊，极大限制了 VR 新闻的题材选取。从目前国内制作的一些 VR 新闻作品来看，多为横向铺排叙述的实景体验，而纵向深度的挖掘甚少。①

（二）VR 新闻未来的发展前景

2016 年 2 月 19 日，习近平总书记在新闻舆论工作座谈会讲话中强调，要尊重新闻传播规律，构建舆论引导新格局，创新方法手段。② "VR + 新闻"已来势汹汹，在受众越来越注重传播过程中的自身体验的当下，VR 技术的引

---

① 张倩：《浅谈我国 VR 新闻编辑的创新性与局限性》，《东南传播》2017 年第 1 期。
② 《习近平：坚持正确方向创新方法手段 提高新闻舆论传播力引导力》，新华社，2016 年 2 月 19 日，http://news.xinhuanet.com/politics/2016 - 02/19/c_ 1118102543.htm，最后访问时间：2016 年 3 月 13 日。

入，成为各大媒体丰富自身报道形式，满足受众不断提高的需求的有力手段。

1. 提升技术水平，扩充新闻题材

目前，中国的 VR 新闻大多运用于直播及系列大型会议中，如 2016 年及 2017 年的两会报道、深圳滑坡事件报道等，但由于宽带速度和设备稳定性的限制，时效性成为限制 VR 新闻发展的阻碍，尤其是在突发事件的报道过程中，较长的制作周期使 VR 新闻难以实现完全的同步播出。未来 VR 新闻发展最迫切的是提升技术水平，无论是前期新闻题材编辑选取，还是中期拍摄技术和设备的升级，以及后期缝合技术与播放设备的完善，都是扩充新闻题材，丰富新闻内容的技术支撑。

2. 作为辅助手段，进行媒介融合

随着互联网 PC 客户端的普及，雅虎、新浪、网易等门户新闻网站迅速占领高台，其后移动互联网的风行又促使"今日头条"等新闻发布平台一一上线，新媒体开始逐步抢占话语权，传统媒体在与其竞争的过程中明显处于下风。而 VR 技术的出现将一切推倒重来，新的制播方式、新的播出平台，成为传统媒体夺回话语权的最佳力量，目前人民日报、财经传媒、中央电视台、新华社等老牌媒体，运用自己纯熟的新闻运行模式，与互联网新媒体展开激烈竞争，通过"VR + H5"、VR 与数据新闻相结合的新闻形式，实现 VR 技术与新闻的媒介融合。未来无论是传统媒体还是网络媒体，令 VR 成为一种新闻内容展示的辅助手段，实现跨媒体、跨行业的联合，成为丰富新闻的表达形式，满足受众需求的新的发展思路。

3. 加强感官体验，实现情感共鸣

VR 新闻对于传统媒体报道的新闻视频而言，更能使受众沉浸在新闻现场，进而形成参与感与交互性多维化的信息环境，帮助受众体会到更加真实的视觉冲击力和情感共鸣，令本身遥远的新闻事件瞬间拉近至受众身边，产生强烈的认同感。VR 技术的感官运用中，不仅仅有视觉、听觉，嗅觉和触觉也可以纳入其中，未来随着 VR 技术的逐步提升，受众将不仅仅依靠视觉和听觉感知新闻，同时还可以触摸到新闻现场的人、物，闻到新闻现场的真实气息，这都将成为实现前所未有的参与感的有力支撑，这是传统新闻传播所不可能代替的。

参考文献

王卫明、陈信凌：《高级新闻采编实务》，合肥工业大学出版社，2017。

胡卫夕、胡腾飞：《VR 革命：虚拟现实将如何改变我们的生活》，机械工业出版社，2016。

刘达：《基于网络的虚拟现实技术初探》，《新媒体研究》2015 年第 14 期。

赵沁平：《虚拟现实综述》，《中国科学》（F 辑：信息科学）2009 年第 1 期。

何虎：《虚拟现实技术在新闻报道中的应用探讨》，《中国传媒科技》2016 年第 7 期。

赵艺扬：《浅析虚拟现实技术对新闻报道的影响》，《中国传媒科技》2016 年第 8 期。

B.14
基于 VR 技术的体验式营销
变革趋势初探*

罗 希 蒯光武**

摘 要： 眼下，人们与互联网之间的交流、连接基本上是二维的，不论是移动互联网还是 PC 客户端，交流限制于一张小小的触摸屏或是凹凸有致的键盘。VR 技术的出现，可能会打破传统的人机交互模式。虚拟现实技术一经诞生便成为时代的宠儿，先后被开发应用在文化娱乐、医疗健康、工业制造、教育培训、商贸创意等多个领域。本文将从广告营销的大方向入手，选取体验式营销这一新兴板块作为重点研究对象。此外，结合 VR 科技及其发展趋势，通过剖析中外体验式营销最新案例，窥探融合"虚拟现实技术"后的新型营销模式，以期能为企业未来的营销之路提供借鉴。

关键词： VR 技术 体验式营销 广告传播

美国著名的营销大师西奥多·莱维特曾说："未来市场的竞争，不在于企业能提供什么样的产品或服务，而在于谁能为自己的产品与服务添加更多的附加价值。"而价值作为价格的基础，很大程度上并非由企业自身决定，而是回归市场，由消费者为其赋值。

---

* 本文为广东省教育改革项目"虚拟现实（VR）与扩增现实（AR）场景下的传播教育改革"成果报告之一。

** 罗希，中山大学南方学院文学与传媒学院教师；蒯光武，北京师范大学、香港浸会大学联合国际学院客座教授。

继 20 世纪 40 年代，营销领域的奠基理论"USP"（Unique Selling Proposition）提出并发展后，营销人员发现市面上的同类产品之间，实质性的表层差异越来越小，产品在营销中的独特性也愈来愈难以挖掘。另外，较先验性产品，顾客对于经验型产品表现出较强的购前参与性，如超市试吃食品、服装店试穿服饰等。实体店主在店面的设计、氛围的营造、格调的创新、人员的服务等方面也都较传统营销时代有所不同，即将关注焦点从"产品"转为"消费群体"的点滴感受。"美国未来学家阿尔文·托夫勒曾预言，服务经济的下一步是走向体验经济，人们会创造越来越多与体验有关的经济活动，商家将靠提供体验服务取胜。"① 进入 21 世纪，科学技术的发展日新月异，依托于 VR、AR、3D 动感技术的网络营销发展迅猛。据统计，2018 年全球虚拟现实产业规模现已接近千亿元人民币，Greenlight 预测 2022 年将突破 2000 亿元，其中 VR 市场 1600 亿元，AR 市场 150 亿元。VR 体验营销较传统营销表现出"单向至双向""实体至虚拟""静止至互动"的超时空价值，这种颠覆性的变革无不在召唤着一个全新的营销时代。

一　VR 技术概说及其现状

（一）VR 为何物？

VR 源于 Virtual Reality 一词的首字母缩写，译为虚拟现实。该技术诞生于 20 世纪 80 年代的美国，最初由 VPL Research 公司创始人杰伦·拉尼尔（Jaron Lanier）提出，"是一种可以创建和体验虚拟世界的计算机仿真系统。它利用计算机生成一种模拟环境，是一种多源信息融合的、交互式的三维动态视景和实体行为的系统仿真使用户沉浸到该环境中"。② 换句话说，即利用先进计算机科技，模拟一个虚拟的三维立体空间，充分调动人的感官系统，譬如模拟风、雨、雷电等，让受众身临其境，将虚拟与现实合二为一，形成奇妙而又特别的体验经历。受众可通过一个 VR 头盔与电脑生成的虚拟世界相连，同虚拟世

---

① 卫苗：《体验营销在房地产品牌塑造中的运用》，《福建质量管理》2016 年第 5 期。
② 王砚：《关于 VR 技术对国内媒体生态圈影响的几点思考》，《科技展望》2016 年第 17 期。

界中的事物产生交互式的互动。VR 技术主要有三个主要特点：构想性、沉浸感、交互式体验。

（二）VR 技术发展的现状

20 世纪中期，VR 眼镜、头盔等设备就已出现，不过由于彼时技术滞后，并未被大规模生产应用。1992 年，VR 电影《剪草人》（The Lawnmower Man）的出现打破了这一状况，VR 在年轻群体中的影响力被挖掘出来，随即愈炒愈热，引发了街机游戏 VR 的短暂繁荣。2017 年，时光流转 25 年后，伴随着 Facebook 的 Oculus Rift、HTC Vive、PlayStation VR 和谷歌 Cardboard 的相继出现，VR 又一次重回大众视野，并在新技术的协同下，预指更加光明的未来。

在社会公益事业方面，VR 的投资也开始进入白热化状态。例如，2017 年 5 月，百度公司宣布与秦始皇帝陵博物院达成合作，双方将围绕"秦始皇兵马俑复原工程"，通过虚拟现实和人工智能技术，实现对破损兵马俑的"复原"及相关文物的信息化展示。[①] 有创新性思维的学校也期待在课堂上借助 VR 设备教学，而爱立信也在筹划如何在 5G 网络上充分利用 VR 技术。上海医微讯数字科技有限公司推出的"柳叶刀客"模拟手术工具 App，将虚拟现实技术与外科手术相结合，让用户可以身临其境进行手术学习、观摩和模拟训教，有限改善了临床医学领域培训教学资源不足的现状。[②]

不仅如此，电影行业也对 VR 技术的发展与应用表现出浓厚的兴趣。从 4 月的北京国际电影节、6 月的青岛 VR 国际影像周，到 8 月的威尼斯电影节……VR 电影在 2018 年可以说收获满满。诸如《Buddy VR》《Invasion》《6×9》等 VR 动画在各大国际电影节中也大放异彩。也许就像威尼斯电影节的联合策展人米歇尔·赖尔哈奇（Michelle Reilhac）说的那样："如果电影是与时间共舞的艺术，VR 就是兼顾时间和空间的艺术。我们到现在才刚刚明白 VR 到底在干什么。目前，电影业仍在试验并看到人们的反应，我们应该接受所有这些实验，因为没有它们，行业就不会有进步。"《钢铁侠》的导演乔恩·费儒（Jon Favreau）就用行动证明了他对 VR 的认可，2018 年他亲身参与了 VR 体验《地

---

① CAICT 中国信通院：《2018 年中国虚拟现实应用状况白皮书》，2018。
② CAICT 中国信通院：《2018 年中国虚拟现实应用状况白皮书》，2018。

精与哥布林》(*Gnomes & Goblins*) 的开发。在人民日报海外版对今年威尼斯电影节的报道中,一位网友给予其这样的评价:"VR 电影可能成为未来的新趋势,中国艺术家应该抓住主动权,引领新兴产业。"

事情的发展也并不都是乐观的。相比于观看普通电影的多渠道选择,VR 影片离消费者是如此遥远:大部分人没有合适的 VR 设备,而即使有了设备的那一小部分爱好者,又缺少合适的平台引入和聚集这些优质的内容。相比传统影视来说,VR 电影的产业链还只能说处于蹒跚学步的状态。

VR/AR 分析机构 Greenlight Insights 的分析师认为,2018 年是 VR 行业的分水岭,VR 一体机的出现意味着 PC VR 头显的时代或将终结。VR Fund 刚发布不久的 2018 年 VR 产业报告显示,其行业投资规模与 2017 年相比增长趋近缓慢,但这只能说明其他方面的资金流增长更快,就像切纳瓦钦(Chennavasin)所讲:"VR 绝对在发展,其脚步并没有放缓。"①

二 体验营销概念剖析及分类综述

(一)体验营销概念剖析

体验营销是 1998 年美国战略地平线 LLP 公司的两位创始人约瑟夫·派恩(B-josephpineⅡ)和詹姆斯·H. 吉尔摩(JamesHgilmore)提出的。② 他们对体验营销的定义是:从消费者的感官、情感、思考、行动、关联五个方面重新定义,设计营销理念。国内学者陈志浩、刘新燕也曾在《网络营销》一书中,将体验营销定义为"一种为体验所驱动的新营销方式,它以满足消费者的体验需求为目标,以服务为平台,以产品为载体,从生活与情境出发,塑造感官体验及思维认同,以此抓住消费者的注意力,影响消费行为,并拉近企业与客户之间的距离,为产品找到新的实现价值和生存空间的营销方式"。即充分调动人的五大感官系统,通过营销手段的刺激来实现

---

① Ni. bu:《VR/AR 行业 2018 年一瞥及 2019 年展望》,人人都是产品经理,http://www.woshipm.com/it/1790199.html,最后访问时间:2019 年 2 月 1 日。

② 李小伟:《零售业以消费者为导向的体验营销战略探析》,《中国商贸》2010 年第 16 期。

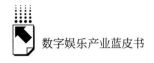

营销目的。

消费者行为学认为，80%的消费者对于产品的购买与品牌的选择多为非专家型购买，即消费者无法像该行业的权威人士一样，在购买前对产品的方方面面了解得清清楚楚，习惯性购买与冲动性购买出现的频次较高，因而这也成为体验营销得以建立的前提。

（二）体验式营销分类综述

相较于传统营销，体验式营销的重点在于消费者的参与。根据学界主流的分类标准，笔者将消费体验按照参与程度和参与方式简单分为以下四种。

（1）知觉体验，也称娱乐体验，意指通过全方位调动人的五觉系统（视觉、听觉、味觉、触觉、嗅觉）来创造不同体验，最原始也最接地气。几个月前日本某饮料厂家为了宣传新产品，开设了专门的 VR 体验店，利用头显、吊桥、风扇营造雪山环境，参与者需要"克服重重困难"直至通过吊桥后才能从微波炉中拿到免费饮料。这样的营销模式以互动型燃爆，带动感官全方位刺激，想不成功都难。

（2）情感体验，也叫审美体验。这种体验的理论基础来源于弗洛伊德的心理学框架，目的是诉求一种生理与心理上的高度复合知觉。此类体验着眼于对顾客情绪、情感的调动，甚至包含顾客的既有价值观，较第一类的层面更高。荷兰一家跳伞培训学校此前也曾开设过一个 VR 平台，体验者可在 VR 全景版本中感受到诸如自由落体等一系列足够的生理刺激，而后在无尽的乡村风景中漂浮……而当这样逼真的试体验结束后，参与者的心理往往伴随着同样变化：他们开始考虑是否要花钱进行一次真正的跳伞。通过 VR 全景，消费者将拥有比看演唱会、荒野之旅等更有深度的体验，因为他们的身体可能产生一些事先无法预料的运动，精神上也会伴随不同程度的情感体验，即使没有感到阳光和疾风。

（3）思维体验，又可称教育体验。主要是借助环境和情境的创造来开发客户的智力，通过别样的方式吸引人们的关注，继而萌生参与意愿，积极主动地加入对问题的理解中去。此类体验十分适用于高科技产品的营销。

（4）循世体验，客户完全抽离于现实环境，进入一种截然不同的虚拟情境中并获得体验。"你可以直视前方，也可以转过头去看后方；你可以仰头看上面，也可以低头看下面。这是一种真正 360 度的视觉体验。"[①] 2018 年，ECHE（泰科易）结合 GIS 建立 360 度景区信息查询系统，接入交通、住宿、景点信息建立优质商家推荐机制，提升旅游景区口碑传播力，打造极致的虚拟游乐体验，如樱花缆车、野谷漂流等，利用全景视频展示特色主题景点，带动体验式传播扩散。将全景项目融入官网模块，增加旅游产品与用户的内容联动性，如主题景区全景漫游探险活动，提升分享欲望，刺激潜在消费。

三　当 VR 技术接轨体验式营销

VR 技术的出现，打破了传统体验式营销的时空局限，颠覆了 2D 时代的平面感受，还原了 360 度全方位立体的多元互动式体验场景。伴随着镜头分辨率及清晰度的不断提升，市面上越来越多的 VR 产品"拟真"程度日益增高，VR/AR 电商通过三维建模技术与 VR/AR 设备以及交互体验，可以带给消费者更好的消费体验。

不只是线上，线下营销也可利用 VR/AR 设备在产品的实体店或是展示活动现场给消费者带来有趣的互动体验，增加消费者的兴趣与购买欲。

2015 年，日本著名大众服装品牌优衣库率先在网上推出 4D 虚拟试衣间（见图 1）。只需要在主流搜索引擎上输入关键词"优衣库""虚拟试衣间"即可弹出相应网址，点击进入后可根据定位切换城市、男装、女装、儿童服饰等。往下拉还可以选择天气、类别，还有衣服适合的场合等，十分人性化。现在还加入了不同身形的模特，消费者可根据实际情况自己选择，免去实体店排队的等待与困扰。

2018 年，拥有了 VR 技术的数字化营销如虎添翼，在耐用型商品的选择上也凸显卓越优势。购买过汽车的消费者，可能有过类似感受，去 4S 店试驾，不仅耗费时间成本，更耗费精力成本与体力成本，基于菲利普·科特勒先生的"顾客让渡价值理论"，实体店试驾的让渡价值很低。"围绕这一问题，国内某用车服务平台就与丰田、特斯拉、沃尔沃等多家知名汽车厂商合作推出体验式

---

① 腾讯科技：《2016 年 VR 营销 7 大手段》，产业新闻，http://games.qq.com/a/20160525/046040.htm，最后访问时间：2017 年 10 月 6 日。

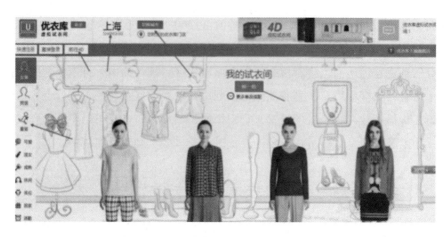

图1 优衣库4D虚拟试衣间界面主页

资料来源：优衣库在线虚拟试衣，http：//vfr.uniqlo.cn/u2/mini.php/en/index.html。

推广项目，消费者仅需要通过 App 预约指定车型就可进行试乘，同时还能针对该车的优缺点与司机交流，更符合现代人的购车喜好。"[1] 不仅如此，考虑到潜在消费人群在知晓兴趣车型内部架构上存在难度，英国的 ZeroLight 公司利用 VR 技术打造了一个全新的可视化平台。在该平台上，消费者不仅可以完成外形观赏、配置查看，还可与销售商在线互动。只需要戴上 VR 设备，消费者即可全视角细致地观察目标车型，甚至还能自主选择车身颜色、轮毂等，帮助其在全面统合衡量之后进一步做出最后的购买决策，将购买风险降至最低。

时至今日，越来越多的品牌开始尝试利用虚拟现实技术。国际知名品牌 Top100 中的可口可乐、麦当劳、丰田、迪士尼、LV、宝马、耐克、奔驰均以新技术广告示人。那么，作为数字化营销中的一员，VR 营销究竟有何不同？

（一）以"我"为主，从"我"出发

基于 VR 的营销，更关注消费者的个人体验，崇尚个人价值，甚至强调

---

① 中关村多媒体创意产业园：《当虚拟现实遇见体验式营销》，http：//www.vrzy.com/vr/32959.html，最后访问时间：2019 年 2 月 1 日。

差异化与独特性，这打破了以往营销中自说自话、强制灌输信息的模式，转而从用户接收信息的角度来讲故事，体验自然更优。广告创意公司 Happy Finish 为赛百味设计了一次广受好评、显著提升品牌形象的 VR 宣传。2016年，赛百味集团推出一款专为纽约人量身打造的熏牛肉三明治，为了使宣传效果最大化，广告公司租用了两辆纽约当地的出租车，并邀请了 450 多名伦敦游客畅游纽约。此外，还安排了几位年轻的服务员随机邀请路人进入出租车免费品尝。

这些被幸运之神眷顾的顾客们可以一边品尝健康美味的三明治，一边通过 VR 头盔欣赏高楼林立的纽约街道。Happy Finish 采用追踪技术将这一切记录下来，发布在社交网络后引起各界的广泛好评。一位参与者表示，这种经历从未有过，对于品牌营销借助于新兴技术的多感官体验使他留下了难忘的回忆，这好比"爱丽丝梦游仙境"。

（二）增强社会临场感与产品感知度

"社会临场感"与"产品感知度"是网络营销中十分重要的两个概念，梳理清楚此概念，对于深刻认识虚拟产品体验有至关重要的作用。"一般来说，一个媒介传递的信息越多，越能给人如临现场的感觉，因此社会临场感越高。从消费者心理学的角度来看，社会临场感揭示了消费者与其所处的购物环境间的距离。"[1]

"产品感知度"则指"消费者能在多大程度上感受到逼真、全面的产品信息，反映了'消费者'与'产品'间的距离，常规来说，产品感知度越强，消费者获得的有关产品的信息就越丰富、越饱满"。[2] 网络营销虽然快捷便利，但终究与现实世界存在差距，辅助以 VR 技术呈现后，在二者的程度提升上则会更进一步。

2018 年贝壳找房正式向外界推出"VR 看房"功能，该项目经过两年多时间的开发和筹备，实现了虚拟现实技术与房地产行业有机结合并落地成熟，预计到 2019 年年底，贝壳找房将实现全国 30 多个城市、70 万套二手和租房房

① 陈志浩、刘新燕：《网络营销（第二版）》，华中科技大学出版社，2015，第 179~181 页。
② 陈志浩、刘新燕：《网络营销（第二版）》，华中科技大学出版社，2015，第 179~181 页。

源、3500 个新房楼盘的 VR 呈现。用户只需轻触屏幕任意处即可获得包括房屋真实空间的尺寸、朝向、远近等深度信息。同时还可了解到房子周围的教育、医疗等配套信息，并能够配合"VR 看房"功能获得正在查看房源的语音讲解服务，随着用户在 VR 房源中的漫游位置进行选择播放。贝壳数据显示，VR 看房功能的推出，使人均线上浏览房源的数量提升 1.8 倍，停留时长增长 3.8 倍，看房效率提升 1.4 倍，公司 VR 战略已取得初步成效，未来还将在房源覆盖范围、用户观看体验、信息交互等方面做出持续改进和提升。[①]

（三）开启定制化品牌营销传播时代

同样是 Story telling，眼睛、头部、身体都可以带来输入，这种程度的消费者参与，乃是现代社交传播的精髓。此外，输入个体不同，讯息反馈亦相去甚远，则可将独特性、定制化的概念彰显得淋漓尽致。早在 2016 年 11 月发布的《虚拟/增强现实报告》中，高盛就曾预测："2016~2025 年十年间，VR 技术会率先应用到 9 大领域：视频游戏、事件直播、视频娱乐、医疗保健、房地产、零售、教育、工程和军事。"[②]

从图 2 可以看出，视频游戏、事件直播和视频娱乐三大领域就占据了半壁江山，而这三类将完全由消费者来推动，占整体 VR/AR 营收预期的 60%。简单来说，未来的 VR 应用市场将离不开企业与消费者的共同促进。而在企业市场中，推动 VR 技术发展的，毫无疑问又会是离消费者最近的市场营销部门。

2017 年初，冰激凌界的"劳斯莱斯"——"哈根达斯"也首次加入了 VR 营销的阵营。在刚刚结束的圣丹斯电影节的品牌故事大会上，哈根达斯推出了一个 VR 广告的预告片。这次的广告主题没有强调冰爽、色彩、贵族、恋爱等主题，打破了哈根达斯的一贯传统，而是上升了一个概念，玩起了"品牌故事 + 品牌公益化"的概念。该 VR 广告的主题为——保护野生蜜蜂（见图 3）。故事片中的叙述以一只蜜蜂的口吻展开，而观众也可通过逼真的 VR 视

---

① CAICT 中国信通院：《2018 年中国虚拟现实应用状况白皮书》，2018。
② 中关村互联网文化创意产业园：《VR 和 AR 将成下一代计算平台可涉九大领域》，搜狐网，http://www.sohu.com/a/130703946_ 488231，最后访问时间：2017 年 10 月 6 日。

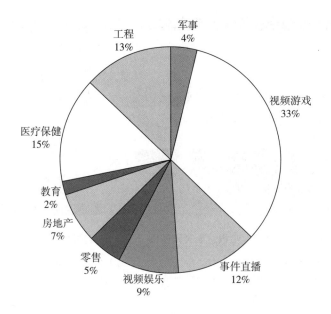

图 2　2025 年 VR/AR 九大应用领域市场份额预期

资料来源：高盛集团全球调查报告。

角，身临其境地跟着嗡嗡的蜜蜂飞过花丛。好奇的人们不禁要问：究竟蜜蜂和冰激凌有什么样的关系呢？事实上，早在 11 年前，哈根达斯就开始关注"野生蜜蜂"的生存问题。它旗下 60 多种口味中的十几种均与蜂蜜等成分有关。而随着环境问题的加剧，有关报道显示，从 2006 年开始大量野生蜜蜂消失的现象就开始在美国出现。不容忽视的是，约有半数的日常食品在制作中需要靠蜜蜂传播花粉。

"核心品牌基本上都在讲自己的故事，"哈根达斯美国营销总监 Alex Placzek说，"如果你不讲引人入胜的故事，那就只能是一件商品了"。的确，综观世界一流品牌，几乎每家企业的背后都有一则动人的品牌故事，但借助 VR 技术讲故事做公益的，恐怕哈根达斯已经抢占先机。现代营销之父菲利普·科特勒先生认为：营销 3.0 时代，应弘扬一种品牌道德与企业责任意识，从该层面上与消费者建立沟通，变交易营销为关系营销，增强消费者的黏性、参与度、利润转化率。11 年间，哈根达斯不断围绕这一公益主题，推出带有蜜蜂形象的产品、周边，并在社交网络上发起"帮助蜜蜂"的话题，引发舆论热潮（见图 4）。

图3 哈根达斯官网截图（关于蜜蜂主题）

资料来源：网络广告人社区《哈根达斯也要赶 VR 营销时髦 带你飞去看蜜蜂》，http：//iwebad. com/case/6250. html，最后访问时间：2019 年 7 月 29 日。

图4 哈根达斯推出的周边产品

资料来源：网络广告人社区《哈根达斯也要赶 VR 营销时髦 带你飞去看蜜蜂》，http：//iwebad. com/case/6250. html，最后访问时间：2019年 7 月 29 日。

四 VR 营销的困境与突破

2016 年被媒体称为"虚拟现实元年",国内几乎所有电子科技巨头都新成立了 VR 部门,开始关注 VR 产品的衍生。2018 年则是 VR 行业的分水岭,市面上 VR 产品层出不穷,VR 设备的可用性和实用性也在大幅提高,随之带来的是新一代的开发者与内容创造者。

随着 VR 开始越来越密集地进入我们的生活,业界人士及学者都纷纷对这一技术展开研究。Pico CEO 周宏伟曾说,"现在的我们了解 VR,研究 VR,就好像 2004 年前后研究移动互联网、1982 年时谈个人计算机一样",虽然知道这些智能科技未来会为人类带来翻天覆地的变化,但现在看来仍有一大堆技术难题在等待攻克。

(一)个人体验向共享体验迈进

数字营销公司 DigitasLBi 的首席技术官斯科特·罗斯曾公开表示,VR 技术的发展对于品牌营销商来说至关重要,但对于广大消费者而言并非如此。他说:"每个人都希望 VR 能提供一种全新的用户体验,但我认为,实际的影响力并没有多大。"斯科特·罗斯的言论事实上是基于技术弊端展开的:迄今为止,VR 头盔能够提供的只是一种个人体验,消费者个体有很强的主观感受。但消费者行为学认为,消费群体在购买产品前习惯从四种途径获取信息:商业渠道、公共渠道、个人渠道、经验渠道。而无论是起告知作用的广告、公关活动等商业渠道,还是起评价作用的个人经验积累,抑或是起劝服效果的亲友信息传递,无不在证明着购物的社会化。简单说来,许多消费者在购物时,渴望从他人处获得建议,然而现今的 VR 仅支持戴上头盔或眼镜的个体感知,尚未实现共享概念。

(二)VR 产品的优劣直接关系营销体验

可以发现,市场上现存的 VR 设备基本包括以下几种:VR 眼镜、VR 头盔、VR 一体机等,售价相差较大,从几十元到几千元都有,一分价钱一分货,功能自然也相去甚远。往往那些单价几十块的 VR 眼镜只是增强现实,例如电影院中使用的 VR 设施。而大多数分离式 VR 头盔则都需要配合电脑和手机使用，操作相对复杂，对设备和环境也有一定要求。此外，VR 一体机虽然价格较高，但可独立使用，功能配置也相对更加成熟，场景设置的"拟真"性更强。客观地说，目前市场上还没有出现真正的领导者，正如 Pico CEO 周宏伟在演讲中所言："我们说 VR 是一个 New Reality（新现实），一个新的平行现实，和现实维度不一样的是，这一次我们是这个完整世界的规则制定者。"

除了设备性能与价格缺陷外，产品的体验也是作为客户终端所不可忽略的重要环节。约有 30% ~ 40% 的消费者曾指出佩戴 VR 设备时间过长会出现眩晕等不舒适感，尤以 VR 头盔为甚；此外，因个别设备过于笨重，小朋友们也不适宜长期佩戴；再者，一些科技发烧友也反映现存于市面上的大部分设备仍存在画质不清晰、体验过程不流畅、设备超过半小时会发热等亟待改进的问题。

（三）VR 体验营销需要有意义的内容作为推动

VR 热点的出现，唤起了营销商敏锐的嗅觉，各大品牌都希望在营销环节通过与新技术的交融重新焕发生机。VR 社交营销既要有话题性，还需要操作简单，这些因素对于 VR 的虚拟社交平台十分重要。

2015 年滴滴打车作为中国第一个共享汽车平台进入美国市场，试图仿照世界饮料巨头可口可乐来一场"Think Local，Act Local"（本地思维、因地制宜）的营销大战。滴滴精心设计了"走遍美国都不怕"的霸气主题，并花重金邀请了在中国知名度较高的话题女王 Paris Hilton、黑人说唱歌手 Flo Rida 等六位巨星，在营销中为品牌站台。Paris Hilton 甚至亲自为滴滴用户担当导游，介绍洛杉矶风光；嘻哈"肉男"Flo Rida 则做起滴滴司机，开着自己改装的价值 270 万美金的布加迪威龙一路献唱。考虑到国内用户的参与体验，滴滴还贴心地运用 VR 技术全程跟踪拍摄制作出两个 H5，让足不出户的滴滴粉也可以通过手机和巨星一起领略 360 度的地道美国。在 H5 中，用户只要自选一个美国知名城市，就可以体验滴滴精心打造的虚拟旅程，之后还可以像模像样地把游览经历分享到朋友圈。这样一种别出心裁的方式，既在受众间强化了在美国可以用滴滴的印象，又让大家在轻松愉悦中刷出存在感，更让用户了解到：一直很懂你的滴滴，也很懂美国。

营销不仅可以针对企业开展商业化营销，市场化大行其道的今天，学校、医院、政府部门更应尝试有意义的内容营销。VR 技术的开发，给予"内容 +

场景"营销模式的开拓机会。巴西的一家儿童医院,率先在这方面做了尝试。众所周知,为了提升小朋友的免疫力,政府和学校经常督促家长带孩子去医院打疫苗,大部分小朋友对针头甚至白衣天使都非常恐惧。巴西儿童医院利用 VR 沉浸式体验,开发一款 VR 动画(见图 5)。画面中的主角英雄利用其可爱的外形与强大的体魄不断告诉孩子需要在左臂贴徽章才能抵御外敌入侵。恰恰在动画角色给孩子们添加石头的时候,医生借势开始打针,针打完,防护罩产生,敌人就被摧毁了。这样的 VR 体验从思维到题材再到适用场合不仅新颖,亦极具社会化意义。孩子们在体验过程中,不仅消除了对针头的恐惧,也意识到打针带来的种种益处。

图 5　巴西儿童医院 VR 营销截图

资料来源:网络广告人社区《巴西儿童医院 VR 营销 消除孩子打针的恐惧》,http://iwebad. com/case/6549. html,最后访问时间:2019 年 7 月 29 日。

从长远来看,VR 作为体验营销的技术支撑乃大势所趋。它的出现为消费者在购物环节的多感官体验带来了飞跃性的突破。一方面,随着消费升级的出现,消费者的消费决策意识发生了重要改变,相比目标产品本身的功能属性,其心理利益层面的价值日益凸显。另一方面,社会经济不断发展,商品同质化程度越来越高,企业想要在竞争的红海中脱颖而出已非易事。此外,企业借助创新创意完成自身升级,实现品牌建设发展也响应了国家层面的号召。

实际应用中,VR 技术在品牌与消费者间建立"时光隧道",这种"沉浸式"的消费体验进一步加深了受众对目标品牌的理解与认识,重塑了品牌与其用户之间的情感联系。即便现阶段在硬件与软件端口上仍存在部分问题,但此产业的发展前景及其在体验式营销的运用上还将发挥愈来愈重要的作用。

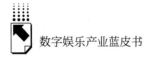
参考文献

CAICT 中国信通院：《2018 年中国虚拟现实应用状况白皮书》，2018。

Ni. bu：《VR/AR 行业 2018 年一瞥及 2019 年展望》，人人都是产品经理，http：// www. woshipm. com/it/1790199. html，最后访问时间：2019 年 2 月 1 日。

卫苗：《体验营销在房地产品牌塑造中的运用》，《福建质量管理》2016 年第 5 期。

王砚：《关于 VR 技术对国内媒体生态圈影响的几点思考》，《科技展望》2016 年第 17 期。

李小伟：《零售业以消费者为导向的体验营销战略探析》，《中国商贸》2010 年第 16 期。

腾讯科技：《2016 年 VR 营销 7 大手段》，产业新闻，http：//games. qq. com/a/20160 525/046040. htm，最后访问时间：2017 年 10 月 6 日。

中关村多媒体创意产业园：《当虚拟现实遇见体验式营销》，http：//www. vrzy. com/ vr/32959. html，最后访问时间：2019 年 2 月 1 日。

陈志浩、刘新燕：《网络营销（第二版）》，华中科技大学出版社，2015。

B.15
基于隐喻抽取技术，探索广州
VR 体验馆之经营意象*

项国娴　蒯光武**

摘　要：　2016~2018 年以来，VR 线下体验馆这一新兴产业模式在全国迅速兴起，广州目前已有百家。广州 VR 体验馆的发展也越来越迅猛，但是 VR 体验馆的经营模式、产品内容以及对用户体验的重视等方面都存在不足，这也将影响 VR 体验馆的经营情况，甚至 VR 行业的可持续发展。

本研究应用隐喻抽取技术对广州 VR 体验馆意象进行分析，在对受访者进行深度访谈后抽取并汇聚构念，研究发现"竞争""压力""机遇""责任感""希望"五个价值共识。

关键词：　VR 体验馆　广州　隐喻抽取技术　意象

一　绪论

（一）研究背景

1. 宏观背景下的 VR 体验馆

随着 VR 技术的不断开发及创新，人们对 VR 技术体验的需求度越来越

---

* 本文为广东省高等教育教学改革项目成果之一。
** 项国娴，中山大学南方学院文学与传媒学院；蒯光武，北京师范大学、香港浸会大学客座教授。

高。2016年全球VR头显设备的出货量达到630万个，其中四成需求来自中国。而VR线下体验馆这一新兴产业模式也在全国"遍地开花"，广州已有百家。① 如今，广州地区VR体验馆的发展趋势也越来越迅猛，主要有以下两方面原因：一是VR体验馆的成本投入低，所需空间小，对硬件设备的要求也不高。根据估算，建成一个VR体验馆只需要10万~30万元；二是人们已经越来越不满足于二维环境的体验，可交互的三维空间体验应运而生。2016年3月刚刚完成2500万A+轮融资的乐客VR CEO何文艺在接受媒体采访时表示，"对于VR来讲，了解它的最好的方式还是要体验，否则人们最终还是无法感知什么是VR"。无疑，VR体验馆是最亲民、最能普及大众的一种方式。② 但是，人们在VR体验馆体验到的就真的代表了VR的技术发展水平和其存在的意义吗？那么，当今的VR体验馆存在怎样的意象？

2. VR体验馆现状

（1）经营模式个体化，缺乏制度性

以北京乐客灵境科技有限公司（以下简称乐客VR）为例，乐客VR是VR体验馆建设的先行者，2015年3月，推出虚拟互动娱乐商业项目，标志着VR已经落户中国游乐市场。2015年12月，服务体验店突破1000家，为众多合作伙伴带来可观的经济收益。

线下VR体验中心正发展成为中国VR市场中重要的产业，行业数据显示，2016年全国VR线下体验馆的数量已达到3000多家，2017年在整个VR市场大环境下体验馆数量有所下滑，线下体验馆目前正处于初期萌芽阶段，其在硬件设备、产品内容、专业运营等方面需要更长时间的测试。当内容市场逐渐成熟之后，线下VR体验中心将拥有不可估量的市场规模，线下体验馆包括VR游戏厅、VR影院、VR主题公园等。预计2021年市场规模将达到52.2亿元，占中国VR整体市场规模的7%。③

据了解，加盟乐客VR体验馆需要以下几个程序：提交加盟申请、加盟店

---

① 董芳：《广州VR体验馆已有约百家，赚钱的并不多》，新快报·ZAKER，最后访问时间：2016年12月2日。

② 何文艺：《线下体验才是VR娱乐生态的窗口》，砍柴网，http://m.sohu.com，最后访问时间：2017年12月2日。

③ 杨建顺：《中国虚拟现实创新产品分析报告》，2018。

选址及装修、公司验收、加盟店工作人员培训、公司供货、开业。① 并于2016年12月19日在"Viveport Arcade 内容上线 VRLe"启动仪式上正式发布了"VR 管家"公测，其中包括"店铺管理系统"一项，有以下三方面亮点功能（见表1）。

表 1　店铺管理系统亮点功能

	亮点功能
设备	支持乐客与非乐客设备数据统计全兼容
	提供多种 VR 娱乐设备管理服务
	统一设备展示风格
	自动式设备操作
数据	后台静默数据收集机制
	多套数据统计及报警机制
更新	全静默后台更新机制

资料来源：乐客。

但是，事情真的如此吗？采访视客 VR 体验店的工作人员陈女士，其表示事实上加盟程序并没有那么烦琐，开业之后的管理也没那么规范，基本上是起初提供几套设备，然后向顾客介绍其基本功能，帮助他们体验 VR 游戏。如此的管理制度，不就相当于一个个分离的单位吗？哪来的经营模式制度化之说？

（2）服务定位不明确，误导性强

据市场调查分析，目前广州的 VR 体验馆都是做 VR 游戏或 VR 电影的，而没有在其他领域有所研究，但专业的 VR 研发企业涵盖的内容包括 VR 电影、VR 非遗文化、VR 科技文化与教育培训及 VR 医疗等方面。为了对 VR 体验有更深入的了解，到访了广东思创之间 VR 体验中心——思腹堂、广州市萝岗区万达广场"视客 VR 体验店"及广州市越秀区动漫星城"星城 VR 体验店"。在思腹堂体验到"敦煌传奇 VR 系列"敦煌雄伟壮阔的场景及医疗 VR 系列人体解剖中的奥妙，每走一步，都像是打开了一个新世界。据谭越先生介

---

① 北京乐客灵境科技有限公司官网，http://www.lekevr.com，最后访问时间：2019年5月28日。

绍，这是他们利用 VR 技术在教育及医疗领域的部分研究成果。但是，当他来到视客 VR 体验店及星城 VR 体验店时，体验的结果让他很失望。《猫咪挂机》、《熊出没之熊大农场》及《狂飙赛车》等游戏确实充满童趣性和刺激性，也吸引了很多的群众参与到 VR 游戏体验当中。随机抽取其中 10 位体验者进行访问，他们均认为 VR 只应用在游戏领域，对于 VR 在其他领域的研究成果全然不知，并且表示，他们只是在 VR 体验馆接触过 VR，所以他们只知道眼前能看到的东西。

（3）工作人员专业水平及行业素质较低

分别对视客 VR 体验店及星城 VR 体验店的 5 位工作人员做了一个调查，其中只有 2 人对 VR 游戏以外的 VR 系列有所了解，其他均表示没受过这方面的培训。其中一名店员——李先生称："我们是做 VR 游戏开发的，不需要对 VR 的其他系列有所了解。"由此可知，他们向体验者介绍 VR 产品的时候，只会把对方的思维禁锢在"游戏"上，这对 VR 未来的发展以及同行业的开发企业来说是极其不公平的。当再询问关于 VR 硬件设备，如 PC 头盔、动感座椅、手柄等问题时，他们均表示不清楚，他们只负责体验程序上的操作，而整个体验程序都是固定化的，他们认为不需要明白为什么要这么做。

"如果客户咨询 VR 设备或技术方面的问题呢？"他们表示，"这不用我们操心，到时让我们经理出面解答或者把我们的宣传单给客户看就行"。可见，如此不专业的服务团体，连本职工作内容都没办法弄明白，怎么有能力引导群众正确地认识 VR 呢？对比 VR 体验店的经营状况，思创之间对于 VR 的研究与开发更客观，至少该公司能为每位体验者更全面地普及 VR 基本知识，而不是着眼于利益。

（二）研究目的

广东思创之间教育发展有限公司（以下简称广东思创之间）创始人谭越先生表示，"当下广州很多 VR 体验馆有一些很不好的发展现象，由于 VR 软件技术的开发需要投入大量的人力及财力，因此很多的体验馆只利用 VR 做游戏方面的推广，而忽略了 VR 技术开发更为重要的用途。出现这种现象的原因主要有两个：第一，游戏本身带给人们的刺激性很强，尤其对于青少年而言，其更具吸引力；第二，VR 在其他领域，如 VR 教育和 VR 医疗的开发对专业技术人员的要求很高，投入成本也很高，故很少有这样一个既具备专业素质又有资金支撑的团队成长起来。从目前的情况来看，VR 体验馆的存在确实给我们对于 VR 的专业研发带来了很大的困扰，人们也往往认为 VR 只运用在游戏领域"。本文意在通过对广州目前多个 VR 体验馆的调查了解，明晰其发展状况及存在意象，为更好地开发 VR 技术创造一个可持续发展的环境。

（三）研究问题

虚拟现实技术（Virtual Reality），指利用计算机生成一种模拟环境，融合交互式的三维动态视景和实体行为的计算机仿真系统。就目前 VR 技术被产业化运用的现状来看，VR 体验馆主要存在概念性的实体产品多而实际运用少的现象。具体而言，2015 年虚拟现实（VR）产业化的发展代表就是发掘 VR 线下体验店模式，这种类似电玩厅的形态爆发了出乎意料的强劲生命力，并迅速成为 VR 产业重要的组成部分。[①]

本研究应用隐喻抽取技术探索广州 VR 体验馆的意象，分析 VR 体验馆的现状及主要因素、VR 体验馆面临的挑战及对策，VR 体验馆如何适应社会背景下的发展需求，以及如何更好地引导人们认识 VR，让 VR 更好地服务人类等问题。

二　文献探讨

（一）企业成功的关键因素

成功的关键因素是确保管理者或组织获得成功的少量因素，它们代表那些必须专门与持续关注以及产生高绩效的管理领域。[②]

---

① 兴业证券研究所官网，http：//www. xyzq. com. cn。
② 盛小平：《知识管理关键成功因素解析》，《国书情报工作》2009 年第 56 期；闵庆飞：《中国企业 ERP 系统实施关键成功因素的实证研究》，博士学位论文，大连理工大学，2005；熊则见、杨敏、赵雯：《高技术产品研发关键成功因素的文献计量分析》，《科研管理》2011 年第 10 期。

在企业信息系统成功评价研究领域，最具有里程碑意义的是美国学者德龙（DeLone）和麦克莱恩（McLean）于 1992 年提出的信息系统成功模型。在提出 D&M 模型的 11 年后，德龙（DeLone）和麦克莱恩（McLean）在 2003 年又进一步改进了自己的 IS 成功模型（见图 1）。[①]

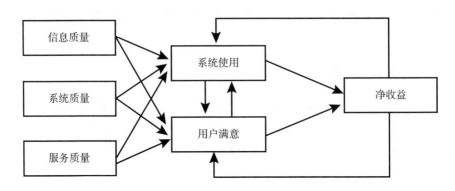

图 1　DeLone 和 McLeanIS 最新的成功模型（2003）。

资料来源：Delone and Mclean（2003）。

由图可见，高质量的信息系统会带来更多的系统使用和较高的用户满意度，并且产生净收益。所以，VR 体验馆应做好"硬件设备"及"服务"两手抓的准备。

（二）方法－目的链理论

方法－目的链理论（means-end chain）是由周纳森·古特曼（Jonathan Gutman）于 1982 年提出一种营销理论，其功能是能够解释个人价值如何影响个人的行为，是一种链接属性、结果与价值，用以解释心理决策的分析架构。在营销学中用以解释消费者购买产品是为了从产品的相关属性获得产品功能，最后达成某种个人价值的实现的现象。个人价值是个人追寻的最终目的；属性则是达成目的所使用的手段（见图 2）。

奥森与雷诺（Olson and Reynolds）和沃克与奥森（Walker and Olson）后

---

① I. M. Alazm and M. Zairi, "Knowledge Management Critical Success Factors," *Total Quality Management* 2（2003）：199 - 204.

图 2　方法 – 目的链

来将方法 – 目的链修正，并将属性、结果、价值细分为六个子层级，并且每个层级都有相应的功能，形成了新的方法 – 目的链模型（见图 3）。

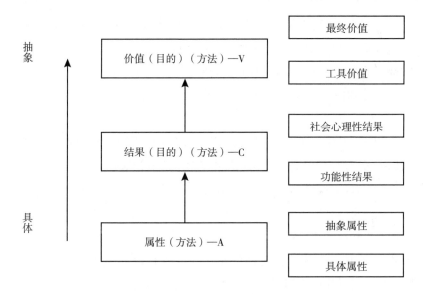

图 3　修正的方法 – 目的链模型

　　方法 – 目的链的研究较多采用深度访谈法（in-depth interview）进行，并使用攀梯法（laddering technique）引导受访者抽取构念，随后以循序渐进的探索方式，深入询问受访者图片影像的重要性，直至受访者无法回答为止。这个模型可以挖掘出受访者心中的属性（attributes，A）、结果（consequence，C）与价值（value，V）的连接网络，再将 A – C – V 三者汇总连接成网络，绘制层级价值地图（Hierarchical Value Map，HVM），用以说明受访者的工作意象。在本研究中，将用此研究方法诠释说明受访者对工作意象的感受，作为研究的参考依据。

三　研究方法

（一）隐喻抽取技术（ZMET）

隐喻抽取技术（Zaltman Metaphor Elicitation Technique，ZMET）是由哈佛商学院教授杰瑞·札尔特曼（Jerry Zaltman）在 20 世纪 90 年代提出的一种质性研究。ZMET 是一种结合图像与文字（深度访谈）的市场研究，目的是深入研究受访者内心想法与需求，为品牌做好市场调查和研究。札尔特曼在 1995年发表的文章《看见消费者的声音——以隐喻为基础的广告研究方法》中指出，大部分的沟通多半不是采用语言认知的方式，而是基于亲身体验。并且人的思维、情感和体验经常是交织在一起的。因此深层次的思考是可以经由挖掘而获知。[①]

经由 ZMET 技术，研究者可以透过照片去探索分析拍摄主体的心理范式和需求。我们在对广州市 VR 体验馆馆长使用 ZMET 隐喻抽取技术进行研究时，深入挖掘了他们内心的真正想法和认知，为广州市广告从业人员的分析和研究提供有利参考，为一直以来广告业依赖年轻人的热情和活力而流失多数专业经验人才的尴尬局面给出相应的建议和方案。研究流程相关程序如图 4 所示。

在本研究中，研究者想挖掘广州市 VR 体验馆的意象，因此选择利用 ZMET 技术，用图片作为引导，通过深度访谈去挖掘受访者内心的真实想法，形成构念，最后结合每位受访者的心智地图，描绘出共识地图，真实有效地展现他们的工作意象，多方面表现广州 VR 体验馆的意象。

（二）受访者选择

VR 体验馆对职位的分配一般分为管理部门、技术部门、销售部门、财务部门与人力资源部及其他职位。本研究仅对管理部门人员进行研究，选择了 6位受访者，他们均为广州市 VR 体验馆的店长。

---

① G. Zaltman and R. Coulter, "Seeing the Voice of the Customer: Metaphor-based Advertising Research," *Journal of Advertising Research* 4 (1995): 35 – 51.

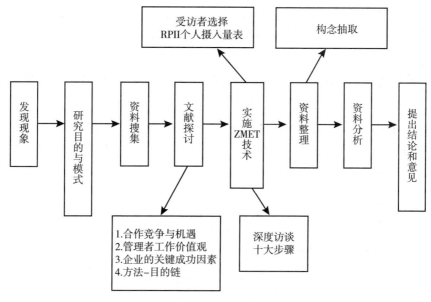

图 4　研究流程

为了确保研究的可信度，研究开始前需要确认受访者为本研究针对的研究对象。因此本研究首先通过修正的个人涉入量表（Revised Personal Involvement Inventory，RPII）对受访者进行测试（见表 2），测量并筛选出对广州 VR 体验馆业有较高涉入程度的受访者。

表 2　RPII 修正的个人涉入量

问题:对我来说,VR 体验馆是							
有趣的							无趣的
吸引人的							不吸引人的
有意义的							无意义的
感兴趣的							不感兴趣的
与我相关的							与我无关的
令人着迷的							不令人着迷的
充满希望的							迷茫失望的
令人愉悦的							令人压抑的
无压力的							有压力的
有好感的							反感的

资料来源：作者自绘。

RPII 修正的个人涉入量表共包括 10 题 7 分量尺的题目，总分范围为 10 ~ 70 分，分数越高代表对主题的涉入程度越高，10 ~ 35 分为低涉入程度，36 ~ 55 分为中涉入程度，56 ~ 70 分即为高涉入程度。

由于高涉入受访者较了解行业核心价值与产业脉络，他们提出的主要构念及其建构的共识地图多半能反映及代表行业内多数专业人士的见解。

本研究的六个受访对象通过个人涉入量表测试后，其 RPII 量表得分皆在 65 分以上，证明均为高涉入程度者，符合本研究的要求。受访者的基本资料以编号 A 至 F 为代表，如表 3 所示。

表 3　受访者资料

编号	A	B	C	D	E	F
性别	女	女	男	女	男	男
年龄（岁）	36	39	38	41	47	40
职业	馆长	馆长	馆长	馆长	馆长	馆长
RPII 分数（分）	67	65	68	66	65	68
涉入程度	高	高	高	高	高	高

资料来源：笔者整理。

（三）研究流程及相关准备

研究者先为受访者介绍研究主题，再由受访者挑选十张与研究主题的想法及概念相关的照片，然后研究者对每位受访者进行 ZMET 十个步骤的深度访谈。ZMET 深度访谈流程如图 5 所示。

1. 说故事

单克（Schank）指出，人类的记忆和沟通都是以故事为基础的。[①] 因此受访者在本研究中被要求用说故事的方式描述照片内容，并且表达当中的感受和对本人的意义。

2. 遗失的影像

询问受访者是否有遗漏或无法提供的具有意义的代表性图片，并请受访者

---

① R. C. Schank, "Tell Me a Story: A New Look at Real and Artificial Memory," *England: Charles Scribner's Sons*, New York, 1990.

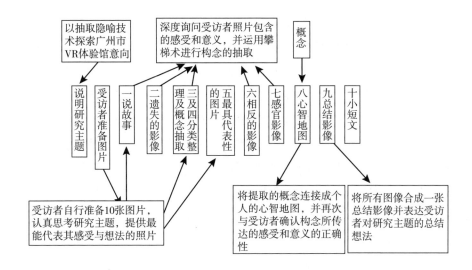

图 5　ZMET 深度访谈十大步骤

描述遗失图片的内容和表达相关感受。

3. 分类整理

受访者按照一定的意义将图片归类，分成不同的组别类型，并且陈述各类别的分类原因。

4. 构念抽取

请受访者按照相似性再次分类并进行相关描述，随后运用攀梯法（laddering technique）抽取图片最核心的构念。

5. 最具代表性图片

受访者指出其中一张最能代表其感受的图片。

6. 相反的影像

受访者描述一个与其感觉相反的图片或影像。

7. 感官影像

受访者根据感官知觉来描述最能代表或不能代表 VR 体验馆意象的感觉，包括视觉、听觉、嗅觉、味觉、触觉和感受。

8. 心智地图

心智地图的用意是联系各个核心构念之间的关系。

9. 总结影像

受访者将所有图片拼接在一张图片中。

10. 小短文

用一段小短文来描述、概括核心概念。

最后获得每位受访者内心真正的感受和感觉（核心概念）后，便可形成共识地图。ZMET 以抽取受访者个人的内心想法，绘制受访者个人认知结构的心智模式，以及受访者共同想法的共识地图。

在绘制共识地图时，将抽取的概念总数分类为共同构念与相对构念。分类原则为：共同构念为三分之一以上受访者提及的构念；相对构念为四分之一以上受访者的构念。

四　研究过程

本研究访谈时间为 2016 年 11 月 1 日至 2017 年 3 月 1 日，历时 4 个月，共访问六位受访者，总计抽取出 191 个构念，如表 4 所示。

表4　受访者构念个数、新增构念数、重复构念数及构念总数

单位：个

受访者编号	A	B	C	D	E	F
构念个数	51	46	47	49	51	50
新增构念数	51	31	28	32	23	26
重复构念数	0	15	19	17	28	24
构念总数	51	82	110	142	165	191

资料来源：笔者整理。

根据表 4 可知，受访者 A 共提出 51 个构念，由于他是第一个受访者，所以新增构念数及构念总数均为 51 个。而受访者 B 共提出 46 个构念，与受访者 A 相比，其中有 15 个构念数与之重复，所以他的新增构念数为 31 个，加上受访者 A 的构念数，此时构念总数一共是 82 个。以此类推，最终总共得出 191 个构念数。

另外本研究以 ZMET 研究方法步骤，对受访者进行个别访谈。本文限于篇

幅，以受访者 A 为例，先说明个别受访者的心智模式，其后再汇整六位受访者完整的构念。

五　受访者 A 的深度访谈记录

受访者 A：性别女（36 岁），本科，广州市人，VR 体验店店长。

（一）说故事（见表5）

表 5　受访者说故事

图片编号	说故事	攀梯法
01 体验馆 	每天都会有不同的家长带着不同的孩子来这里，每当看到陌生的面孔，我的内心是兴奋的，这会让我对 VR 体验馆的未来充满信心，同时，我也感到沉重的压力，因为如果一天下来我见不到一个熟悉的面孔，这意味着我们面临更大的危机和挑战	压力→VR 体验馆作为科技发展的一种产物，必定被越来越多的人熟知，要想在这个领域占有地位，必定需要承受更多的压力 挑战→要想往上攀登，必须有直面挑战的勇气，不然迟早会被社会打败
构念抽取:体验馆→孩子→陌生→压力→危机→存在挑战		
02 体验者咨询 	今天下午有特别多的群众来这里向我咨询关于"VR 游戏"的内容，我做一番解释后，他们还是不能理解，我放弃了，因为我觉得他们对 VR 游戏的研发过程不了解，也不会影响到他们享受游戏过程中的刺激	咨询→人们对 VR 方面的知识是有比较浓厚的兴趣的，这也是 VR 体验馆的机遇 放弃→目前 VR 还不被人们熟知，这种情况下，行内工作者跟体验者做过多的解释，也是徒劳
构念抽取:咨询→分享→不理解→放弃→否定		
03 座椅	有一天，一位母亲带着她的孩子来这里体验，而孩子之所以有这样的想法，竟是因为对我们座椅的喜欢，这给我的启发很大:设备上的改进及完善可以在某种程度上弥补内容上的不足	座椅→座椅是 VR 体验馆中很重要的一个设备，它的好坏直接影响体验者对 VR 游戏的评价 弥补→没有十全十美的人，更没有十全十美的一套设备，我们要做的就是尽量彰显优势，以至让人忽略掉它的不足
构念抽取:孩子→座椅→启发→信心→前景→设备→弥补		

续表

图片编号	说故事	攀梯法
04 显示屏 	想象一下：如果我们看到别人在体验VR游戏，他在不停地手舞足蹈，而我们却完全看不到他的游戏内容，这该是多滑稽的一个场面	显示屏→这是体验者进行VR游戏的一个视觉呈现，能让更多的人感受到游戏的内容，不至于让其他人在这个过程中感到无味 互动→VR游戏在人与人互动方面还存在一定的缺陷，需要不断研发改进
构念抽取：显示屏→内容→增强互动→代入感→气氛		
05 LED 点阵屏 	这里面的内容并不新鲜，因为我们推出的游戏更新没那么快，有时候我在想：体验者对同一款VR游戏的新鲜度在哪呢？不管程度高低，这样的现状必定会降低他们对VR游戏的期许值	不新鲜→VR游戏的研发比游戏程序的开发复杂得多 期许→刚开始的时候，群众对VR游戏的期许值是很高的，但他们经过一次或者多次的体验，他们的期许值反而降低了
构念抽取：不新鲜→更新慢→短暂性→降低期许值		
06 萝岗万达广场 	每天上下班我都会经过这里，在这里我会感觉到格外的放松，也许是工作上的压力让我需要有一个可以放慢脚步的地方，其实我很享受这段沐浴在阳光下的时光	压力→随着VR体验馆这支队伍日渐庞大，群众会有越来越多的选择，我们所面临的挑战也越来越大，很多时候我也在苦恼如何让我们的体验馆处在一个有利的位置上 放松→阳光温暖的不只是身体，还有我的内心。这样的感觉是我在工作中很少感受到的
构念抽取：工作→压力→沉闷→紧张→享受阳光		
07 游戏车	我经常会来这里，不是因为我喜欢玩赛车，而是我需要更多地走进孩子们的世界，要去体验他们在游戏中的节奏，否则就做不出市场需求的产品。但是，两者毕竟是有区别的，所以很多时候我也很苦恼	刺激→体验者对游戏最基本的要求是刺激，但是这种刺激也会随着体验时间的增长而减弱 苦恼→我不喜欢一成不变的生活，更不喜欢一成不变的工作，我希望每天都有刺激好玩的事情发生
构念抽取：游戏车→刺激→节奏→好玩→灵感		

续表

图片编号	说故事	攀梯法
08 夹公仔 	上班的时候，我经常可以看到很多人围在这里，其中包括青年人，我很纳闷他们为什么会对这么童真的物件感兴趣，后来我也经常去那里站着，我竟发现只要走到那里，我的脸上总会露出微笑	公仔→公仔几乎陪伴过每个人的童年，在任何时候，我对它都有一种说不出的熟悉感 微笑→人们在体验 VR 游戏的时候，要么不笑，要么哈哈大笑，长期在这样的工作环境下，"微笑"也变得珍稀
构念抽取：公仔→放松→欢乐→微笑		
09 香烟 	我经常会在上班前抽一根烟，慢慢地已经成为一种习惯。我也不知道我的这种情绪哪里来的，我感觉自己很多时候喜欢沉浸在一个虚幻的世界里，这样的话可以暂且忽视肩上的重负。有一天我去蹦极，我发现自己很享受起跳那一刻的刺激，过后，我会暗自给自己鼓劲：生活需继续，态度需乐观	香烟→很多人喜欢抽烟并不是因为享受其中的过程，而是在身体或者内心疲惫的时候找寻一种麻醉感，帮助减轻自己的精神负担。我常常想：如果我们每个人的世界都是阳光普照，没有黑暗，那该多好！可是哪有如此平坦的道路，这时我又会搬出一大套说辞来安慰自己
构念抽取：香烟→情绪→重负→沉浸→黑暗→消极		
10 建筑	今天我出差的时候，看到一栋还没完工的大厦，光看外形，想必这栋楼也是下足了本钱，但是不管楼顶的风光多么美，也不及双脚踏在地上带来的惬意让我兴奋。这栋大楼经过装修，可能会让它拥有华丽的外衣，但也可能在这个过程中，因为某一个工序的失误或者错误，让所有的付出都付诸东流	未来→虽然平时的工作很忙，但我觉得自己的生活还是要有条理性，不能为了工作而忘了工作的意义，未来其实并不遥远，脚踏实地，做好当下的每一件事，相信我可以收获一个自己想要的未来 挑战→我喜欢挑战，敢于挑战的性格并不会因为年龄的增长而有变化
构念抽取：建筑→未来→潜力→挑战		

资料来源：笔者整理。

（二）遗失的议题或影像（见表6）

表6　遗失的议题或影像

意义描述	攀梯法
我想找一张可以表现家人相处温馨的图像，充满了爱和力量，但找不到合适的影像图片	家人是我们的避风港

资料来源：笔者整理。

（三）分类整理与构念抽取（见表7）

表7　分类整理与构念抽取

分类 A	编号 01、02、03、04、05
工作环境	
分群卷标与记录说明	五张图片有一个共同点，都是 VR 体验馆的设备，表现了工作环境的现象 编号 01、02：这两张的相似点在于在工作的过程中，有体验者的参与，虽然工作有压力，但还是对未来充满期望 编号 03、04、05：这两张图片展现出 VR 体验馆中常见的设备，表现了工作压力及疲惫感

构念抽取：体验者→参与→未来→期望
　　　　　工作环境→压力→疲惫感

分类 B	编号 06、10
憧憬未来	
分群卷标与记录说明	两张图片有一个相似的共同点，就是表现出对未来的憧憬 编号 06：表现在对阳光的追求以及对未来的希望，工作压力大的情况下还需要有一颗向往美好生活的心 编号 10：它的不同点在于除了表现了对未来的追求与希望外，还表现了工作中的疲惫感及危机感

构念抽取：阳光→美好→未来→憧憬
　　　　　建筑→未来→憧憬→危机

分类 C	编号 07、08、09
业余生活	
分群卷标与 记录说明	三张图片有一个相似的共同点，描绘工作之余的生活习惯 编号 07、08：表现在工作空隙，会常去孩子常去的地方，体验自己工作中缺失的童真，希望自己可以获得创作灵感 编号 09：主要表达个人喜欢以抽烟的方式来缓解生活以及工作当中的压力，表达了对轻松生活的渴望

构念抽取：业余时间→儿童场所→寻找灵感

　　　　　压力→香烟→缓解

资料来源：笔者整理。

（四）最具代表性图片（见表8）

表 8　最具代表性图片

编号 02 体验者咨询	意义描述
	今天很少的群众过来向我咨询 VR 游戏的内容，我的工作很轻松，但是我并没有开心的感觉，因为我对这里有一份责任，一时的轻松或者享受并不能让我获得幸福感。我希望自己在工作岗位上发挥最大的作用，带领团队做好服务工作。压力不可怕，可怕的是没有承受压力的勇气以及战胜困难的信心

资料来源：笔者整理。

（五）相反的影像（见表9）

表 9　相反的影像

意义描述	攀梯法
在图书馆静静地看书的时候，感受到惬意	看书能给人带来精神上的满足

资料来源：笔者整理。

（六）感官影像（见表10）

表10　感官影像

感官	最符合	最不符合
视觉	黑色——体验馆的外观布局是黑色的，给人一种沉稳的感觉	蓝色——天空的感觉，VR游戏是在一个比较有限的空间里进行的，无法看到外面的天空
听觉	店员的说话声——店员不停地给体验者介绍"戴眼镜"及"使用手柄"的方法	哭声——在这里没有人哭闹，只有小朋友玩游戏时发出的尖叫声
嗅觉	火锅的味道——楼上有一家火锅店，每到中午或晚上这里就弥漫着浓浓的香味	臭豆腐的味道——大家都不喜欢吃臭豆腐，且附近都没有卖臭豆腐的档口
味觉	甜味——因为我很喜欢喝糖水，所以每天中午我都会去附近的糖水铺喝糖水	苦——我不喜欢吃苦的食物，但有时心里不痛快，内心感觉苦苦的
触觉	硬硬的材质——每天的工作都需要接触这里的设备	暖暖的触觉——这里的工作环境偏冷，即使是夏天也不会有暖的感觉
感觉	压力、刺激、挑战	轻松的感觉

资料来源：笔者整理。

（七）心智地图（见图6）

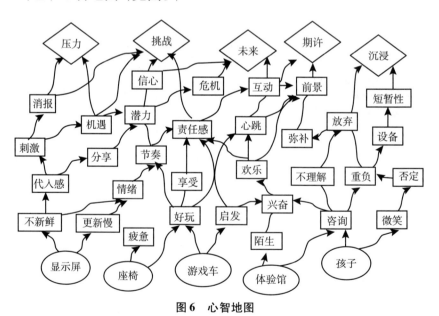

图6　心智地图

注：圆形代表起始构念；长方形代表连接构念；菱形代表终结构念。
资料来源：笔者整理。

（八）总结影像与小短文（见表11）

表11　总结影像与小短文

	其实不管从事哪个行业，做什么样的工作，"压力"都是存在的，我们要做的不是每天抱怨，而是调整好自己的心态，与其花时间怨天尤人，不如踏踏实实地把眼前的每一项工作做好。如果真的有一天，我们的生活没有压力了，我想那大概就是我最狼狈的时候

资料来源：笔者整理。

（九）受访者 A 之全部构念（见表12）

表12　受访者 A 之全部构念

序号	构念编号	构念	序号	构念编号	构念	序号	构念编号	构念
1	1	体验馆	18	18	弥补	35	35	节奏
2	2	孩子	19	19	显示屏	36	36	好玩
3	3	陌生	20	20	内容	37	37	灵感
4	4	压力	21	21	增强互动	38	38	公仔
5	5	危机	22	22	代入感	39	39	放松
6	6	存在挑战	23	23	气氛	40	40	欢乐
7	7	咨询	24	24	不新鲜	41	41	微笑
8	8	分享	25	25	更新慢	42	42	香烟
9	9	不理解	26	26	短暂性	43	43	情绪
10	10	放弃	27	27	降低期许值	44	44	重负
11	11	否定	28	28	工作	45	45	沉浸
12	12	小孩	29	29	压力	46	46	黑暗
13	13	座椅	30	30	沉闷	47	47	消极
14	14	启发	31	31	紧张	48	48	建筑
15	15	信心	32	32	享受阳光	49	49	未来
16	16	前景	33	33	游戏车	50	50	潜力
17	17	设备	34	34	刺激	51	51	挑战

资料来源：笔者整理。

（十）汇整共同构念

　　整个访谈过程历经以上几个步骤，总共抽取出191个构念。根据札尔特曼提出的共识构念的提取方法，将三分之一及以上受访者提到的构念归为共同构念，即有103个共同构念。另外将四分之一及以上受访者提到的构念关系归入相对构念，即相互之间具有相应联系的构念，与共同构念汇整后筛选出不具有图像性质或意义的构念，最后共保留40个共同构念。

接着采用沃克与奥森、奥森与雷诺修正的"方法－目的链"中的六个子层级：具体属性、抽象属性、功能性结果、社会心理性结果、工具价值、终极价值等层级，将40个共同构念作层级分类汇整，如表13所示，表中A表示属性（attributes），C表示结果（consequences），V表示价值（values）。

表13 共同构念之汇整

ACV 层级	编号	构念	提及人数	ACV 层级	编号	构念	提及人数
具体属性（A）	01	体验馆	3		21	更新	5
	02	体验者	3		22	误导	2
	03	眼镜	2		23	微笑	3
	04	孩子	4		24	心跳	2
	05	家人	4		25	诱惑	2
	06	阳光	2	社会心理性结果（C）	26	冲击力	2
	07	上班	3		27	欢乐	4
	08	交通	2		28	重负	2
抽象属性（A）	09	刺激	2		29	头晕目眩	2
	10	片面	3		30	短暂性	2
	11	情绪	2		31	进步	3
功能性结果（C）	12	代入感	2		32	分享	4
	13	激励	3	工具性价值（V）	33	享受	10
	14	信心	5		34	疲惫	5
	15	思考	6		35	奋斗	2
	16	惬意	4	终极价值（V）	36	竞争	4
	17	弥补	3		37	压力	4
	18	挑战	5		38	机遇	3
	19	困难	2		39	责任感	3
	20	启发	5		40	希望	4

资料来源：笔者整理。

（十一）绘制共识地图

最后结合 HVM 之共识地图，可将共同构念解构出三个层级。一是属性层级：体验者、刺激、片面等；二是结果层级：思考、更新、进步等；三是价值层级：竞争、机遇、希望等。

图 7 箭头所指的方向，代表构念之间的关联性，借此，研究者得以了解六位受访者心目中共识构念属性（A）、结果（C）与价值（V）元素之间的关系，如图 7 所示。

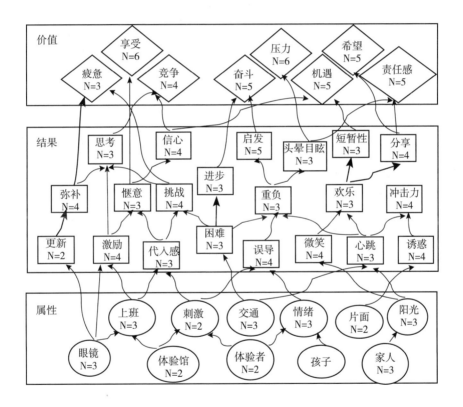

图 7 共识地图

注：圆形代表起始构念；长方形代表连接构念；菱形代表终结构念。

依照共识地图的关联性，本研究发现"竞争""压力""机遇""责任感""希望"五个最高构念是广州市 VR 体验馆意象的最终价值认同。

资料来源：笔者整理。

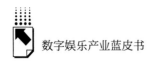

六　结论

（一）研究发现与建议

1. 广州 VR 体验馆意象的最终价值认同

（1）竞争

2016 年全国共有 5 万家 VR 线下体验馆倒闭、僵持、转型、嫁接。而广州的百家 VR 体验馆面临着很大的挑战，身临其境 CEO 兼创始人刘宣付介绍，从 2015 年发展至今，目前全国大大小小的 VR 游戏体验店有 5 千家左右，在广州大概有 100 家，但在"遍地开花"的同时，也是"大浪淘沙"的过程，盈利比较好的也就三成左右，很多小规模的体验店或难以生存。[①]

也就是说，VR 游戏体验馆的市场竞争力很大。很多人在看待这个问题的时候过于乐观，觉得这一新兴事物符合时代发展潮流，也存在不可估量的商机，所以 VR 体验馆的开办在广州，甚至在全国范围内成为一种热潮。但是人们在看到它利益的一面时，忽略了其本身包含的挑战。当市场达到饱和状态的时候，市场对企业的系统管理能力达到更高的要求。当一个企业置身于众多竞争者的市场的时候，就要求这个企业不断研发出新的产品，让自身的定位更准确，更具独特性。

预计 2021 年 VR 集成产品市场规模将达到 52.2 亿元，占中国 VR 整体市场规模的 7%。线下体验中心包括 VR 体验馆、VR 网吧、VR 影城、VR 主题公园在内的线下渠道，最普遍的盈利方式依旧是以内容为核心。另外部分体验馆将场地拓展为线下体验商店，由此便可带来产品销售收入。VR 影城和 VR 主题公园因占地面积较大，可充分利用场地及环境资源，展开丰富的增值服务，比如餐饮或主题商品售卖，形成产业链模式。[②]

（2）压力

压力是无处不在的，特别是在这个竞争力大的社会背景下，各行各业都

[①]　谢方方：《VR 体验馆：传播学视阈下的异军突起》，视听，http：//kns.cnki.net/kns/brief/default_result_result.aspx，最后访问时间：2016 年 11 月 15 日。

[②]　杨顺建：《中国虚拟现实创新产品分析报告》，2018。

面临挑战，要想在行业甚至社会中有立足之地，必须要有自己的特色。VR体验馆作为一门新兴产业，在其自身设备以及社会接受度上都需要不断去完善和提高。面对社会群体，VR 体验馆从业人员应该始终站在同一方向聚集力量，化压力为动力，化动力为实力，这样才能让 VR 体验馆的市场更加宽阔。

（3）机遇

只要有需求，就有市场。每个行业都有其存在的意义和价值，所以我们要懂得去挖掘其暂时还不被大众熟知的领域，让其作为我们品牌营销的一个亮点。有竞争就有压力，有压力就有机遇，学会把握时机，走在行业的前面。而这往往会成为我们与别人竞争中最大的优势。

（4）责任感

身为一名普通公民，我们都应该有社会责任感、使命感，这是从道德角度发出的言论。当然，作为一名 VR 体验馆从业者，我们也应该树立自己的行业使命感，在做好自己工作的同时，让更多人了解 VR，而不只是一名"猎人"，只知道想方设法收获越来越多的钱财。

（5）希望

虽然 VR 体验馆目前的发展状况存在缺陷，但越来越多对 VR 有着某种追求的专业人士积极投身到 VR 行业的建设中，这也让我们看到行业的希望。另外，有关 VR 在其他方面，如教育、医疗等的研发会越来越频繁，这不仅给了VR 技术人员相互讨论想法和分享经验的机会，还让更多的普通群众有机会接触、了解 VR 的相关知识，这是十分乐观的发展趋势。

2. 结论性建议

（1）净化 VR 体验馆市场

针对广州目前营业中的 VR 体验馆做一次"清除性"检查，首先广州市工商局要对 VR 体验馆的开办有明确的制度要求，对于不符合标准的 VR 体验馆实行强制性命令改进或者关闭。

以 VR 虚拟现实品牌幻影星空为例，2016 年 6 月 13 日，中国最具规模的VR 与 AR 盛会"2016 年国际数字感知大会暨展览会"在广州琶洲保利展览馆盛大开幕。广州卓远幻影星空董事何晋表示，VR 体验馆的经营模式有待探索，产品单一、头显延迟眩晕、内容匮乏并且效果参差不齐所带来的整体弊端，持续火爆的续航能力成为业界共同关注的问题。但是幻影星空把"打造可持续盈利的项目"作为企业使命，提出几大解决方案，包括对加盟商免费运营培训，提高服务质量和意识；提出综合性的 VR 娱乐解决方案，提供多元化玩法和优质内容，增加客户黏度；加快多款 VR 设备的研发与商业落地，比如我们今年上市的 VR 游戏跑步机和时空穿梭机就受到加盟商广泛好评；整合行业内资源，无论是在内容还是在硬件上，都为客户提供最好的。几大措施一起实施，效果是立竿见影的。[1] 相信对 VR 体验馆有了更加明确的规定后，整个 VR 体验馆市场会更有条理性及规范性。

（2）内容设计以教育为主，娱乐为辅

不管在哪个时代，科技发展及创新的最终目的都离不开为人类服务的目的，在这个"重视教育兴国"的大背景下，我们的产品需要迎合这样的大趋势，这才符合"可持续发展"战略。而 VR 游戏只能作为我们娱乐的一种方式，并不能成为一种发展潮流，因此，我们需要有一种主人翁精神，重视 VR 教育的发展及创新，让 VR 教育服务于我们国家的教育计划。

（3）重视 VR 技术工作人员的培养

VR 技术发展迅猛，但专业的技术人员并不多。原因主要有两方面：一是企业对培养 VR 技术人员的重视程度不够；二是对 VR 技术人员的专业能力要求较高。VR 行业的从业门槛并不高，且整体仍以 1～3 年、3～5 年工作经验为主。不限工作经验的比例达到 26.6%，所以对于市场来说，VR 人才需求是一个巨大的缺口，不只是一线城市，二线城市也将呈现 VR/AR 用工荒。其中广州对 VR 人才需求量为 33645 个职位。[2] 这也就说明，VR 人才市场还没完全得到大众的认可。

思创之间的谭越表示，由于 VR 技术目前还未能在全国普遍推广，所以这方面的技术人才也是急缺的。能够操作 VR 硬件的人很多，这不是一件特别难的事，但能进行 VR 软件开发，即内容设计的专业人士很少，因为做 VR 的内容研发不仅要求工作人员对计算机应用及空间维度有很深的探究，还要有一定

---

[1] 何晋：《幻影星空 VR 体验馆扩增至 3000 多家 VR 行业新机遇》，齐鲁晚报，最后访问时间：2016 年 6 月 15 日。

[2] 完美教育官网，http://edu.wanmei.com。

的审美能力。这也是我们在开展工作过程中比较困难的一个原因，在今后的 VR 研发中，我们也会不断培养新人才，否则工作将步履维艰。

（二）后续研究建议

在科学技术迅猛发展的时代，VR 技术只是科技环境的其中一种产物，其发展的快速也反映出当下人们对于新科技的需求，但是，我们在尊重时代潮流的同时也应保证其发展的可持续性。笔者认为当今的 VR 体验馆应对自己有明确的市场定位，其直属公司更应加强监管力度，提高质量保证及行业人员素质，培养更多专业的研发人才，补充 VR 空缺市场，完善 VR 体验馆经营模式，从而推动 VR 体验馆更快、更好地向前发展。VR 各系列应百花齐放，相互补充，不断完善 VR 技术市场，让这种新科技更好地为人们的生活服务，为我们的国家发展服务。

B.16
基于虚拟现实的广告传播应用设想[*]

杨正昱　蒯光武[**]

摘　要： 从媒介历史的发展来看，无论是传统媒介广告、新媒介广告，
还是当下"火热"的虚拟现实的广告，无不是在科技的创新
推动下获得前所未有的发展。而今，虚拟现实VR下的广告
以其独特的优势在广告传播中备受瞩目，VR技术为广告传播
带来一种"沉浸＋体验"的全新方式，赢得了广告主和受众
的期待。虚拟现实是新一代信息通信技术的关键领域，具有
产业潜力大、技术跨度宽、应用范围广的特点。目前，虚拟
现实产业正处于初期增长阶段，中国各地方政府积极出台专
项政策，各地已经初步形成了产业发展的特色。因此，本文
首先从传播学角度解读了虚拟现实下的广告传播过程，分析
探讨了虚拟现实在广告传播中的应用现状及创新特点与优势：
一是虚拟现实下的广告从注重视听维度转向注重多维度体验；
二是从单向线性传播转向交互式传播；三是从对大众媒介的
依赖转向新媒介＋设备的沉浸式体验；四是虚拟现实VR下
的全景广告突破了导演和摄像师对受众视觉心理的限定。其
次，分析了虚拟现实VR在广告行业中的未来应用趋势和
设想。

关键词： 虚拟现实　广告传播　VR广告

---

[*] 本文为广东省教育改革项目"虚拟现实（VR）与扩增实景（AR）场景下的传播教育改革"
成果报告之一。

[**] 杨正昱，中山大学南方学院副教授；蒯光武，北京师范大学、香港浸会大学联合国际学院客
座教授。

一 虚拟现实的发展历程和在广告传播中的 应用现状

（一）虚拟现实的概念及发展历程

虚拟现实是仿真技术的一个重要方面，是利用计算机和一系列传感辅助设施来实现的使人能有置身于真实现实世界中的感觉的环境，是一种看似真实的虚拟环境。[①] 通过传感设备，用户根据自身的感觉，在虚拟的世界中获得相应看似真实的体验。体验的设备主要包含两个方面的内容：一是虚拟现实技术是一种依赖于计算机图形图像学的多个视点和可互动性的虚拟三维环境，这往往是对客观真实世界的虚拟再现，也可以是超现实的幻想世界；二是体验者借助相应设备可以通过视觉、听觉、嗅觉、触觉、重力及运动等多种感知来体验虚拟世界中的现实感受，计算机会根据体验者输入的行为和动作进行实时响应，直接反馈到体验者的感知系统，从而带来和真实环境高度相似的体验与感受。

根据虚拟现实发展的时间先后顺序可以将其概括为四个阶段。第一阶段（1960～1980 年）为 VR 萌芽期。1962 年，由美国摄影师莫顿·海利戈（Morton Hailing）首次提交了历史上第一份 VR 设备专利申请，他研发了一台 Sensorial 的机器，该机器可以投射 3D 影像、播放立体环绕声、制造震动、发出气味和吹风等。海利戈试图制造出一种感官刺激的立体电影体验，有点类似游戏厅里的游戏机，当人们把头探进去，可以在三面显示屏所形成的空间中获得虚拟现实的体验感。第二阶段（1989～1993 年）为 VR 的诞生期。1989 年，美国 VPL 公司的创始人拉尼尔（Jason Lanier）第一次提出虚拟现实技术概念。这一阶段出现了 Virtuality 1000CS 和头戴 Sega VR 虚拟现实设备。第三阶段（2012～2018 年）为 VR 成长期。这一阶段的最大特点就是大量资本迅速进入VR 领域，极大地推动了 VR 行业的快速发展。以 2014 年 Facebook 为例，用了20 亿美元收购 Oculus 之后，在整个市场掀起了一股 VR 产品的热潮。在 2016

---

① ZHAO Qin Ping, "A Survey on Virtual Reality," *Science in China* (*Series f: Information Sciences*) 3 (2009): 348 – 400.

年，以 Facebook、Sony、Samsung、HTC 等为代表的科技巨头进入 VR 技术的研究后，更进一步加速了 VR 技术的发展，使其"火"遍全球。同年，深圳举办了世界首届 VR & AR 互动娱乐博览会，接着 2017 年 7 月 7 日第二届全球 VR & AR 互动娱乐博览会也在上海光大会展中心举行，会展展出 AR、VR 以及互动娱乐产品。2018 年，全球 VR/AR 行业的融资达到一定高度，其中共有 156 家公司完成了总计 161 笔融资，总金额约为 252 亿美元，其中国内完成 52 笔，融资总额约为 50 亿美元。① 由此可见，虚拟现实技术已经得到巨大的发展。第四阶段（2020 年以后）为 VR 成熟广泛应用期。工业和信息化部发布了《关于加快推进虚拟现实产业发展的指导意见》，其中指出，发展到 2020 年，国内的虚拟现实产业链条基本健全，从技术形态、产品类型以及服务到应用推广等都将得到全面的发展。到 2025 年左右，国内虚拟现实产业整体实力会进入全球最先进的行列，无论是从核心技术层面，还是从创新能力、服务水平以及应用推广等方面，都将得到显著提高。特别是引导和支持"VR +"发展，虚拟现实技术的成果将惠及和推动制造行业、教育行业、文化事业以及商业贸易等，创新融合发展路径，培育新模式、新业态，拓展虚拟现实应用空间。②

日前，虚拟现实在中国的研究已经进入白热化的阶段，就虚拟现实目前产品、设备、软件、硬件以及平台等研究仍处于探索和研究阶段，因为虚拟现实涉及许多学科领域，以及多个学科间的交叉和集成，如人工智能、电子学、传播学、设计学、计算机学、数据统计学、智能控制系统学以及心理学等领域。虽然目前对于 VR 的研究存在诸多尚未解决的难题，但是，随着科技进步和理论研究的纵深发展，相信虚拟现实将用于各类行业，成为新一轮科技财富增长点，虚拟现实的应用具有巨大的潜力和价值。

（二）虚拟现实技术在广告传播中的应用现状

广告传播通常是指通过具体有说服性质的广告信息对受众心理、认知、态

---

① 《2018 VR/AR 行业融资报告》，ChinaAR，http://www.chinaar.com/ARzx/7525.html，最后访问时间：2019 年 1 月 2 日。
② 《工业和信息化部关于加快推进虚拟现实产业发展的指导意见》（工信部电子〔2018〕276 号），2018 年 12 月 27 日。

度和行为所产生的影响，即为了实现广告目标所采取的传播活动。媒介技术的发展在很大程度上促进了广告生产方式和传播方式的变化，这些变化越来越新颖化和智能化。虚拟现实同样给广告传播带来了史无前例的冲击。正如加拿大著名传播学者马歇尔·麦克卢汉认为媒介是人的身体、精神的延伸。[①] 媒介改变了人的存在方式，重建了人的感觉方式、认知方式和对待世界的态度。同理而论，虚拟现实是继大众传播之后进一步延伸了人类感官的媒介，它创造了一个接近真实感的虚拟环境，在传播中打破了虚拟和现实的界限。特别是 VR 广告以全新的体验方式在广告传播中得到大多数受众的关注和青睐，正在逐渐成为广告行业的风向标。

虚拟现实已经在许多领域得到广泛的推广和应用。其中，在追求创意与创新的广告领域也不例外，VR 广告得到广告主的青睐，也带给受众无限的期待。VR 广告可以说是一种创新的广告形态，在广告传播中引起了轩然大波，虽然 VR 广告在学术界尚没有完整的定义，其实质主要是指采用 VR 技术生成的广告形态和通过佩戴 VR 设备体验产品的广告方式。也就是说在广告传播中借助于计算机仿真设计来模拟广告产品所依存的真实环境，通过可穿戴设备使受众沉浸在虚拟环境中并实时与之交互。

目前，从市面上现有的 VR 广告形态来看，主要分为两大类。一是借助虚拟现实技术所生产和制作的广告内容。也就是说在广告传播中通过 VR 技术的展现特性来表现广告产品本身以及延伸产品的形态。360 度全景广告属于此类，这类广告主要是以商品为中心，目的是将商品或者品牌以某种新颖的媒介形式进行广告传播，因此，其技术门槛的要求不是很高，仍以传统的视觉元素为主，通过全景拍摄使其视域变大，给受众眼前一亮的全新视觉感受。例如 Old-Irish 在格鲁吉亚地区的推广活动中所播放的 VR 广告，画面的开场就是用全景拍摄，无论草原、野马、小酒吧还是酒保都在 VR 技术的支撑下，使受众体验到爱尔兰本地风景。当受众按照画面上的提示脱掉 VR 头盔后，受众吃惊地看到 VR 画面中的酒吧和酒保此刻就矗立在面前。Old-Irish 用虚拟视频和真实场景的融合向受众传递了品牌价值和意义，使受众零距离地体验了虚拟现实环境。二是虚拟现实技术广告是通过 VR 原生植入，其技术和设备要求比较

---

① 马歇尔·麦克卢汉：《理解媒介——论人的延伸》，何道宽译，译林出版社，2011。

高。世界上目前能掌握并运用此技术的企业不多。这种 VR 广告是以现有的 VR 内容为载体，只是在其中动态地植入相应的广告内容，这类广告的表现形式不仅仅是视频和音频，还可以是具体的产品，也可以是产品的 3D 模型，也可能是利用光影技术而实现的各种投射的内容等。此种广告主要体现在平台系统、数据的实时处理、VR 智能设备等综合运用上。据艺特珑科技 Sandy 介绍，这种复杂的系统也为广告传播效果带来了特有的感受与优势，其最大的特点包括"受众面广""渗透度深""用户体验好""可量化"等。不仅如此，此技术还允许广告内容根据"用户肖像"进行特定的内容展现，让广告也能"适得其所"。①

二 虚拟现实在广告传播中的创新特点与优势

对于广告传播而言，VR 技术在广告行业的应用，使广告与受众之间的关系发生了根本性的变化——从"看"到"进入"，这种变化实质上反映出受众与广告之间的关系在改变，使得受众不再认为只是在看广告，而是在体验产品；受众第一次可以在广告的范畴里真实体验和感受产品和服务，增强了受众与企业或产品的亲密接触度。VR 广告，不仅使广告的场景变得美轮美奂，而且让受众身临其境，沉浸其中。

虚拟现实作为一种体验媒体，很大程度上改变了以往广告的传播模式，极大地吸引了受众。首先，虚拟现实的现实意义在于把品牌建立在虚拟现实体验中，颠覆了传统广告传播的形式。受众通过 VR 外设（头盔、眼镜等穿戴）仿佛置身于产品中，如汽车、旅游景点、商场、新居、博物馆、图书馆等各种切身体验的产品广告里，让受众尽可能零距离地接近体验商品。其次，通过制造虚拟体验来提升品牌自身形象，这些体验远比付费广告更有吸引力和影响力。打破了品牌通过讲故事的方式进行传播的传统模式，从而紧跟新科技的发展趋势。VR 广告正是善于利用新技术、新发明和创新性使企业的品牌、产品、体验与服务深入受众的内心，给受众前所未有的新体验和新感受。

---

① Facebook：《还会对广告说不吗?》，齐鲁晚报，http：//news. ifeng. com/a/20160908/49938345_ 0. shtml，最后访问时间：2016 年 9 月 8 日。

（一）从注重视听维度转向注重多维度体验

新媒介已经成为广告传播的主要渠道，但就其作品来说，大多数仍然表现为视听维度，也就是通过视觉、听觉等形式进行广告传播，即通过文字、图片、视频等形式对产品内容进行解释描述，即便是视频广告，创新不足也容易导致受众失去耐心。相反 VR 广告只需用户进行短暂的互动体验，就能对产品的功能有充分的了解。这种由受众主动选择参与广告的方式，会使用户印象更加深刻。因此，VR 广告所营造的"在场感"，其力量是巨大的，VR 广告在很大程度上改变了视听维度，使受众进入某种"临场感"的多维度体验，彻底参与到虚拟体验中，甚至获得嗅觉、味觉以及触感等全官能体验。这种临场感就是指受众在进入 VR 广告后，其大脑不由自主地产生出来的"我在现场"的一种心理感受——临场感，这种临场感的产生和很多视错觉的产生相似，是自发的，是不受意识控制的，这与人们认知的底层处理系统有关。VR 广告将这种新体验维度引入，其实是和当初电影给文字增加的视听维度，游戏给视频增加的互动维度一样，给虚拟内容带来了全新的表现方式和可能性。所以，VR 广告将深刻地影响和改变人们对广告的多维度体验。

（二）从单向线性传播转向交互式传播

传统的广告方式无论设计多么新颖、制作多么精美，都无法改变单向线性的传播模式，也就是说受众只能是广告的被动接受者和观看者，而无法和广告传播的整个过程进行交流和互动。交互式传播指的是在一个信息传播的渠道中，对第一时间所接受的受众反馈信息或意见进行调整和完善后再次传送给受众的过程。其中就交互对等和双向传播的效果来说，主要取决于传播媒介和传播关系这两个因素。新媒介最大的特色就是有极高的互动性，很大程度上优化了传播的效果。而虚拟现实广告传播中，实质上已经大量收集了受众的问题及反馈信息，并就这些问题进行解答再次传达给受众，或实时通过专业人员参与互动解答的过程。同时受 VR 虚拟环境的影响，受众作为个体进入广告的剧情中，也可以充当剧情中的某个角色，并与场景中的其他角色进行互

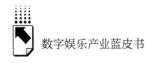

动。因为在虚拟现实中，人们会下意识地有各种身体和行为的反应，情不自禁地做出不同的姿势和动作。未来，必将能够通过 VR 设备准确细微地判断出身体的神经反应，自动智能地匹配受众的下意识形态，同时能在虚拟环境中实时反馈信息。

（三）从对大众媒介的依赖转向新媒介 + 设备的沉浸式体验

在广告传播中，大众媒介是传统广告传播的主要媒介，同样随着移动互联网的发展，新媒介又逐渐成为新型广告传播的主要平台。其中，新媒介是广告与品牌之间离不开的传播渠道和工具，受众对媒介渠道或工具的依赖也体现在媒介被当作一种消费的工具。如果从大众心理学角度来看，大众媒介介入了人与人、人与物、人与社会之间的交流，就会发现这种交流往往缺乏亲身性和体验性。相反 VR 技术的出现在某种程度上拉近了人与人、人与物、人与社会的距离，使受众的这种缺失心理得到补偿。在 VR 广告中，主要通过新媒介 + 设备实现沉浸式体验，受众通过佩戴 VR 头盔，便可以借助头盔中装载的传感器检测和收集体验者头部的脑电波和视神经移动的数据来跟踪体验者在虚拟现实世界中的导向问题，并与之互动，为受众提供身临其境的沉浸式体验。例如美国国家地理频道制作的第一部 VR 纪录短片就是典型的新媒介 + 设备的沉浸式体验，该片反映了巡护员阻止象牙偷猎者残杀非洲大象的真实故事。受众只需要佩戴上 VR 头盔就能亲身体验到非洲这一真实场景，受众仿佛置身非洲草原，零距离接触到非洲的一草一木，影片很真实地将动物的生存纪录与人类视野融为一体。再如起亚 *STINGER 360VR RACING* 的广告，通过最新的图形处理技术，如 3D 建模与 CG 动画技术，将物理现象和环境特效做到极致，使汽车与赛道合二为一，受众在佩戴设备的情况下可以模拟真人开车的场景，从而在驾驶中体验汽车的各个性能。

（四）VR 全景广告突破了导演和摄像师对受众视觉心理的限定

在传统影视广告中，导演和摄像师通过蒙太奇手法对不同景别、不同视角的画面安排广告叙事内容，如此一来，所呈现给受众的视频画面次序是固定的，景别、视角、环境等都是由导演设计和安排的，也就是所得到的音画不受受众主观意愿的选择。相反在 VR 全景广告中，受众将不再局限于视频中既有镜头的任何限制，而是可以按照受众的喜好自由选择观察场景中的任何对象，受众的视觉选择是自主的，是不受制约的，是完全突破了受众的视觉心理限定的。然而，通过与传统影视广告、360 度全景以及 720 度全景广告进行比较可知，在场景生成、呈现方式及体验上都与 VR 广告有着本质的区别，如表 1 所示。其中，360 度全景通常是指水平方向 360 度范围所能看到的场景，这种全景实际上只是将周围景象以某种几何关系进行映射所生成的平面场景，需要通过全景播放器的矫正处理后才能形成三维全景。而 720 度全景顾名思义就是水平方向 360 度景象和垂直方向 360 度景象形成球形的环视效果。以上的全景都能给受众带来三维空间感、临场感和沉浸感。而 VR 广告主要是利用 3D 建模和 VR 技术把现实世界虚拟到现场中进行全方位展示，并能实现人与场景的"交互"体验。如此展现了 VR 全景广告的特色，给受众带来全新的感受和体验。总之，VR 全景广告从真正意义上实现了受众可以自由选择、体验企业的任何产品、品牌和服务的功能。一方面通过 VR 全景可以清晰、全方位地展示企业的每个生产环节和生产方式，大范围地展示了企业的规模、形象、服务等；另一方面借助 VR 全景广告也让受众获得了身临其境、自由体验产品和服务的感受。

表 1 传统影视广告和 360 度或 720 度全景广告及 VR 广告的比较

	传统影视广告	360 度或 720 度全景广告	VR 广告
场景	通过摄像机镜头拍摄所形成的图像影像	通过 360 度或 720 度镜头拍摄等技术所形成的相对比较新颖的图像技术	3D 建模和 VR 技术
移动性	通过运动拍摄所形成的景别变化，限于导演对镜头的控制	通过镜头角度获得 360 度或 720 度视觉，有一定的临场性，限于导演对镜头的控制	临场性、沉浸式环境体验，可以移动
时间轴	时间轴是限定的，只能通过播放获得体验	时间轴是限定的，只能通过播放获得体验	时间轴可以通过一系列活动播放，也可以由用户自主探索获得体验

	传统影视广告	360 度或 720 度全景广告	VR 广告
平台	传统视频播放器	可兼容 360 度或 720 度视频播放器,如 Youtube(PC 机或手机)	需要 VR 头显或手臂等设备进行完整体验
故事性	导演按照既定的要求安排了镜头的叙事结构,观众只能按时间顺序观看领会	导演按照既定的要求安排了镜头的叙事结构,观众只能按时间顺序观看领会	导演不会在已构筑的环境中限制受众的物理位置,受众借助 AR 设备自主探索并体验故事发展
交互性	几乎没有交互	几乎没有交互	有比较好的交互性
触感	无触感	无触感	可进行触摸

资料来源:笔者自行整理。

三　基于虚拟现实广告传播的未来设想

综观媒介发展历史便可发现,科技的每一次进步和革新都会推动整个传播行业的变化和发展。信息传播技术的发展带来了媒介技术形态的变革,而成熟的技术早已被大量应用在各类媒体的生产和消费中,如大数据、3D 打印以及无人驾驶技术等。同样,目前在传播界崛起的以"浸媒体"为特色的体验式媒介得到前所未有的发展。如《硅谷百年史》的作者皮埃罗·斯加鲁菲(Piero Scaruffi)认为,未来的媒体主要不是"获取信息",而是"增进体验",消费者将会全方位的参与并感知信息,也就是以"沉浸 + 参与"方式获得信息。① 因此,对于广告传播来说,"沉浸 + 参与"方式将会是未来广告传播的一大特色和亮点,相信今后的 VR 广告将会沿着更加人性化、便捷化、互动性、智能化的方向发展。

综上所述,无论社会发展到什么时代,广告行业作为商业信息的载体永不会减弱,反而将会日益重要,未来的广告要想在受众的记忆中能有所留存就必

---

① 中文互联网数据咨询中心:《2017 全球新闻传播新趋势》,2017 年 6 月 27 日,http://www.199it.com/archives/606787.html,最后访问时间:2018 年 12 月 8 日。

须从内容、形式、媒介和传播方式上创新。因此，从广告传播的实质来看无法逾越受众需求、广告内容和技术革新这三个方面的内容，未来广告行业的竞争，也将从这三个方面展开进行。

（一）受众需求

受众中心论认为，受众是广告传播的对象，也是广告传播的主动者，受众在接收信息的过程中不是消极地被动接受，而是积极地寻找适合自己的信息。它主张受传者的行为在很大程度上是有权选择接触、理解和记忆的，受众的这些特征，对信息传播的过程与效果具有很大的限制作用。广告活动通常是试图影响某一具体受众的特定传播行为。因此，要有效地进行广告传播就必须全面了解目标受众、受众需求、受众喜好以及受众情感等因素。可以从受众内容、受众细化和受众选择三个层面进行。VR 广告的出现从某种层面上为广告传播提供了广阔的想象空间。然而须注意的是，未来受众的需求是随着媒体素养的不断提高而提高的，受众就必然会从自身信息需求出发来选择不同媒介所传播的广告信息。一个现实的案例就是电视机在年轻人的视线中占比越来越小，相反手机所占的比例逐年上升。中国电子商务研究中心发布了 2016 年上半年《中国 VR 用户行为研究报告》，该报告显示，中国 VR 用户增长非常快，主要集中在"80 后""90 后"的年轻人群体，VR 用户每天的平均使用时长从 2015 年的 34 分钟增长到 2016 年 37 分钟。无论是在科幻大片、VR 购物中，还是在 VR 游戏和教育中都很受消费者喜欢，[①] 这些数据显示：VR 的发展一方面与年轻人的成长环境有关；另一方面与他们善于接触新鲜事物的特点有关。因此，未来对于受众需求的分析将是重点，不仅要分析受众对物质层面的需求，而且要分析受众的精神层面需求，也就是既要分析受众的物质使用基础，也要分析受众的情感诉求和体验需求。

（二）广告内容

广告的内容设计是广告的核心与精髓，如果背离了准确的内容，再独到的

---

① 中国电子商务研究中心：《2016 年上半年中国 VR 用户行为研究报告》，2016 年 10 月 10 日，http：//b2b. toocle. com/detail - -6362685. html，最后访问时间：2018 年 12 月 5 日。

创意、再精美的设计、再深刻的文案、再惊人的传播媒介都是空中楼阁。广告的内容不是简单的原创，也不是伪原创，而是能够对用户有价值、有帮助的内容，所以广告内容的设计应该通过各种渠道、各种方法充实对用户有意义的内容。美国媒体思想家比尔·科维奇与汤姆·罗森斯蒂尔曾指出，在新媒体环境下，媒体从业人员需要比以往更尊重受众在内容和舆论方面所有的知晓权。[①]因此，对于优质内容的思考应该与新媒体环境下的内容特征和受众心理联系起来。也就是说对于内容的认识需要与受众的需求、动机、期望、感受、体验等联系起来。因为广告的最终目的就是满足受众的需求，因此，未来广告传播通过创意将广告的内容、需求、创意整合为一体，通过新媒介使其内容形象化、具体化。互联网时代下的新广告，要将广告内容（专业能力）、精准传播（大数据与人工智能能力）、场景覆盖（资源整合能力与智能投放）、围观的力量（把观众变成粉丝）以及新技术（VR广告）等进行融会贯通，才能赢得广告市场。

（三）技术革新

科学技术的发展让广告传播变得更加生动和更多可能，其传播的形式越来越多，也越来越新。科技革新对广告传播的影响主要体现在以下三个方面。一是科技创新对广告传播方式的影响。科技的发展必然会带动传播媒介向前发展，自古至今，可以说广告传播媒介经历了从简单到复杂、从粗犷到精细、从直接到间接、从陈旧到新颖的过程，由此可见，媒介科技含量的提高使得广告的传播方式、内容、形式等也在不断地提高，在科技的推动和引领下，广告传播必然会沿着传播手段多元化、传播形式新颖化、传播内容精彩化的方向发展。二是科技在很大程度上也改变着广告的作业方式。正如Facebook的创始人扎克伯格所认为的，视觉认识是从文字到图片，从图片到视频，从视频到虚拟现实以及未来社交网络的各类新产品等，都必须考虑到用户的参与和体验，而虚拟现实就代表着未来的科技发展趋势。如今，电脑、手机、摄像机、无人驾驶以及虚拟现实产品等形形色色的科技产品日新月异，让人们目不暇接。科技产品作为人类生活的

---

① 〔美〕比尔·科瓦奇、汤姆·罗森斯蒂尔：《真相》，陆佳译，中国人民大学出版社，2014。

主要工具，应用到生活的各个方面。新科技下的广告产品无论是在调查手段、经营方式、数据分析、营销策略方面，还是在广告设计制作等方面都需要应用新的科技技术及成果。一方面可以提高广告生产效率，精准化传播和个性化服务；另一方面别出心裁，丰富了广告传播形式，为广告的创意和执行提供了前所未有的可能。另外，科技产品的发展对广告传播的范围和效果有着不可忽视的作用。如各种智能产品、电子产品等被大量地运用于广告传播业，使得广告的传播形式得到跨越式的发展。科技产品的运用使得广告的画面更加新颖、梦幻，甚至难以捉摸，其科技性、知识性、趣味性、智能性、交互性以及参与性是以往广告所不能比拟的。如今通过VR技术不仅能揭示广告产品的内部结构、生产过程等，还能通过临场性和沉浸性使受众能"真实"地感受到产品的特点、价值和服务，大大增强了广告的现场感及体验感。如万豪酒店就采用虚拟现实技术进行广告传播，目标客户只需要佩戴相关VR设备就可以在房间内体验"环游全球"的旅游快感。凡是入住万豪酒店的顾客都可以在自己的房间内感受到非洲中东部卢旺达及非洲大草原、南美洲的安第斯山脉以及北京等世界著名的景点。

四　结语

人们都有好奇心，人类一直都在不停地探索和创造美好的未来，从理论到实践都在改变着人类的生产方式和生活方式，每次科技的进步都会给人们的生活带来新的变化和发展，在广告传播中利用新科技也同样带给人们不断的惊喜。其中，虚拟现实将人们直接引入虚拟的世界中，VR以独特的"互动式、临场感、沉浸式"的新方式给人们创造了和真实世界一样的现实景象，通过VR就可以亲身体验一些想体验的环境和服务，这种沉浸式的体验往往满足了人们对新媒介的期望。虽然现阶段的VR技术尚未达到预期的发展目标，无论从核心的软硬件技术来看，还是从实际应用层面来看都存在很多不足，尚有很多难题需要攻克，但是现有的技术已经构建了VR发展的坚实基础，而且有关各方面的研究仍在继续深化和推进，很多新的指标也在一步一步地实现，相信VR广告的前景是广阔的。

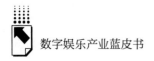

参考文献

北京华夏起航信息技术研究院:《关于加快推进虚拟现实产业发展的指导意见》,2019。

中国电子商务研究中心:《2016 年上半年中国 VR 用户行为研究报告》,2016。

〔美〕比尔·科瓦奇、汤姆·罗森斯蒂尔:《真相》,陆佳译,中国人民大学出版社,2014。

王昕、丁俊杰:《“变”与“不变”中的广告业发展趋势思考》,《新闻与写作》2014 年第 6 期。

李会娜、王清:《广告公司革命》,《企业家信息》2014 年第 8 期。

皮书系列

❖ **皮书起源** ❖

"皮书"起源于十七、十八世纪的英国,主要指官方或社会组织正式发表的重要文件或报告,多以"白皮书"命名。在中国,"皮书"这一概念被社会广泛接受,并被成功运作、发展成为一种全新的出版形态,则源于中国社会科学院社会科学文献出版社。

❖ **皮书定义** ❖

皮书是对中国与世界发展状况和热点问题进行年度监测,以专业的角度、专家的视野和实证研究方法,针对某一领域或区域现状与发展态势展开分析和预测,具备原创性、实证性、专业性、连续性、前沿性、时效性等特点的公开出版物,由一系列权威研究报告组成。

❖ **皮书作者** ❖

皮书系列的作者以中国社会科学院、著名高校、地方社会科学院的研究人员为主,多为国内一流研究机构的权威专家学者,他们的看法和观点代表了学界对中国与世界的现实和未来最高水平的解读与分析。

❖ **皮书荣誉** ❖

皮书系列已成为社会科学文献出版社的著名图书品牌和中国社会科学院的知名学术品牌。2016年,皮书系列正式列入"十三五"国家重点出版规划项目;2013~2019年,重点皮书列入中国社会科学院承担的国家哲学社会科学创新工程项目;2019年,64种院外皮书使用"中国社会科学院创新工程学术出版项目"标识。

权威报告·一手数据·特色资源

皮书数据库
ANNUAL REPORT(YEARBOOK)
DATABASE

当代中国经济与社会发展高端智库平台

所获荣誉

- 2016年，入选"'十三五'国家重点电子出版物出版规划骨干工程"
- 2015年，荣获"搜索中国正能量 点赞2015""创新中国科技创新奖"
- 2013年，荣获"中国出版政府奖·网络出版物奖"提名奖
- 连续多年荣获中国数字出版博览会"数字出版·优秀品牌"奖

成为会员

通过网址www.pishu.com.cn访问皮书数据库网站或下载皮书数据库APP，进行手机号码验证或邮箱验证即可成为皮书数据库会员。

会员福利

- 已注册用户购书后可免费获赠100元皮书数据库充值卡。刮开充值卡涂层获取充值密码，登录并进入"会员中心"—"在线充值"—"充值卡充值"，充值成功即可购买和查看数据库内容。
- 会员福利最终解释权归社会科学文献出版社所有。

社会科学文献出版社 皮书系列
SOCIAL SCIENCES ACADEMIC PRESS (CHINA)
卡号：324877934344
密码：

数据库服务热线：400-008-6695
数据库服务QQ：2475522410
数据库服务邮箱：database@ssap.cn
图书销售热线：010-59367070/7028
图书服务QQ：1265056568
图书服务邮箱：duzhe@ssap.cn

基本子库
SUB DATABASE

中国社会发展数据库（下设 12 个子库）

全面整合国内外中国社会发展研究成果，汇聚独家统计数据、深度分析报告，涉及社会、人口、政治、教育、法律等 12 个领域，为了解中国社会发展动态、跟踪社会核心热点、分析社会发展趋势提供一站式资源搜索和数据分析与挖掘服务。

中国经济发展数据库（下设 12 个子库）

基于"皮书系列"中涉及中国经济发展的研究资料构建，内容涵盖宏观经济、农业经济、工业经济、产业经济等 12 个重点经济领域，为实时掌控经济运行态势、把握经济发展规律、洞察经济形势、进行经济决策提供参考和依据。

中国行业发展数据库（下设 17 个子库）

以中国国民经济行业分类为依据，覆盖金融业、旅游、医疗卫生、交通运输、能源矿产等 100 多个行业，跟踪分析国民经济相关行业市场运行状况和政策导向，汇集行业发展前沿资讯，为投资、从业及各种经济决策提供理论基础和实践指导。

中国区域发展数据库（下设 6 个子库）

对中国特定区域内的经济、社会、文化等领域现状与发展情况进行深度分析和预测，研究层级至县及县以下行政区，涉及地区、区域经济体、城市、农村等不同维度。为地方经济社会宏观态势研究、发展经验研究、案例分析提供数据服务。

中国文化传媒数据库（下设 18 个子库）

汇聚文化传媒领域专家观点、热点资讯，梳理国内外中国文化发展相关学术研究成果、一手统计数据，涵盖文化产业、新闻传播、电影娱乐、文学艺术、群众文化等 18 个重点研究领域。为文化传媒研究提供相关数据、研究报告和综合分析服务。

世界经济与国际关系数据库（下设 6 个子库）

立足"皮书系列"世界经济、国际关系相关学术资源，整合世界经济、国际政治、世界文化与科技、全球性问题、国际组织与国际法、区域研究 6 大领域研究成果，为世界经济与国际关系研究提供全方位数据分析，为决策和形势研判提供参考。

法律声明